# 5D 管理地图
## 5D Management Roadmap

于泳泓 著

管理权威　全球标杆

·广州·

版权所有　翻印必究

图书在版编目（CIP）数据

5D 管理地图/于泳泓著. —广州：中山大学出版社，2016.9
ISBN 978-7-306-05819-5

Ⅰ. ①5… Ⅱ. ①于… Ⅲ. ①企业管理—教材 Ⅳ. ①F272

中国版本图书馆 CIP 数据核字（2016）第 211928 号

| | |
|---|---|
| 出 版 人： | 徐　劲 |
| 策划编辑： | 熊锡源 |
| 责任编辑： | 熊锡源 |
| 封面设计： | 曾　斌 |
| 责任校对： | 林彩云 |
| 责任技编： | 何雅涛 |
| 出版发行： | 中山大学出版社 |
| 电　　话： | 编辑部 020-84111996，84113349 |
| | 发行部 020-84111998，84111981，84111160 |
| 地　　址： | 广州市新港西路 135 号 |
| 邮　　编： | 510275　　传　真：020-84036565 |
| 网　　址： | http://www.zsup.com.cn　E-mail: zdcbs@mail.sysu.edu.cn |
| 印 刷 者： | 广州家联印刷有限公司 |
| 规　　格： | 787mm×1092mm　1/16　16 印张　280 千字 |
| 版次印次： | 2016 年 9 月第 1 版　2016 年 9 月第 1 次印刷 |
| 定　　价： | 45.00 元 |

如发现本书因印装质量问题影响阅读，请与出版社发行部联系调换

# 序一

**周大鸣**

**中山大学社会学与人类学学院教授、教育部长江学者特聘教授**

于泳泓先生之大作《5D管理地图》，全书整合了宏观与微观、理论与实践、中学与西用以及人性与技术等四大面向，并作了很好的贯穿与分解，阅后能充分地领略出于泳泓先生在管理领域的涉猎宽广、实务经验的专业丰富、图文撰写的清晰条理，充分显示出其个人极高的专业管理底蕴。

本书对于组织管理软实力的提升上，有相当新颖与深入的见地与启发，以管理创新（文化、组织、运营、技术、研发与智慧）作为企业的驱动核心，然后由核心向外拓展到企业战略、运营流程、人力资源和市场营销等五大分支的实务落地问题，形成一套完整的管理循环。

在全方位的组织运营管理上，以任何一个管理角度来看，都容易发生以偏概全的情况，本书却能往上提升一个视野高度，以中学为体、西学为用之整合概念，来剖析管理问题，值得我们学习；若以学术价值来看，本书涉猎之专业领域范围，至少包括了10种，对于管理之学识必须全盘而通透地了解，才能做出整合性的论述，而本书确有这个深度；若以实务价值来看，以学术贯穿整合，以实务打通落地，并使读者能把国际级的管理大师理念与本土化的企业现状结合，并借以印证管理大师精髓的实务价值，这也是于泳泓先生具备丰沛咨询实战经验的难能之处，在本书中有相当精采的体现。

于泳泓先生为人处事诚恳踏实而专业认真，视野背景结合中西，其大作

《5D 管理地图》是一套全面且系统的实战经营方法论，它是淬炼管理前沿论点在中国本土化接地气的一套管理圭臬、指导手册与企业管理教科书。研究生、本科生、职业经理人及社会人士等都相当需要阅读，我给予相当高的评价，相信读者读后定能够获益良多。在此，我特别恭贺其大作之再次问世，特书序以大力推荐。

# 序二

汪 涛
武汉大学经济与管理学院副院长

管理是一个思想的问题。

早在微利时代之前，企业管理的良莠无关成败，时至今日，企业管理成为制胜的关键软实力，已经是众所皆知的事实；然而，管理是道还是术？管理是艺术还是科学？管理是哲学思想还是应用技术？观点则是见仁见智。而承袭百年来"中学为体、西学为用"之说，却一直被视为历久不衰的王道。

面对于泳泓先生的大作《5D管理地图》，该从其出身背景与实务历练说起，于先生学习成长于国内及海外，也完整地在大陆、中国台湾及海外接受顶尖完整的教育熏陶，丰富的咨询经验使其跨足全球各行各业之中的代表企业，而其专业务实之丰富经验，洗练清晰的文字笔法，辅以各式逻辑周延的图说与操作表单，使得生硬多元的管理学理，顿时在本书中清晰了起来。

理论强、讲方法、重实务、完整的导入步骤与案例分享，也是本书除了宏观周延的逻辑框架与清晰的图表佐证之外最大的亮点。在本人细细研读此书后发现，此书与目前类似丛书最大的不同之处，就在于整合性的逻辑贯穿，以及对各派管理学说之精华淬炼；然后，凭借作者丰富的实务经验，又针对管理理论在落地实践时所面临的短板，予以优化完善；从管理的整合高度及实务的落地运用来看，本书确实有相当高的参考价值；它借由深入浅出的文字引导与图表辅助，让读者能快速掌握管理的五大面向与理论实践的运用方法。

于泳泓先生著作等身，学富五车，个人除了无数专业的文献发表之外，继过去 10 余年来，《管理的智慧》《CEO 管理锦囊》《经理人 36 计》与《平衡计分卡的导入与实施》等 10 余本大作问世之后，本人非常乐见其再次与读者分享他研读百家之学说、在咨询千余家企业后之宝贵分享。对一位专业顾问而言，这是非常难能可贵的，因为对于许多企业与顾问而言，这些专业资源与经验心得的背后，隐藏着管理理论与咨询方法论，更蕴含了实务观察的结晶，是珍贵的商业经验，但作者能秉持推广正确观念与实务运用的使命感，将这些宝贵的实务经验与读者大众分享，提醒企业在导入运用这些管理理论时应注意的关键点，以及该避免的错误，等等，让更多的企业在学习新知与导入项目时，得以更加顺畅，获致更大的效益。而对于已经或是想要导入某些管理手法的企业，或是已经导入而效益不如预期的企业，这本书也将会对其有所启发。

于泳泓先生的大作《5D 管理地图》告诉我们：各方各派管理学的理论与观念，必须是可以转化为具体的操作手法与步骤的；大师之言，必须能落地，才会有底气。真正好的管理见解，既需要前瞻性，同时也不可缺乏实务性。我常告诉别人，读到一本好书，是一项最符合投资报酬率的事，花一点点时间，吸收别人几十年的专业经验与大师理论，是最值得的投资；而本书的撰写方式与内容，在许多方面都属创举，弥足珍贵。本书还有一个重要的附带意义在于，在这个不缺书籍与信息的时代，直接读这本书，可以节省您四处找寻管理书籍的时间与金钱；我们不缺书，但好书永远都难能可贵；这是一本值得你研读品尝的好书，我推荐您一窥堂奥，必能从中受益。

# 自　序

> 本书的四大宗旨：
> 1. 整合管理体系之架构；2. 淬炼管理大师之精髓；
> 3. 建立理论实务之连贯；4. 完善实操落地之不足。

管理大师何其多，能落地者有几人？

全球管理大师何其多，每年发表的新知学理、期刊论文达6位数之多；而陆陆续续来到国内"淘金"的管理大师，他们所带来各种形式的发布会、研讨会、高峰会、分享会、读书会或私董会，也已成千上万，令人目不暇接。坦白说，这么多的管理新知，真正被引进到实务界，又能顺利地被落地运用从而产生效益者，却稀缺如凤毛麟角；许多管理新知只停留在学术研究或概念启发的阶段，本身还无法成熟落地，发生效益。

互联网时代不缺乏知识或信息，缺的是对它们的筛选与运用。国人在殷切学习成长的热忱下，在热烈追捧许多管理新知或是管理大师的同时，首先必须学会如何正确地去芜存菁；也就是能从其中筛选出既符合国情又能匹配个人自身所在之组织或机构，从而能产生价值的实用论述。若是听来"高大上"而做下去却窒碍难行这样的学理是不适宜去引进推动的。过去有许多相当红火的管理学说，如今早已被人遗忘，正是因为它们"华而不实"。

本书就是为管理大师的理论与实务所发生的落差，找出能够具体导入运用于组织的步骤与方法；如此才能善尽资源并创造效益，也可以充分发挥这些新知学理的价值。而一股脑地抄袭、套用或追捧，其实是有些盲目而不适宜的。

众所皆知，理论与实务之间一直存在着巨大的鸿沟。理论的最大价值，在于前瞻性地指引出实务界的发展趋势与未来方向；而实务最大的价值，则在于验证理论，促使理论得到实践并进行必要的论证调整。反过来想，理论的最大短板即在落地与实践，而实务的最大限制则在于前瞻与发展。在多如过江之鲫的管理新知学理及大师之中，读者该如何从中筛选，绝对需要经验，绝对是个挑战。

**管理理论必须要能接地气！**

笔者近30年来的三重角色身份——教学研究、顾问咨询与实务管理，使得我得天独厚能深谙其中的落差，也始终扮演着连接理论学术与实务运用的桥梁，期许让"真正"顶尖的管理大师精髓能在企业落地萌芽，指引大家成长前行；而对于擅长包装行销，理论的实务价值较缺乏的"概念级"管理大师，大家也应该能够明辨。

本书精选了五位真正世界级的大师，有的大师已经为人熟知，也有人虽然具备前瞻智慧，但或因不谙行销或因英年早逝，例如其中的Michael Hammer，他们在国内知名度有限，然而其学理却是掷地有声、震古铄今，不为人广知实在相当可惜。也有些大师理论虽然前瞻，但实操性的论述却过少，我也借助多年实战的顾问咨询方法论，一步步在本书中予以补强，使其周延而有底气。

撰写本书所设定的目标，是在理论与实务的结合，让读者可以在两天内读完全球最顶尖管理大师的前沿理论精髓，并能快速学会实务的运用。而本书最重视的落地实操性，也具体体现在书中大篇幅图表运用上。

**管理要能融会贯通！**

在阅读管理类的书籍时，容易先天受限地从一个管理的单点，切入到整体的运营细节，这样切入阅读之后，就比较难洞悉运营的关键与全貌，发生以偏概全或见树木不见森林的情况。其次，若以中学为体、西学为用，则在理论与实务两者之兼顾上，在阅读一般管理类的书籍时，也会有些困难，而这些正是本书所特别关注的。

本书所猎之学科范围，若按照研究所或高校开课的分类来看，涵盖了以下多门学科：战略管理、组织运营、管理会计、工业工程、作业研究（或称运筹学，即 Operations Research）、人力资源、组织行为、市场营销、变革管理、组织再造与创新研发等。本书之学术价值乃在于贯穿与整合，使片断不相关连的不同专业学科，能以更为宏观的整合面及微观的操作面来落实，使学术创造价值，使管理大师不沦为空谈，使读者能在阅读本书的最短时间内，学会顶尖大师的毕生精髓，把国际级的管理大师理念与本土化的企业现状，充分接地气地紧密结合，为企业的发展提供底气力量与经营效益，同时，也印证管理大师精髓的实务价值。

本书是笔者12年来出版著作的第10本书，也是个人持续散播公益、分享智慧与知识心愿的延续。而本书之所以能顺利付梓，要特别感谢中山大学周大鸣教授以及武汉大学汪涛教授的指导，武汉大学广东研究院李红亮院长的一路鼎力协助，中国航空报社刘鑫社长，兴业证券私人银行李琳总经理，还有刘宪卫董事长、曾立维总经理、崔胜健总经理，张信义先生、中山大学林香师姐与李霞师妹等多人的热心协助，他们为笔者在完善与出版本书的过程中提供了支持与协助，特此感谢。

2016年3月18日于深圳

# 目 录

导 读 \ 1

## 第 1 章 管理创新 \ 4

### 1.1 管理创新落地全貌 \ 4
### 1.2 管理创新：企业基业长青的秘诀 \ 5
#### 1.2.1 管理变革的挑战与回应 \ 9
#### 1.2.2 超速度竞争时代的运营法则：企业运营六要素 \ 12
### 1.3 管理创新落地参考方法及工具 \ 14
#### 1.3.1 文化创新 \ 14
#### 1.3.2 运营创新 \ 17
#### 1.3.3 体制创新 \ 24
#### 1.3.4 组织创新 \ 41
#### 1.3.5 技术创新 \ 50
#### 1.3.6 营销创新 \ 57
### 1.4 基于互联网发展的管理创新体系构建 \ 62
#### 1.4.1 创新思维激发：从个人到团队 \ 62
#### 1.4.2 基于社交网络的团队任务管理模式——以全食食品为例 \ 64
### 1.5 基于资本市场发展的管理创新转捩点——投资并购 \ 67
#### 1.5.1 投资并购是企业外部扩张的管理创新 \ 67
#### 1.5.2 并购操作的类型 \ 69
#### 1.5.3 并购的执行手段 \ 69
#### 1.5.4 并购流程中的关键环节：企业估值 \ 70
#### 1.5.5 投资并购操作有关的注意事项 \ 72

## 第 2 章　战略绩效管理　\ 76

- 2.1　战略绩效管理落地全貌　\ 76
- 2.2　战略思维的启发与形成　\ 77
- 2.3　战略执行的障碍　\ 82
  - 2.3.1　全球企业战略执行概况　\ 83
  - 2.3.2　战略执行障碍　\ 85
  - 2.3.3　中国的战略执行　\ 87
- 2.4　战略绩效管理工具：平衡计分卡　\ 88
  - 2.4.1　传统绩效管理存在的问题：财务指标缺失　\ 88
  - 2.4.2　平衡计分卡战略性管理架构概述　\ 89
  - 2.4.3　确立众所聚焦的战略　\ 93
  - 2.4.4　建构有效的战略目标　\ 102
  - 2.4.5　制定具体量化的指标　\ 104
  - 2.4.6　建置例行的管理体系　\ 106
- 2.5　个案探讨　\ 109
  - 2.5.1　金融服务业　\ 109
  - 2.5.2　高新科技制造业　\ 115

## 第 3 章　新时代企业流程再造　\ 119

- 3.1　新时代企业流程再造落地全貌　\ 119
- 3.2　企业流程再造概论　\ 120
  - 3.2.1　流程是什么？　\ 121
  - 3.2.2　企业流程再造的重要性　\ 123
  - 3.2.3　企业流程再造成功关键　\ 124
  - 3.2.4　企业战略绩效管理与流程再造的综效　\ 125
- 3.3　企业流程再造落地参考方法及工具　\ 127
  - 3.3.1　流程管理 BPM（As–Is）　\ 127
  - 3.3.2　流程再造 BPR（To–Be）　\ 141
- 3.4　个案探讨　\ 152
  - 3.4.1　高科技制造业　\ 152
  - 3.4.2　机械工业　\ 157

# 目 录

## 第 4 章 战略人力资源管理 \ 161

### 4.1 战略人力资源管理全貌 \ 161
### 4.2 战略人力资源发展/管理架构 \ 162
- 4.2.1 战略人力资源管理的重要性 \ 162
- 4.2.2 人力资源管理在企业中的角色与转变 \ 164

### 4.3 战略人力资源管理落地参考方法及工具 \ 168
- 4.3.1 组织设计 \ 168
- 4.3.2 绩效管理 \ 171
- 4.3.3 激励性薪酬设计与管理 \ 176
- 4.3.4 职能管理 \ 182

### 4.4 个案探讨 \ 188
- 4.4.1 媒体业 \ 188
- 4.4.2 电子零件制造业 \ 195

## 第 5 章 新时代的市场营销模式 \ 208

### 5.1 新时代的市场营销模式全貌 \ 208
### 5.2 营销的挑战与转变 \ 209
- 5.2.1 传统营销面临的挑战 \ 209
- 5.2.2 新时代市场营销 \ 210

### 5.3 新时代营销模式落地参考方法及工具 \ 213
- 5.3.1 SIVA 四阶段营销战略 \ 213
- 5.3.2 客户触点（MOT = Moment of Truth）分析与管理 \ 216
- 5.3.3 销售漏斗管理 \ 218
- 5.3.4 安索夫矩阵（Ansoff Matrix） \ 223

### 5.4 个案探讨 \ 227
- 5.4.1 机械制造业 \ 227
- 5.4.2 航空运输业 \ 230

## 结束语 \ 237

# 导 读

我国企业经营管理之痛,在于硬实力上可以达到或超越国外先进水平,但在管理的软实力方面,与世界级的企业相比仍存在相当程度上的差距。彼得·德鲁克曾说:"管理的创新,更胜过技术的创新",而盖瑞·哈默尔也说:"在创新上,观念比技术更重要。"所以,以管理创新(文化、组织、运营、技术、研发与智慧)作为企业的驱动核心,然后凭借管理创新作为核心,向外逐一拓展到企业战略、运营流程、人力资源和市场营销等四大分支的实务落地体系,形成一套整合性的5D管理地图。然而,在实务的案例中,鲜能看到成熟而正确的案例。

"管理要接地气才有底气,管理大师要能务实才有价值。"

本书就是在这样的背景下,整合笔者对国内外企业多年咨询的经验,对企业经营管理的根源问题进行深入剖析研究,并参酌完善国际顶尖管理大师的理论、个案与实际合作关系后,提出以"战略""流程""人资""营销"与"管理创新"共五个面向为整合主体,从而建构成为一套全面性的系统实战经营方法论——"5D管理地图",它是淬炼管理前沿论点在中国本土化接地气的一套管理圭臬与指导手册。其整体架构如下图:5D管理地图。

## 5D 管理地图

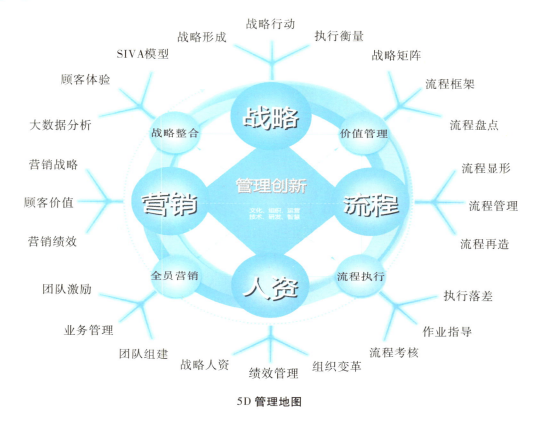

5D 管理地图

在 5D 管理地图中，以管理创新（文化、组织、运营、技术、研发、智慧）作为企业内部的核心驱动力，顺时针依序向外展开以战略、流程、人资、营销四个主题分支，由战略作为依据起点以引导企业的流程、人资与营销的进行；最终再由营销实际成果，不断循环式地重新审视调整企业战略，成为一个由内而外的由"战略→流程→人资→营销→战略"构成的动态管理循环。

这套体系看来行云流水，似乎没什么疑义，但是企业在实务上的运用却不是这么回事，甚至于绝大多数的企业运用起来都逻辑紊乱，失去顺序章法；这套逻辑顺位应该是以"顺时针的方向"推进：企业的战略决定了企业的发展方向，有了发展方向，才能决定要做哪些事（做哪些事就是确定企业的流程与作业活动）。一旦确定了做哪些事，才能决定用怎么样的人，或是检讨现有的人是否称职，又或是找出执行战略流程之绩效短板在哪。所谓事求人，而不能人求事！等战略、流程、人资三大步骤齐备了之后，才可以大举对外营销。未能万事齐备下的对外营销，只会自曝其短，吓跑客户。之后，再按照营销的

成效进行下一轮回的战略调整。这套运用管理创新的五个完整逻辑，就是5D管理地图，它能协助您找出运营管理问题的最终解决方案，建立管理循环体系。

而此循环中的四个主题，另各以不同的管理手段进行串连，也可避免沦为一般企业内各功能单位各自为政的通病。

●"战略"与"流程"的连结：以"价值管理"筛选出符合企业成本效益的战略性价值流程，作为企业进行流程管理与优化的基础。非属价值流程者，仅系一般日常作业。

●"流程"与"人资"的连结：透过了解"流程执行"的落差结果，进行落差分析与作业检讨，针对人执行落差的部分去强化人资体系，提升流程的执行效率及效益。

●"人资"与"营销"的连结：一个企业即使有再好的产品或服务，如果不能提供到客户手上，那终将无法产生任何效益。因此导入"全员营销"概念，进行内部营销与外部营销团队的建立、强化内部顾客与外部顾客的双重营销作为，据以管理并提供激励，进一步提升企业整体营销竞争力。

●"营销"与"战略"的连结：企业战略须依据企业内部运营状况及外部市场趋势而进行调整，此时透过企业的营销运作，使企业内部及外部环境充分结合，不断以"营销战略"与企业战略进行相互检讨调整，以保持企业持续不断的竞争力。

本书中将对"5D管理地图"的各主题范畴的管理大师核心理论，注入中国本土化与实务界的血液，除了详细介绍管理大师核心论点外，还将管理大师毕生精髓之概念，透过笔者与管理大师的合作与咨询方法论，将其转化为实际操作执行使用的参考制度、流程、工具、表单，甚至应用软件，为其论点落实接地气，为推动管理工作提供底气。

企业的经营之道与前沿的管理理论，是从无数实战案例中总结与升华而来，同样地，笔者关注理论创新与体系构建的同时，更关注国内外的实操案例；本书既有对理论本身运用得当的范本，也有成功的案例对应。

期望读者在阅读本书的最短时间内，学会顶尖大师的毕生精髓，把国际级的管理大师理念与本土化的企业现状能接地气地充分结合，为企业的发展提供底气力量与经营效益，同时，也印证管理大师精髓的实务价值。

# 第 1 章 管理创新

## 1.1 管理创新落地全貌

**大师介绍**

**盖瑞·哈默尔（Gary Hamel）**

他是 Strategos 公司的董事长暨创办人，也是前伦敦商学院战略及国际管理教授。他是战略研究的最前沿大师，被《经济学人》誉为"世界一流的战略大师"；《财富》杂志称他为"当今商界战略管理的领路人"；在 2001 年美国《商业周刊》"全球管理大师"的评选中，他位列第四，可谓声名显赫。战略意图、核心竞争力、管理创新、战略构筑、行业前瞻，这一系列影响深远的革命性概念，都是由他提出的，从而改变了许多知名企业的战略重心和战略内容。

**核心论点**

在过去的 100 年间，管理创新比其他任何类型的创新发挥了更大的作用，使公司绩效迈上了一个又一个新台阶。哈默尔对管理创新所下的定义是，对传统管理原则、流程和实战的明显背离，或者对惯常的组织形式的背离，这种背离极大地改变了管理工作的方法。企业前进的真正驱动力绝不是操作上的创新，在创新上，观念比技术更重要。怎样组织、活动人力资源和能力，才是本质上的突破。

可是，与其他类型的创新一样，管理创新所面临的最大挑战也是产生真正新颖的创意。而且，比产品创新、技术创新和运营创新更糟糕的是，很少有公司会为管理创新而精心打造出一个专门的学习平台。

迄今为止，21 世纪的管理与 20 世纪的管理之间并不存在很大的差别。这里正隐藏着机遇。

企业可以坐等竞争对手摸索出下一个重大管理创新，然后把你逐出竞争游戏；也可以主动出击，现在就抢先做一个创新管理者。在这个充满管理新挑战的世界里，你或是你所在的企业需要比你之前所有的管理先锋们更具有创造性，更不受传统束缚。

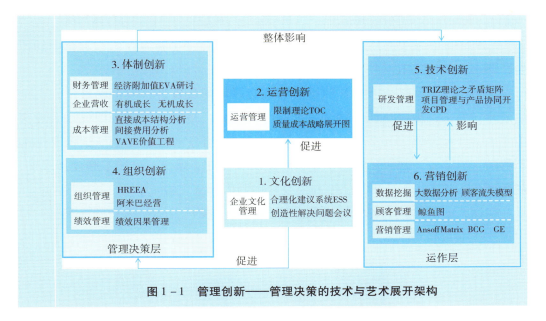

图 1-1　管理创新——管理决策的技术与艺术展开架构

## 1.2　管理创新：企业基业长青的秘诀

美国 1950 年代后期的 500 大上市公司，目前仍在营运的不到 15%。

全球最大的软件公司微软公司（Microsoft）创办人比尔·盖茨（Bill Gates）曾说，"微软一直面临再过两年就会失败的处境"。如果连微软这个一度被反托拉斯法[①]缠身的市场巨人都要时刻担心后面的追兵，那么还有哪个企业能高枕无忧呢？

衡量一个企业是否成功，通常的标准是认为，如果企业能盈利、能成就员工并能回报社会，那它就是一个成功的企业。这些固然没错，但衡量一个企业是否成功，最主要的是看它能否基业长青、能否持续发展。使企业基业长青也是每一个企业家的理想。但是企业怎样才能做到基业长青呢？

《基业长青》（Built to Last）的作者柯林斯（Jim Collins）认为，"想要基业长青，你得勇于改变"，"能够基业长青的企业必须拥有核心理念，不是一心只

---

① 反托拉斯法，即反垄断法，是国际或涉外经济活动中，用以控制垄断活动的立法、行政规章、司法判例以及国际条约的总称。

想赚钱,并且一方面保有核心理念,另一方面又能不断刺激进步。"

如果一个企业家不顾社会及民众的福祉,把追求利润最大化作为企业的使命,那么,即使当下再怎么成功,相信到最后也会付诸东流的。

诚然,有一些企业因为各种机遇和社会环境的特殊性,取得了某种意义上的成功,但是这种成功能否持续、企业能否长青,是摆在每个所谓成功企业家面前的一个大课题。一个企业光拥有好的战略、科学的流程与组织结构是远远不够的。想要成为基业长青的企业必需能够保存核心理念,也能不断创新求变、刺激进步,化不可能为可能。变与不变有如阴阳互济,缺一不可。

何谓企业的"核心理念"?核心理念=核心价值(使命)+目的(愿景)。

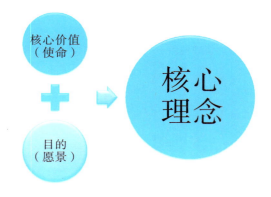

图 1-2 企业的"核心理念"

核心价值(使命)是组织根本而恒久的信念,是一套基本指导方针,是企业存在之意义所在。不要把它和特定的文化或营运措施混为一谈,也不要为了财务收益或暂时的权宜之计而妥协。

目的(愿景)则为组织追求的目标,不能只是做大做强而已,它是在地平线永远指引方向的星光。不要把它和企业的使命或经营战略混为一谈。

而对于企业的核心理念,有一些应该注意的地方:

(1)必需是超越赚钱以外的核心价值(使命)和目的(愿景)的结合;
(2)企业必需真心相信核心理念,并能够始终如一、言行一致地贯彻;
(3)核心理念置于战略、政策、做法和目标之前需要简洁、清楚、简单、有力;
(4)不需要理性或外界的肯定。

相信一定有人会怀疑,那企业有了核心理念就能够达到基业长青了吗?毋庸置疑，核心理念是作为企业不断追求进步的一个基础。因此有了核心理念，下一步应该不断地追求进步与提升，而且在不断进步的过程中，仍然需要保存和维护核心理念，但也必须随时代或环境的变化容许其表现方式有所改变和不断演化。

西方管理大师德鲁克认为，一个成功的企业必须有一个好的流程与组织架构，而好的流程与组织架构是从正确的战略中来的，而正确的战略取决于企业的使命（核心价值）与愿景（目的）。这就是著名的"使命/愿景决定战略，战略决定组织结构，组织结构决定结果"的管理论断。

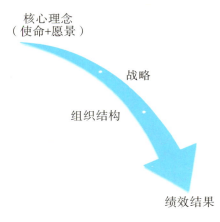

图1-3 企业由核心理念展开至最终的绩效结果

但面对挑战，企业必须进行创新以适应未来，同时也必须保留企业的核心理念。那么该如何打造能不断进化、创新求变并且拥有良好文化的组织？当今很多企业领导人苦恼、挣扎的问题，是如何建立既具有规模优势又能保持弹性的组织。希望组织非常有纪律、积极主动，各部门专注于各自的执掌，但同时又能够主动为组织发现新机会，并快速掌握机会。这的确是很难做到的，甚至有的人还会说那根本是互相矛盾的，因为绝大部分的企业还困在第一代的管理中。第一代科学管理①是过去100年工业革命的伟大成就，核心目的就是控制，让一群人能够组织起来，发挥极大的效率。

现在组织要的不只是效率，还要非常有创造力和适应力，充满热情。但是，

---

① 由科学管理之父弗雷德里克·温斯洛·泰勒在他的主要著作《科学管理原理》（1911年）中提出，认为科学管理的根本目的是谋求最高劳动生产率（效率），最高的工作效率是雇主和雇员达到共同富裕的基础，要达到最高的工作效率的重要手段是用科学化的、标准化的管理方法代替经验管理。

这并不意味着组织要放弃控制。例如，华为在 2014 年的汤森路透①全球百强创新机构榜单成为首个大陆企业，这一定需要组织有高度的控制能力才能做得到；美国的波音公司开发出 787 客机，也需要精密控制，才能让上千万个零件运作无误。

企业现在需要的创意、弹性等新特质，很多是与过去的控制相冲突的。例如，要给员工相当的自由，才能有创意；但是，给予过多的自由反而有可能牺牲了控制，致使产品无法如期出货。所以实际上，组织不能舍弃控制，而是要设法在既有的控制基础上，增加新的创新能力。

企业要真的能够养成创新等新能力，不是靠引进几个最佳创新实务或是进行一些创新管理之类的训练就可以，而是要了解基本的意识形态的不同。控制与自由是两种不同的意识形态，差别不只是在表面文字上，其落实意识形态的原则也不同。

控制的原则包括标准化、科层组织、指挥系统等，这些原则深入组织的各个角落。例如，有千百种尺寸来控制产品规格，有预算流程来控制资金分配运用，有个人目标来控制绩效。

组织要养成新的创新能力，就要先了解支持自由意识形态有什么不同的原则。我们以互联网作为参考对象。互联网的意识形态就是自由，使用者可以自由选择联网的方向，用文字或图片等各种方式，表达支持或反对意见。支持这样自由的原则，包括开放、透明、集体智慧等。

所以，领导人要思考的是：如何将这些自由意识形态的原则，带入组织？纳入了新原则后，目前的管理方式如何做改变？

举一个例子，一般认为员工不能选择同事，但是美国很有创新的全食有机连锁超市（Whole Foods Market）就有不同的做法。

符合全食第一关基本工作条件的应征者，第二关是进入超市与全食团队一起工作。几个星期后，应征者如果能得到团队七成的赞成票，就能被雇用。这就是员工选择同事的做法，征才同样可以有开放原则，并不需要把企业整个翻掉，就能做到。

任何组织未来最大的挑战，就是管理模式的演进，让组织比竞争对手更有调适能力、更有创新能力。看看通用汽车、索尼、摩托罗拉、微软、西尔斯百货（Sears）等公司，近年来的表现，很明显并不是很出色。不景气固然有影响，但真正的问题在于，这些公司因自己的过去而束手束脚。

具有调适力的公司，能够掌握更多新机会。它总是重新定义本身的核心事

---

① 汤森路透公司是一家商业数据提供商，由汤森公司于 2008 年 4 月 17 日并购路透集团而成立。汤森路透总部位于美国纽约市曼哈顿的第三时代广场，在全球 100 多个国家设立有办公室，全球雇员大约 6 万人。

业,一再改造自己,开启新的成长途径。事实上并没有一种战略能够永生,尤其最近几年,战略的生命周期愈来愈短。

战略失败就像癌症,蚕食鲸吞,拖延愈久致死率愈高。如果企业经营者能够留意微小的警讯,通常可以预期到战略的失败,包括经营利润降低、新产品营收比重下滑、市场占有率下滑、资产生产力降低、新的且非传统的事业模式激增、定价趋势线呈现下滑走势、营销成本比率提高等。若平时不注意这类警示信息,那当面临战略失败时只能吃惊地感到意外。

诺基亚是一只把头埋入沙堆里的鸵鸟,尽管它是智能型手机的先驱,却没能在行动数据革命中超前。诺基亚没有认真地从"以硬件为核心的器材公司"转型成"以软件为中心的平台公司",这为苹果及谷歌开启了机会之门。

拥抱未来者总是打败缅怀过去者。倘若我们有胆识、勇敢、有创造力且果决,就能打造出未来组织。一定有很多高阶经理人会说,必须成为技术的领导者,必须在产品上更快创新;一定没人会说,他的公司要管理领先,要在管理上比竞争对手更有创意、更聪明、调适更快。

但如《华尔街日报》评为全球最有影响力的管理思想家盖瑞·哈默尔(Gary Hamel)说:"管理的竞争,是未来10年最重要的创新竞争。"

### 1.2.1 管理变革的挑战与回应

100年前,由科学管理之父——弗雷德里克·温斯洛·泰勒在他的主要著作《科学管理原理》(1911年)中提出"科学管理理论":主张谋求最高劳动生产率,最高的工作效率是雇主和雇员达到共同富裕的基础,要达到最高的工作效率的重要手段是用科学化、标准化的管理方法代替经验管理。泰勒认为最佳的管理方法是任务管理法。而在此之后,相继发展的重要管理理论基本上也都是以泰勒的科学管理为基础的进一步的改善提升。

如下列示从泰勒的科学管理及其之后发展的重要管理理论。
- ➢ 100年前:泰勒提出"科学管理"——追求的是效率;
- ➢ 20世纪60~70年代:日本管理革命——TPS/精益生产——追求的是质量;
- ➢ 20世纪70年代以后:迈克尔·哈默的"流程再造"——追求质量好,效率高,响应速度快,还要兼顾个性化需求

这些管理模式的提出,都来源于国外的管理实践者或学者。而综合来看,其管理的程序和作业是建立在少数核心原则上:标准化、专业化、阶级组织、

**5D 管理地图**

目标一致、计划与控制,以及采用外部报酬来塑造人的行为。可参考表 1-1。

表 1-1 管理模式的原则[①]

| 原 则 | 应 用 | 目 标 |
|---|---|---|
| 标准化 | 使投入、产出和工作方法符合标准,将变异减到最小 | 追求经济规模、生产效率、可靠性和品质 |
| 专业化(任务与功能) | 将相似活动聚集在同一个组织单位内 | 减少复杂度,以加速学习 |
| 目标一致 | 建立明确的目标体系,包括高层的目标和相关的底层目标,以及支持的矩阵 | 确保个人的努力与从上到下的目标一致 |
| 阶级组织 | 按照有限的控制范围来创造金字塔形的权威 | 对广泛的营运范畴保持控制 |
| 计划与控制 | 预测需求,编列预算,安排工作时程表,追踪和纠正任何不符合计划的事项。 | 建立营运的常规性和可预测性;符合计划 |
| 外部报酬 | 向达到特定成果的个人和团队提供财务奖励 | 鼓励工作,确保符合政策和标准 |

进入 21 世纪以后,管理学发展的速度似乎并没有随着环境的变化一同快速的发展。面对 21 世纪迥然不同的经营环境:全球化、数字化、市场高度开放、科技和自动化发展、消费者主权……譬如:物联网、工业 4.0、P2P、O2O、互联网金融、云端……每一个都是结合环境下不断发展出来的应用,而每一个变化都一直在不断地带来我们管理上的挑战。诸如:竞争优势稍纵即逝、企业生命缩短、规模变为不重要、企业无法独立掌控自己未来……

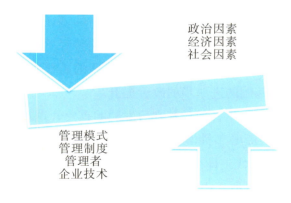

图 1-4 变革推动力示意图

---

① 参见盖瑞·哈默尔的著作:*The Future of Management*(《管理大未来》),2007 年版。

因此，在这样的环境下，企业需不断地去修正与调整自己的管理模式来针对外部环境的改变随时做出因应变革（管理创新），才可在这样竞争激烈的环境下不断成长进步。

中国的企业除了面临上述的挑战外，更面临以下的竞争挑战：

（1）国内的市场空间逐渐变小，爆炸性的增长几乎没有，光"靠市场"不行；

（2）企业自身发展到一定程度，很难再靠引进先进技术来发展，光"靠技术"不行；

（3）在全球化条件下，国外的品牌都到中国来了，国内企业则必须走出去，这对中国企业而言压力是很大的，既要保住国内市场，还要开拓国际市场。按照海尔公司张瑞敏的说法，"国内企业与国外企业的基础是不一样的，人家是已经建了9层楼，再加1层，我们是只有1层楼，要往上盖9层楼"！

因此，中国的企业必须要从管理模式上寻求创新和突破，才能保持长久的竞争力与可持续发展的动力！

而什么是管理创新？盖瑞·哈默尔在其著作 The Future of Management（《管理大未来》）中给出如下定义："任何一种可以实质改变执行管理工作的方法，或是明显改变既有组织形式以达成组织目标的东西，都可以称之为管理的创新。简而言之，管理的创新可以改变经理人做事的方法，为组织达成提升绩效的结果。"

而什么是管理模式？管理模式 = 理念 + 系统 + 方法（如图1-5）。它是一整套具体的"管理理念、管理内容、管理工具、管理程序、管理制度和管理方法"的体系。这个体系被反复运用于企业，使企业在运行过程中自觉地加以遵守！

图1-5　管理模式的组成

综上所述，我们将哈默尔的定义更具体展开为管理模式的创新；更细化一点，即是理念、系统、方法的改变导致经理人的改变，并为组织达成提升绩效的结果。

最后彼德·得鲁克也说，"管理是一门实践"。那么，实践的前提是什么？实践本身就是一种追寻、一种探索、一种创新。因此，不论观念再大胆、新颖的管理创新变革，仍然需要透过不断的实践，随时进行调整。以大胆坚定的创新和谨慎渐进的实践落实企业的管理变革，相信不仅能在全球竞争的行列中维持不败，甚至指日可待能成为行业中的佼佼者。

### 1.2.2 超速度竞争时代的运营法则：企业运营六要素

企业运营的创新有许多种，而面对管理理论需落实在实务层面的应用，则必需将其细化为更接近企业的运作实际而展开，如此才可更进一步地真实地运作。结合过去20多年的顾问辅导实务操作经验与最新管理大师的理论趋势，笔者将管理创新与企业的运作以六大要素归纳整理，包括：文化创新、运营创新、体制创新、组织创新、技术创新、营销创新。

**文化创新**：企业的所有活动都要靠人来执行，因此企业所展现出来的价值观，其实就是企业里面所有人价值观的综合表现。而为了能够不断地进行管理创新，塑造一个开放的、自由的企业文化则是必需的。例如：日本丰田公司有一项著名的"创造性思考制度"，即认为好产品来自于好的设想。该企业一直通过采用合理化建议制度，激发全体员工进行创造性思考。"自进入汽车制造领域，我就一直研究丰田公司的成功之道，发现其致胜核心就在于企业文化充分调动了人的积极性，在企业中形成人人都是丰田主人、人人都代表丰田形象的良好氛围。"

**运营创新**：企业的产品/服务是为企业取得利润而能赖以为继续提升成长的基本，并且要在极度竞争的世界里生存，卓越的运营绩效也是必要条件。在这一部分，主要探讨如何增进企业生产产品或服务的质量与效率。为企业运作成长提供发展的基石。例如：宜家家居（IKEA）突破性的运营模式。

**体制创新**：曾经有一位上市公司的经营者向笔者咨询，其认为三年前所制定之中长期目标按当时情况评估不仅无法达成目标，甚至是远远落后一大截，这让其非常忧心。笔者与该企业主进行深入的探讨后，即向其提出建议，如要

第 1 章 管理创新

达成原来设定的目标,他的企业则要在根本的体制上转变才有办法达到大跃进式的成长,进而达到目标。而最后,这个上市公司也确实运用了此方法,并且在几年后成为其行业的领导者。而当时他所使用的方法是通过透过并购/融资的方式,一直进行企业间的运作整合才达到当时所制定的目标,甚至远远超过目标。在体制创新内,企业应不断检视整体经营体制的价值,不断去思考该如何创造及提供给客户更大的附加价值。

**组织创新**:企业创新的关键是,企业的组织需要能够全面系统地解决组织结构与运行以及企业间组织联系方面所存在的问题。而面对现在的环境,企业的组织更要能够弹性、自由地去激发员工的创新,而不再只是单纯地通过由上而下的金字塔集权式进行组织。例如:在京瓷公司成立 5 年后的 1964 年,为了保持公司的发展活力,稻盛和夫独创阿米巴经营方式。将组织分成小的集团,通过与市场直接联系的独立核算制进行运营,培养具有管理意识的领导,让全体员工参与经营管理,从而实现"全员参与"的组织结构经营方式。

**技术创新**:毋庸置疑,明星产品可以在很短时间内让原本默默无闻的企业一跃成为产业界巨星,但是科技快速的发展同样也让许多新兴公司很快能超越昔日的领导者。因此,在企业新技术的研发管控,需要持续不断的更新,才能维持高度的产品竞争力。譬如:戴森(Dyson)发明了不需使用吸尘袋和吸力永不减弱的吸尘器,但在推出后没多久的时间,同样的,也有很多品牌亦可以生产达到相同效果的吸尘器。

**营销创新**:对于一个企业来说,营销做得好坏,直接关系到企业产品能否赢得市场竞争,尤其面对现在互联网、物联网、P2P、O2O 等的蓬勃发展,让消费者能够更容易地取得更多的信息协助其做出购买的决策参考。因此,在这样的环境中,需要思考如何去进行有效的创新营销,以打动消费者达成营销的目的。例如:海尔集团除了有扎实的技术及运营能力外,还能进一步成功利用差异化分析及营销,使其品牌在全球多个国家(甚至包括很难进入的德国市场)成功的成为优选品牌产品之一。

上述企业运营的六大要素,笔者将其整合"企业管理创新架构",如图 1-6,并在后面主题提供相应的参考方法及工具,供读者落实运用。

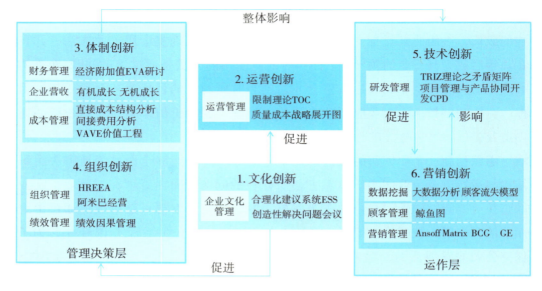

图 1－6　企业管理创新架构

## 1.3　管理创新落地参考方法及工具

### 1.3.1　文化创新

企业需要有能够创新的文化，而这些创新如果只是来源于企业中的中高层决策管理人员，那么这个企业就是没有什么特别的创新作为，可能会昙花一现无以为继。因此，只有能够发挥企业内所有员工的创新能力，将创新思考落实到基层员工中，让实际接触业务执行流程的第一线员工集思广益为企业不断寻找创新想法，才能够让企业文化进行全员的创新思考。

此处笔者提供的供读者参考运用的方法/工具是"合理化建议系统（Employee Suggestion Scheme，简称ESS）"。

**文化创新工具：合理化建议系统**

● What？（是什么？）

## 第1章 管理创新

员工建议计划是不断改进的一种工具,主要是通过一些途径来确定可能改进的地方以及收集员工的看法和意见来完善公司的管理制度。

为了能够让公司调整得更好,并发挥员工自己思考的潜力,即将旧时代管理把员工视为机器(只执行命令)的模式转变为可独立思考分析问题,并找到最佳方案以解决问题的"人",如此亦可减少公司内部员工的抱怨进而实际帮助公司查明并解决问题。这不仅对企业有帮助,员工个人也能够从中获得工作以外的乐趣,公司与员工可取得一个双赢的局面(见图1-7)。

图1-7　ESS让企业与员工双赢

● How?(怎么做?)

具体做法可按实行情况进行弹性及更适当的调整。

■ **施行注意事项:**

✓ 使用专用建议表;

✓ 完整填写建议表;

✓ 必须将建议投入建议箱;

✓ 每表只写一条建议;

✓ 建议箱每天打开。

■ **不被考虑的建议：**
  ✓ 雇用条件及公司政策；
  ✓ 抱怨及概念不清；
  ✓ 已有建议的简单扩展；
  ✓ 费用过高及不能显示效益；
  ✓ 难以实施；
  ✓ 试图在一般事物上引起管理层的注意。

■ **建议形成及落实的步骤**：建议形成及落实的步骤，对于员工建议仍需以科学化的标准进行展开，以确保建议已被实际采纳并发挥功用（见图1-8）。

图1-8　建议形成及落实的步骤

（1）发现问题：一般可从以下几个方面着手：如何保持和改进质量以及减少次品，如何降低成本，如何提高生产力，如何保证交货期，如何保证安全，如何改善人际关系；或是以人员、设备、材料、方法、环境几个面向发展思考。

（2）研究问题：可由以下几个方向进行研究：作业流程、操作步骤、员工行动、执行业务使用的设备（机器）、执行业务所使用的辅助设备。

（3）方案分析：针对方案的完整性，此时可使用5W2H分析法（见图1-8）对方案进行较谨慎的解析。这除可帮助提案人员重新检视外，亦可增加沟通理解之清晰程度，让方案的推行能够更顺利。

（4）方案评估：需针对方案进行对于企业重要的因素给予评估，例如：影响范围/效益、创造性、需付出的努力、是否可应用等，以决定方案采纳的价值。

（5）方案实施：确定方案具有落实的价值后，即可进行方案的实施与微调阶段。

## 第1章 管理创新

(6) 标准化防止退化：于方案施行一段期间后（视方案涉及范围大小而定），或许几周到几个月，确定方案已可很好地落实并发挥效益，则应将该方案的实施进行标准化，让其在企业的运作中传承下去。

● 员工建议使用表格范例：

表1-2 员工建议表

| 提案项目名称 | | | | | |
|---|---|---|---|---|---|
| 提案人 | | 所在部门 | | 建议日期 | |
| 目前问题及状况描述 | | | | | |
| 改善办法及措施 | | | | | |
| 需求支援 | | | | | |
| 审批 | | 审核 | | | |

### 1.3.2 运营创新

在竞争激烈的时代，不断提升产品/服务的质量与效率是保持优秀的运营绩效的基础，而在每个希望能够不断成长的企业里，相信也都有各种方法不断地去改善自身的服务。但往往企业里的每个产品/服务的产生作业都不是简简单单就可以说明清楚，因此如何在复杂的产生产品/服务的过程中，一直不断地能有创新的改善，并能系统化及科学化地将其落实则是确保企业在稳定中求发展的关键。

在此，笔者以"约束理论（Theory of Constraints，TOC）"和"品质/质量成本管理"两个解决方案来延伸如何落实运营创新这个主题。

#### 1.3.2.1 约束理论

**运营创新工具之一：约束理论**

● What?（是什么？）
● 约束理论的发展概念和过程：约束理论是以色列物理学家高德拉特（El-

iyahum Goldratt）于 20 世纪 80 年代中期在他的最优生产技术基础上创立和发展起来的。进入 90 年代，TOC 又发展出用来逻辑化、系统化解决问题的思维过程（Thinking Process，TP）工具。因此，TOC 既是面向产销率的管理理念，又是一系列的管理工具（见图 1-9）。

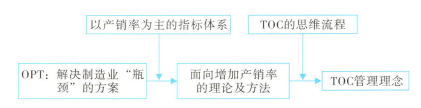

图 1-9　约束理论的概念和发展过程

● **约束理论的系统思考**：组织是一个系统，由许多部门或单位组成，彼此相互依赖，就像是一个链条，由许多环（Link）组成（见图 1-10）。而 TOC 认为每一系统皆有目标（Goal）要达成而且都被期望能够改善其绩效（相对于目标），但是每一系统的绩效却受限于限制或制约（Constraint）；因此，要改善系统得到更多或更大的系统目标，我们需要专注于系统的限制。

图 1-10　组织是一个由环组成的系统（链条）

● **约束理论的核心思维**：一个组织链条（系统）由很多环组成，而如要计算这个组织链条（系统）的总重量（总成本），为了方便计算，我们可以先计算每一个环的重量（成本），最后将其汇总，即是这个组织链条（系统）的总重量（总成本）。在重量（成本）的计算上，是可以按加法原则计算的。但如果我们现在想要知道的是这个组织链条（系统）的拉力强度（绩效产出），就无法再同样以加法原则计算了。如果你去拉一个链条，当拉力超过这一个链条的拉力强度时，则一定会从这个链条中强度最弱的那个环断掉。而这也表示，强度最弱的那个环决定了这个链条的拉力强度，而这就是约束理论的核心思维（见表 1-3）。

第 1 章　管理创新

表 1-3　TOC 核心思维——产出观与成本观思维比较

| | TOC 核心思维——产出观思维 | 成本观思维 |
|---|---|---|
| 比喻说明 | 强度就是产出，产出的本质不服膺加法法则。最弱的环决定链条的强度 | 重量就是成本，成本的本质服膺加法法则。总重量（成本）就是所有环的重量（成本）相加。 |
| 重要观念或典范 | 1. 任何一个环的改善不等于链条的改善；<br>2. 局部改善对组织整体而言并没有改善；<br>3. 局部改善并不是组织整体改善的指针；<br>4. 好的整体绩效≠好的局部绩效的总和；<br>5. 无法根据局部影响来判断行动与决策 | 1. 任何一个环的改善就是链条的改善；<br>2. 局部改善（不只是绩效指标而已）整体也就改善；<br>3. 好的整体绩效＝好的局部绩效的总和；<br>4. 根据局部影响判断行动与决策；<br>5. 为了量化局部改善我们分摊成本 |

在企业中，经营者们常面对需要提升绩效以达成目标的状况，而许多需要解决的问题都会是复杂的问题，面对企业的资源有限的时候，不可能投入所有的资源去盲目地解决问题，因此无法发挥最大的效益。TOC 能够利用科学的方法，将有限的资源投入改善的工作，使投入与产出比达到最大化，并一直不断地循环改善，源源不绝地提升/解决问题。

● How？（怎么做？）

可按实行情况进行弹性及更适当的调整。

　● 约束理论的核心步骤（并以一范例加以说明）：

　✓ 找出系统中存在哪些约束：

譬如：企业要增加产销率的话，一般会在以下方面想办法：

原料（Materials）：增加生产过程的原材料投入；

能力（Capacity）：如果由于某种生产资源的不足而导致市场需求无法满足，就要考虑增加这种资源；

市场（Market）：如果由于市场需求不足而导致供给能力过剩，就要考虑开拓市场需求；

政策（Policy）：找出企业内部和外部约束产销率的种种政策规定。

　✓ 寻找突破（Exploit）这些约束的办法：

若某种原材料是约束，就要设法确保原材料的及时供应和充分利用；若市场需求是约束，就要给出进一步扩大市场需求的具体办法。

若要突破某台瓶颈设备利用率不高这个约束，则可设置时间缓冲，在瓶颈设备紧前工序的完工时间与瓶颈设备的开工时间之间设置一段缓冲时间。

或者：在瓶颈设备前设置质检环节，以保证经过瓶颈的工件正品率100%；统计瓶颈设备的产出的废品率，并找出废品的原因并根除之；对返修或返工的方法进行研究改进。

✓ **使企业的所有其他活动服从于第二步中提出的各种措施：**

如果流水线上的一台机器是约束，那么可以在适当的地方设置时间缓冲，来保证流水线上其他生产环节对这台机器的供给能够满足这台机器的生产需要，而正是这一点，使得TOC不单单是一种制造理念，而是一种管理理念或经营理念，可以应用于营销、采购、生产、财务等企业经营各方面的协调。

✓ **具体实施第二步中提出的措施，使第一步中找出的约束环节不再是企业的约束：**

工厂的某台机器是约束，就要采取缩短设备调整和操作时间、改进流程、加班、增加操作人员、增加机器等途径。

✓ **谨防人的惰性成为系统的约束：**

当一个约束被突破，一定要重新回到第一步，开始新的循环。就像一根链条一样，改进了其中最薄弱的一环，原来的次薄弱环节又会再成为最薄弱的一环，因为"今天的解决方案就是明天的问题所在"（Today's solution is tomorrow's problem）。

1.3.2.2 质量成本管理

## 运营创新工具之二：质量成本管理

● What?（是什么?）

质量成本又称质量费用。根据ISO9000系列国际标准，质量成本的定义是：将产品质量保持在规定的质量水平上所需的有关费用。它是企业生产总成本的一个组成部分。质量成本由两部分构成，即运行质量成本和外部质量保证成本（如图1-11）。

图1-11 质量成本的构成

● **运行质量成本**：运行质量成本是指企业为保证和提高产品质量而支付的一切费用以及因质量故障所造成的损失费用之和。它又分为四类，即企业内部损失成本、评价成本、预防成本和外部损失成本等，见图1-12和表1-4。

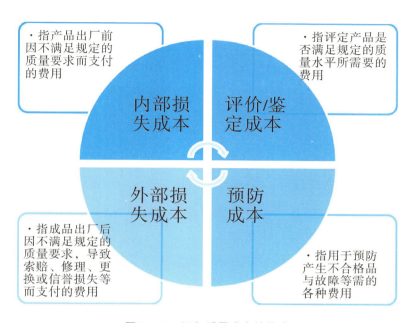

图1-12　运行质量成本的构成

表1-4　运行质量成本展开范例

| | 预防成本 | 评价成本 |
|---|---|---|
| 因质量问题而引起的成本 | ✓ 质量计划工作费用<br>✓ 质量教育培训费用<br>✓ 新产品评审费用<br>✓ 工序控制费用<br>✓ 质量改进措施费用<br>✓ 质量审核费用<br>✓ 质量管理活动费用<br>✓ 质量奖励费<br>✓ 专职质量管理人员的工资及其附加费等 | ✓ 进货检验费用<br>✓ 工序检验费用<br>✓ 成品检验费用<br>✓ 质量审核费用<br>✓ 保持检验和试验设备精确性的费用<br>✓ 试验和检验损耗费用<br>✓ 存货复试复验费用<br>✓ 质量分级费用<br>✓ 检验仪器折旧费<br>✓ 计量工具购置费等 |

（续上表）

| 因保证和提高质量而引起的成本 | 内部损失成本 | 外部损失成本 |
|---|---|---|
| | ✓ 废品损失费用<br>✓ 返修损失费用和复试复验费用<br>✓ 停工损失费用<br>✓ 处理质量缺陷费用<br>✓ 减产损失费用<br>✓ 产品降级损失费用等 | ✓ 申诉受理费用<br>✓ 保修费用<br>✓ 退换产品的损失费用<br>✓ 折旧损失费用<br>✓ 产品责任损失费用等 |

● **外部质量保证成本**：外部质量保证成本是指为用户提供所要求的客观证据所支付的费用。主要包括：

✓ 为提供特殊附加的质量保证措施、程序、数据所支付的费用。

✓ 产品的验证试验和评定的费用。

✓ 满足用户要求，进行质量体系认证所发生的费用。

在市场竞争日益复杂的情况下，企业要生存，只有两手抓：一手抓顾客，提高客户的满意度，培养忠诚的顾客群；另一手抓产品成本，即降低合格成本和不合格成本，使自己的产品的价格竞争中有较大的空间和较大的利润。降低不合格成本主要是降低质量成本，因此就必须进行质量成本管理。并且现在已经由"成本决定售价"的旧观念，转成了"售价决定成本"的新意识，按照这样的观念，势必要降低成本，才能获得利润。最终还是讲质量成本。而目前，我国许多产品已进入微利时代。例如机械产品在计划经济时期的利润可达15%～20%，有的产品甚至更高，而目前只有3%～5%，有的甚至更低。我们向谁要效益？唯有降低质量成本！

● **How？（怎么做？）**

可按实行情况进行弹性及更适当的调整。

● **质量成本管理重点**：

✓ 建立健全质量管理体系；

✓ 制定质量成本责任制；

✓ 设定本企业的质量成本科目；

✓ 对同行业进行比对，关注质量成本变化；

✓ 成本核算；
✓ 质量成本分析报告；
✓ 定期对质量成本管理工作进行评价。

**质量成本管理流程：**

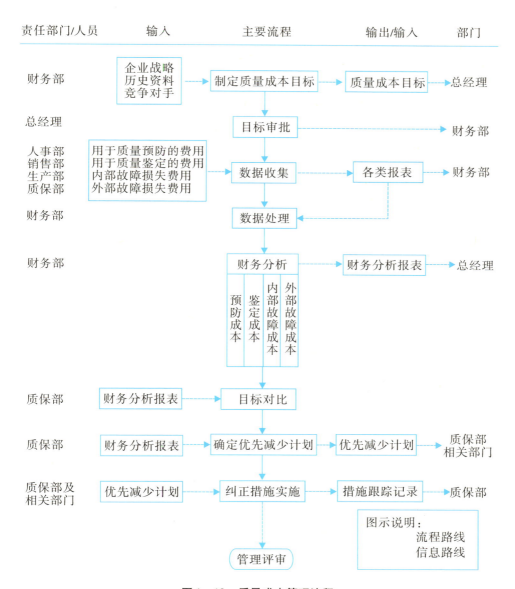

图 1－13　质量成本管理流程

### 1.3.3 体制创新

体制创新的焦点是财务管理、营业收入增长、成本精简等问题。

#### 1.3.3.1 财务管理

## 财务管理工具：经济附加值（Economic Value Added，EVA）研讨

● What?（是什么？）：

20世纪80年代初，为了适应企业经营环境的巨大变化，美国思腾思特咨询公司（Stern & Steward）于1982年提出并实施一套以经济附加值理念为基础的财务管理系统、决策机制及激励报酬制度及新的财务业绩评价指标。其提出经济增加值（EVA）的目的在于克服传统指标的缺陷（见表1-5），准确反映公司为股东创造的价值。世界著名的大公司如可口可乐、IBM、美国运通、通用汽车、西门子公司、索尼、戴尔、沃尔玛等近300多家公司都在使用EVA管理体系。我们可将EVA简单的含义罗列如下供读者参考：

经济附加值（EVA），又称经济利润、经济增加值，是一定时期的企业税后营业净利润与投入资本的资金成本的差额。

● 经济附加值（EVA）是减除资本成本后的经营利润；
● 经济附加值（EVA）的起源：剩余收入和经济利润；
● 经济附加值（EVA）关注和测算资本占用成本，是衡量公司价值创造的最完善和最全面的指标；
● 经济增加值的计算基础是资产负债表和损益表；
● 经济附加值（EVA）消除了会计制度中的某些缺陷。

表1-5 传统财务会计分析的误区

| 传统财务指针 | 经理人的投机行为 |
| --- | --- |
| 净利 | 短期思考<br>销售量<br>收入和成本间的平衡<br>欠缺对机会成本或风险的考虑<br>资本最大化<br>操弄数字结果 |

(续上表)

| 传统财务指针 | 经理人的投机行为 |
|---|---|
| 资产报酬率 | 提高净利<br>减少资产<br>减少库存<br>将资产从资产负债表中移除<br>缩减交易以提高比率 |
| 股东权益报酬率 | 提高净利（与净利相同）<br>减少股东权益<br>增加负债<br>缩减交易以提高比率 |
| 效率值 | 减少费用<br>减少长期性投资 |
| 每股盈余 | 提高净利（与净利相同）<br>减少股数 |
| 本益比 | 每股盈余的延伸<br>无所适从，外部行为影响内部士气 |

简单地说，EVA是一项衡量企业能否带来财富的指针。所谓的EVA，就是扣除为赚取利润所投资的资金成本后所得到的利润，也就是说，只要企业的EVA为正数，就代表企业的股东拥有正的超额利润。这也是新加坡政府为什么以法令规定公营事业必须要公布EVA来监督其经营绩效的主因之一。虽然，EVA属于财务性的衡量指针，不过，EVA象征着对股东来说非常重要的财务纪律，是审视企业资源是否有效配置的工具，可以说是企业所有决策的最后防线。因为EVA打通财务管理的任督二脉，融合了投资及融资决策的结果，且能够让企业从股东权益去思考。

● How？（怎么做？）

可按实行情况进行弹性及更适当的调整。

● 经济附加值（EVA）公式：

EVA = 税后净营业利润 −（投入资本×加权平均资金成本率）

（见图1-14和图1-15）

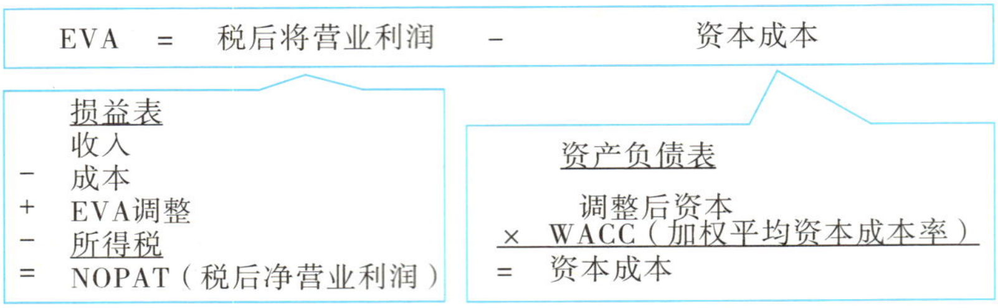

```
EVA = 税后将营业利润 − 资本成本
```

损益表
收入
− 成本
+ EVA调整
− 所得税
= NOPAT（税后净营业利润）

资产负债表
调整后资本
× WACC（加权平均资本成本率）
= 资本成本

图1-14 经济附加值（EVA）公式

损益表科目
- 销售收入　　　　　　　　　　　　　1,000
- − 生产成本　　　　　　　　　　　　 500
- − 销售/管理费用*　　　　　　　　　 200
- +/− BVA调整　　　　　　　　　　　 +100
- − 劳动所得税　　　　　　　　　　　 100
- = ①NOPAT（税后净营业利润）　　　　300

资产负债表科目
- 调整后资本　　　　　　　　　　　　1500
- × 资本成本率　　　　　　　　　　　 15%
- = ②资本费用　　　　　　　　　　　 225
- ① − ② = BVA　　　　　　　　　　　 75

图1-15 经济附加值（EVA）示例

● **经济附加值（EVA）计算步骤：**

✓ 税后净营业利润（Net Operating Profit After Tax，NOPAT）的计算；

完整EVA的税后净利调整项高达168项，但由于太过复杂，一般而言，建议只进行8个重大项目调整，如表1-6所示。

表1-6 传统财务会计分析的误区

| 序号 | 项目 | 调整方法 | 调整的原因和目的 |
| --- | --- | --- | --- |
| 1 | 本期计提的八项准备 | 增加时加回到利润，减少时冲减净利润，余额计入资产 | 防止"秘密储备" |
| 2 | 研发费用 | 资本化并摊销 | 研发费用是一种长效支出，不予资本化会低估公司资本 |

(续上表)

| 序号 | 项目 | 调整方法 | 调整的原因和目的 |
|---|---|---|---|
| 3 | 商誉 | 不摊销，并恢复已有的摊销额 | 商誉是企业永久性资产，能为企业带来收益 |
| 4 | 后进先出法（LIFO）下的存货 | 先进先出法（FIFO） | 在物价上涨时，LIFO将低估期末存货占用的资产 |
| 5 | 递延税款 | 借项抵减经营利润，贷项加回经营利润 | 使支出的税金与该年度公司实际欠税相近 |
| 6 | 经营租赁 | 租赁付款额的现值资本化 | 含有利息，视同债务 |
| 7 | 营业外收支 | 支出加回净利润，收入冲减净利润 | 意外和偶然产生的非经营性收支 |
| 8 | 通货膨胀 | 按物价水平调整 | 剔除通货膨胀因素 |

✓ 投入资本的计算：指总资产扣除总负债；

✓ 加权平均资金成本率（Weighted-Average Cost of Capital，WACC）的计算：[长期负债×利率（1－税率）＋股东权益×资金成本率]／（长期负债＋股东权益）；

✓ EVA 的计算：通过图 1－16 可以清楚了解传统财务会计与 EVA 计算之关系与差异。

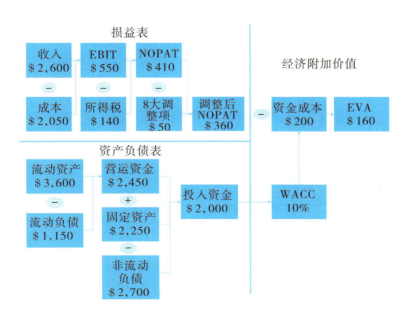

图 1－16　传统财务会计与 EVA 计算的差异

#### 1.3.3.2 营收增长

营收增长分为有机成长和无机成长。

● **What?（是什么？）**

● 现代企业的成长方式主要有两种：

✓ 一种是有机成长，即通过内在提高使企业发展（但有机成长应扣除市场的自然发展成长如：国民所得 GDP，消费者物价指数 CPI）。

✓ 一种是无机成长，即通过投资并购或切割出售使企业壮大或调整体质，达成增加企业竞争优势的目的。另外当经济萧条，竞争又激烈，并购其实不应只从扩张的角度来看；在市场过于饱和，微利时代来临之时，并购也应该要朝组织精简（Downsizing）的角度去思考，也就是"2－1＞1"的观念。并购也是一个很好的退出机制，当企业成长到一定规模，而呈现衰退现象，且有太多的非核心业务的时候，将这些非核心业务分割出去，专心经营本业，将企业资源重新调整重组后，创造出大于 1 的成效。

譬如前两年微软并购 NOKIA 手机部门的并购案即为很好的例子，同时包含了微软一方为了壮大而进行的投资并购及 NOKIA 一方着急需要切割掉已让其连连亏损的手机部门（亏损金额达 50 亿美元）来进行体制的调整。而这样一来一往的并购案，在今日看来，正好让两个全球的顶尖企业从衰退的危机中有了转机的机会。

● **好处为何：**

✓ 有机成长：借由提升顾客满意度、员工投入度及获利能力而在内部实现的成长，能造就长期稳定的员工留任率、股价增值，以及更好的投资报酬率。

✓ 无机成长能为企业带来的好处：

与同业的水平整合：借助资源的整合，来达到规模经济、产能的扩充甚至是市占率的提升，如此便可以达到"联合次要敌人打击主要敌人"的目的，甚至可能直接成为业界规模最大的龙头。

跟上下游厂商的垂直整合：通过这样的整合，以达到确保原料、订单、渠道等目的，并进行上下游业务经营能力的整合。

多角化经营或全球化与国际化的布局：不管是为了要成为跨国企业而进行区域性或者全球性的并购，亦或是为了要进入新市场、取得新销售渠道，或者

# 第1章 管理创新

投入新产品，经由资产与业务的让与，或是股份收购的方式，都能够让企业能够快速地达到扩张版图的目的。

取得互补性的资源或技术：与取得新产品一样，要取得企业所缺乏的新技术或资源，来强化企业未来的发展性，并购无疑比自行研发或改善要来得快速且有效率。

改善资本结构：有时企业有资金的需求，引进新的投资人，或者是希望能改善本身的负债比率、提升信用评等，就可以以并购的方式来进行。

企业资源重组：当企业经营战略改变，企业资源就必须重组，以达成新的运营目标。

移转企业经营权或所有权：当原股东无意继续经营，或投资报酬已达预定目标，亦可以进行并购以获利了结出场。

为达到经济规模降低成本，或议价能力、减少资源重复投资：通常为达到生产、采购的规模以降低成本时，并购也是手段之一，而并购之后的设备、信息系统、行政与职能支持系统亦可以整合，降低资源重复投资的情形。

- How？（怎么做？）
  - 如何实现有机成长：

此部分议题可包含企业内经营所有层面，即可借由本书所提出之经由内部的管理创新发展企业各方面的创新管理，并再由战略→流程→人资→营销→战略的循环源源不绝地不断进行创新改善及提升，为企业的有机成长提供源泉。因此，以下仅罗列关于有机成长之重点说明，详细的企业内经营的改善提升方法/工具将会在后续章节逐一向读者列示说明。

- ✓ 创新：不限于商品的改良和开发，举凡销售手法、通路开拓、管理的革新都是；
- ✓ 让不同产业和部门人员交流合作，激发新创意，甚至寻求外部合作；
- ✓ 发展简单、易于了解的商业模式及成长战略；
- ✓ 什么都测量——从财务到营运再到行为；
- ✓ 聘请谦冲自牧、注重内部事务的经营者来领导公司；
- ✓ 做执行及科技方面的佼佼者。
  - 如何实现无机成长：

并购要能够成功，除了并购前的缜密规划准备之外，并购过程的协调与并购后的整合,都直接影响了并购的综效。因此,在并购案中,企业除需找出具有协调能力并能负责整个并购过程的人外,同时需依据并购所需的工作,召集合适的成员,并按照个人的专长分配合适的工作(如图1-17)。

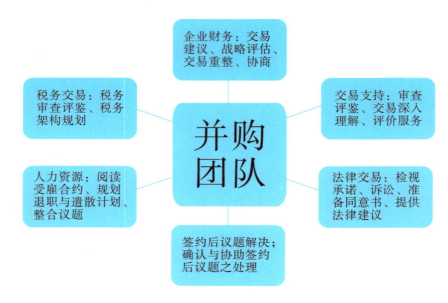

图1-17 企业并购团队成员及其执掌

1.3.3.3 成本精简

## 成本精简工具之一:直接作业成本结构分析

● What?(是什么?)

成本的管理与控制,永远都是经营者所面临的重要管理课题,成本是一切之本,不管是定价、绩效衡量、获利或价值分析,都需要正确的成本数据方能完成,所以如何正确地衡量成本,并做好成本管理与控制,是一切管理的基础与根本。

谈及直接作业成本结构分析前,必须先说明一个名词概念,即作业基础成本制(Activity-based Costing,ABC),许多人单单看到"作业基础制成本"中的"成本"两字,很容易就误以为它是财务会计的一环;非财会背景的人立即望之却步。其实,ABC是一种以作业角度,重新思考成本归属的分析方法;而"直接作业成本结构分析"是以 ABC 产出的真实作业数据，界定管理改善的战略作为。与其说它是财务会计的衍生，不如说它是"作业研究"与"作业改善"的管理手段！

企业的资源是因为执行作业而被耗用，而产品及顾客则是作业的需求者，亦即产品及顾客乃成本标的，而这些所有的作业活动是横向相互牵连的，也就是我们常听到的价值链（如图 1–18）。而作业基础成本制度着重在上述作业活动（Activities）的分析与控制，所以当环境变动很大，产品愈来愈复杂、种类愈来愈多的时候，作业基础成本制所提供的数据，正好可以提供企业更具时效性及运营相关性的数据。

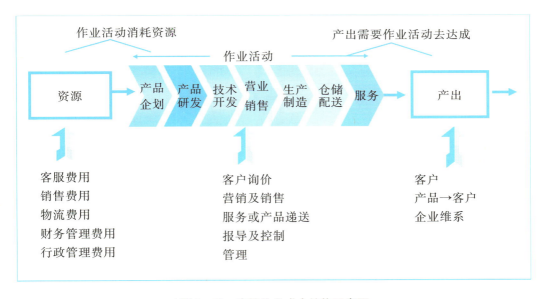

图 1–18　直接作业成本结构示意图

● How?（怎么做？）

可按实行情况进行弹性及更适当的调整。

想快速认识作业基础成本制度，先要认识作业基础成本制度的三层架构（如图 1–19）。

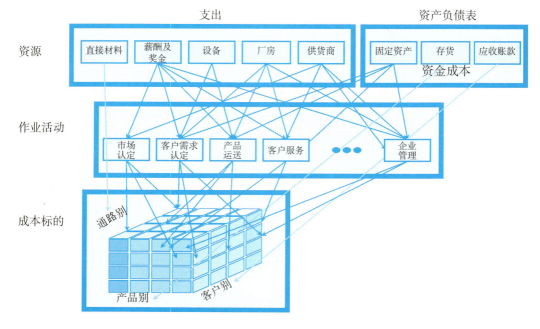

图 1-19 直接作业成本结构示意图

● 第一层"资源":指各项支出与资产负债表等所有项目。

● 第二层"作业活动":指为了生产出产品、递送产品或服务所使用到各式各样的作业活动。

● 第三层"成本标的":指执行某作业活动的目标对象!它们包括了某个特定的产品、客户或渠道。

作业基础成本制度,就是将第一层的"资源",依据第二层为产出产品、递送产品或服务所使用到的"作业活动",其资源成本动因的属性,来将资源由第一层分摊到第二层。然后再将第二层的分摊结果,再依该产品或服务所需投入的作业活动属性,辨识合适的作业动因,分摊至第三层以归属至产品、客户或渠道(即"成本标的")上。因此可知,作业基础成本制度与传统成本制度,两者在计算产品或服务的成本方式上是截然不同的(如图1-20)。

第1章 管理创新

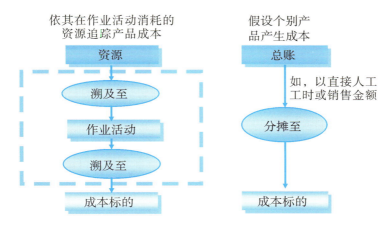

图1-20 作业基础成本制与传统成本制的比较

举一个简单的例子来说，如图1-21：

假设一资源成本为100，最终会通过企业内的各种作业活动支援到不同的成本标的："产品""客户相关活动"及"基础维持"。依据ABC精神，则需先将资源成本分配至不同的作业活动上，再依各作业活动最终运作在成本标的的比例分摊至不同的成本标的。如此即可得到实际每一个成本标的实际所耗用的成本。

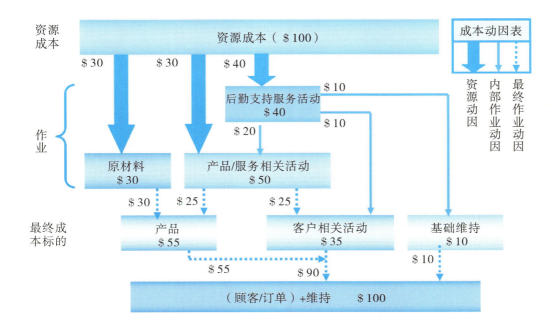

图1-21 资源成本→成本标的数学运算示意图

所以，有人形容作业基础成本管理就像是一种"使用者付费"的成本观念，如果没有通过作业活动，使用到该项资源的标的，就无须分摊成本。它既公平又反映作业的真实面！读者应该不难想象，传统的成本管理是扭曲而误导成本数据的原因了吧！

最后，使用 ABC 所汇整的成本数据，必须要懂得善加利用，此时成本数据才有价值可言。也就是说，成本数据并非仅能做消极面的节流，而是它能带给经营者积极面的改善，像是获利与价值来源，让经营者可以更清楚地掌握所有资源的运筹，而非消极地删减成本，从而忽略了未来可能产生的利益，损及企业的未来发展性。

## 成本精简工具之二：VA/VE 价值工程

● What？（是什么？）

价值分析/价值工程（Value Analysis / Value Engineering）是美国 GE 公司 L. D. Miles 先生在 1947 年所开发出来的，最初他通过解决防火材料 Asbestos 的问题，这一佳绩传颂一时。其后 Miles 进行相关研究并将之体系化后，命名为 VA。到了 1954 年美国国防部将 GE 公司的 VA 观念加以导入，而命名为 VE。基本上，VA/VE 的观念想法是一样的。若真要严格划分，VE 是指生产准备阶段之前，VA 则是指生产准备阶段之后。

VA/VE 被视为是降低成本的利器，被定义为：以最低寿命周期成本，确实达成必要机能，而投入于产品或服务的机能研究，这样一种有组织的努力。换言之，VA/VE（后简称 VE）是研究如何以最廉价而能确实地达成顾客所认为产品应拥有的机能。

即 $V = F/C$

其中 V = 价值；F = 机能；C = 成本。

从以上叙述，不难发现 VE 有几个特点：

**组织的努力：**

✓ 为了充分发挥 VE 的效果，必须有组织地且一步步确实地推进 VE 工作计划。

✓ 收集使价值改善所必须的经验或知识，以团队活动（Team Work）进行。

✓ 一般而言，工作不顺利或失败的原因，是因跳过本来应走的解决问题的步骤或是没有正确走过。VE 强调要活用反省且有组织地进行改善过程之必要性。

# 第1章 管理创新

**机能的研究：**

麦尔兹为期有效达成功能1到3的目标，曾设计一个具体的方法称为"VE Job Plan（VE实施计划）"，此计划是将一连串的步骤做成一体系而发表的

**对象为产品或服务：**

VE的着眼点，不只是产品，其他有关之手续、工程、服务均适用。

**最低的寿命周期成本：**

✓ 使产品自诞生到交给顾客手中，完成其所必须的功能，直到产品报废/回收为止，所有有关活动的总成本能达成最低。

✓ 等于制造成本＋使用成本。

**确实达成必要的机能：**

✓ 包括顾客期望于产品功能中，产品自诞生至变成废品之全部过程所需要之可靠性、兼容性、安全性设计等。

✓ VE绝不是"便宜就没有好货"，而是"又便宜又好"。

✓ 机能的种类如图1-22所示。

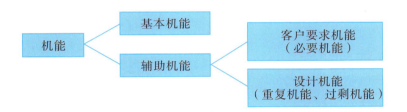

图1-22 机能的种类

● How?（怎么做？）

可按实行情况进行弹性及更适当的调整。

VE的实施步骤如表1-7所示。

表1-7 VE的实施步骤

| 序号 | 基本步骤 | 细节步骤 | VE重点 |
|---|---|---|---|
| 1 | 计划 | 选定对象<br>活动计划 | 价值的贡献度高<br>Team Work活动 |

 5D 管理地图

（续上表）

| 序号 | 基本步骤 | 细节步骤 | VE 重点 |
|---|---|---|---|
| 2 | 机能定义 | 情报收集<br>机能定义<br>机能整理 | 这是做什么的？<br>它有什么机能？ |
| 3 | 机能评价 | 机能别成本分配<br>机能评价 | How much is it?<br>机能的价值 |
| 4 | 制作改善案 | 提出 Idea（想法）<br>Idea（想法）概略评价<br>改善案具体化<br>改善案细节评价 | 有其他能完成此机能的方法吗？<br>需要多少钱？<br>确实是可达到必要的机能 |
| 5 | 提案之跟催 | 提出提案书<br>提案之追踪管理<br>制作改善报告 | 简单明了<br>减少抵抗 |

（1）选定对象：以能否收到较大的经济效果为基本原则。

✓ 产品：

➢ 需求量大的产品；

➢ 正在研制即将投入市场的新产品；

➢ 竞争激烈的产品；

➢ 用户意见大、急需改进的产品；

➢ 成本高、利润少的产品；

➢ 结构复杂、技术落后、工序繁多、工艺落后、原材料品种多、紧缺资源耗、用量大的产品。

✓ 零部件；

➢ 数量多的零部件；

➢ 制造费用高的零部件；

➢ 结构复杂的零部件；

➢ 体积重量大的零部件；

➢ 用料多、耗缺稀资源的零部件；

➢ 坏品率高的产品。

（2）活动计划：活动计划之安排应注意以下重点。

✓ 成立活动小组：视情况而定，一般可能会是设计部门、生产技术部门、制造部门、采购部门、品质管理部门、商品企划部门等。

✓ 制作活动计划时程：
- 依目的展开细节工作任务；
- 尽可能于短期间内完成并设定检查点；
- 明确工作分担；
- 掌握悬念课题；
- 于计划的同时决定会议次数；
- 所有的会议均应事先决定；
- 准备好会议之场所；
- 计划书先发给主管与相关人员以便先取得理解；
- 先决定不得已缺席或变更会议时间的连络方法。

（3）情报收集。

✓ 要点1：收集符合行动目的之情报；
- 检查分析项目范围和时间信息；
- 检查分析项目成本信息（初始成本及寿命周期成本）。

✓ 要点2：确认所欠缺的知识并建立收集计划：
- 了解该对象是由哪些零件所组成，相互之间有何关系？又有何种限制？

✓ 要点3：情报是以双腿跑出来的：
- 如请专家协助，通过媒体、刊物、网络、电台等。

✓ 要点4：VE情报收集之原则及必要之情报：
- 想知道什么——目的明确化？收集到何种程度——情报的质与量？从何处收集——情报源？何时收集——时机？如何收集——收集方法？

✓ 要点5：召开价值研究启动会议，有必要的话进行现场调查。

✓ 要点6：确定价值研究的参加者：
- 主要包括：项目研究团队的成员、项目业主或者研究出资人的代表、客户或者用户、外部项目利益相关者、专家技术顾问。

情报收集可参考表1-8和表1-9。

表1-8　情报收集业务分担表

| 区分 | 情报名称 | 负责人 | 情报来源 | 期限 | 收集方法 | 情报编号 |
|---|---|---|---|---|---|---|
|  |  |  |  |  |  |  |
|  |  |  |  |  |  |  |
|  |  |  |  |  |  |  |
|  |  |  |  |  |  |  |

表1-9　VE情报整理表

| 使用、销售上之情报 | 制造、采购上之情报 |
|---|---|
|  |  |
| 技术上之情报 | Cost情报 |

(4) 机能定义。

✓ 以"动词"与"名词"来表现机能：
  ➤ 用两种词类同时来定义两种以上之机能，不会产生混乱；
  ➤ 以简单的两个词类，可以将语言的抽象化到最低限。
✓ 为了便于使机能评价及替代案评价更容易，尽量选定可衡量的"名词"；
✓ "动词"部分应尽量以扩大思考范围来表现。

机能定义可参照表1-10。

表1-10　机能定义表格

| 序号 | 部品或构成要素 | 简图 | 机能 | | | 机能分类 | | |
|---|---|---|---|---|---|---|---|---|
|  |  |  | 动词 | 名词 | 参数 | 基本机能 | 辅助机能 | 无效机能 |
|  |  |  |  |  |  |  |  |  |
|  |  |  |  |  |  |  |  |  |

(5) 机能整理。
✓ 目的：
  ➢ 确认真正必要的机能；
  ➢ 把握非必要的机能；
  ➢ 确认机能定义之正确性；
  ➢ 了解机能范围；
  ➢ 了解变更点；
✓ 制作机能系统图；
  ➢ 将定义后之机能制作机能卡；
  ➢ 以下列之方式来整理机能的关连（参见表 1-11 和图 1-23）：
    ·找寻上层机能：为何需要此机能（Why）；
    ·找寻下层机能：如何做可达到此一机能之目的（What）；
  ➢ 再检讨（随时修正）。

表 1-11　目的机能与手段机能范例

| 构成要素 | 机能 | 动词 | 名词 |
|---|---|---|---|
| 自动铅笔 | 目的机能 | 记录 | 情报 |
| | 手段机能 | 固定 | 笔芯 |
| 电灯 | 目的机能 | 照亮 | 周围 |
| | 手段机能 | 产生 | 亮光 |
| 烟灰缸 | 目的机能 | 不让散乱 | 烟灰 |
| | 手段机能 | 收集 | 烟灰 |
| 打火机 | 目的机能 | 点燃 | 香烟 |
| | 手段机能 | 产生 | 火 |
| 收音机音量控制 | 目的机能 | 调整 | 音量 |
| | 手段机能 | 变更 | 阻抗 |
| 捕鼠器 | 目的机能 | 扑灭 | 老鼠 |
| | 手段机能 | 捕捉 | 老鼠 |
| 家庭用毛巾 | 目的机能 | 擦干 | 手 |
| | 手段机能 | 吸收 | 水分 |

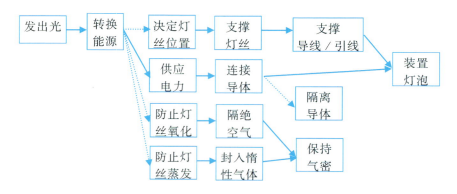

图 1-23　电灯泡的机能系统图范例

（6）机能评价（机能成本分配与机能评价）。

✓ 机能评价的目的：
  ➢ 建立改善活动的动机；
  ➢ 确认较低价值的范围；
  ➢ 设定改善目标。
✓ 机能评价的范畴：
  ➢ 机能成本分配（V = F/C）；
  ➢ 机能评价（求出 F）；
  ➢ 决定改善的优先顺序。
✓ 机能价值评价表见表 1-12。

表 1-12　机能价值评价表

| 序号 | 机能 | (1)现况成本 | 机能系数 (2) | (3)=(2)/(B) | 目标成本 (4)=(3)×(D) | 成本差 (5)=(1)-(4) | 机能价值（V）=(4)/(1) | 价值顺位 | 改善顺序 | 备注栏 |
|---|---|---|---|---|---|---|---|---|---|---|
|  |  |  |  |  |  |  |  |  |  |  |
|  |  |  |  |  |  |  |  |  |  |  |
|  |  |  |  |  |  |  |  |  |  |  |
| 合计 |  | (A) | (B) | (C) =1 | (D)目标成本 |  |  |  |  |  |

（7）制作改善案步骤如图 1-24 所示。

· 创意分类与整理　· 机能范围别之改善　· 技术性评价
· 类似创新整理　　　案具体化　　　　　· 经济性评价
· 创意具体化　　　· 创意组合与具体化　· 综合评价
· 创意追加　　　　· 优缺点之抽出
· 创意概略评估　　· 检讨缺点之策方案
· 技术性评估　　　· 改善提案总整理
· 经济性评估
· 综合评估

图 1-24　制作改善案步骤

（8）提案之跟催：最后应对于 VE 的提案进行整理与追踪，作为 VE 项目的结案、收获、反省、激励及组织学习的参考素材。对于提案的整理，可参见表 1-13。

表 1-13　VE 提案整理一览表

| 机能 | 提案 No | 现况成本 A | 改善成本 B | 节省额 A-B | 节省率 (A-B)/A | 年适用数 | 经常外成本 | 每年净节省金额 | 其他适用金额 |
|---|---|---|---|---|---|---|---|---|---|
|  |  |  |  |  |  |  |  |  |  |
|  |  |  |  |  |  |  |  |  |  |
|  |  |  |  |  |  |  |  |  |  |
|  |  |  |  |  |  |  |  |  |  |
|  |  |  |  |  |  |  |  |  |  |
| 合计 |  |  |  |  |  |  |  |  |  |

## 1.3.4　组织创新

组织创新的核心是组织管理和绩效考核的落实问题。

1.3.4.1 组织管理

## 组织管理工具之一：人力资源生产力指标

● What?（是什么？）

人力资源生产力指标（Human Resources Effectiveness & Efficiency Assessment，HREEA）是人力资源管理者为了设定目标、展现绩效以证明部门价值时而制定的其量化指针。人力资源管理部门在进行各项创新与发展时，必须运用会计方法来建立执行人力资源管理指标，才能展现创新变革所带来的量化效益，来说服 CEO 和经营团队。

● How?（怎么做？）

● 十大人力资源生产力衡量指标，如表 1-14 所示。

表 1-14 十大人力资源生产力衡量指标

| 序号 | 指　标 | 公　式 |
|---|---|---|
| 1 | 人力资本投资报酬率 | 营收净利/人事成本总额 |
| 2 | 间接/直接人员比率 | 间接人员人数/直接员工人数 |
| 3 | 部门配置比率 | 总员工人数/各部门人数 |
| 4 | 管理人员比率 | 管理人员人数/总员工人数 |
| 5 | 员工生产力 | 营收净利/总员工人数 |
| 6 | 薪资贡献率 | 总营收/薪资费用总额 |
| 7 | 薪资费用比 | 薪资费用/管销费用 |
| 8 | 劳动分配率 | 人事费用/附加价值* |
| 9 | 职能盘点差异率 | 平均职能落差分数 |
| 10 | 核心员工到位率 | 核心员工实际到位人数/核心员工预计到位人数 |

建立人力资源生产力指标的目的在于使人资部门设定量化目标与评估绩效，借以证明人力资源管理部门的价值并协助人力资源管理部门能以量化指标来进行人力资源会计的成本效益评估。

## 组织管理工具之二：阿米巴经营模式

● What？（是什么？）

"阿米巴经营模式"就是把组织分为一个个的小集体，通过独立核算和内部交易机制加以运作，在公司内部培养具备经营意识的领导，实现全员参与型经营组织。各个小集体就像是一个中小企业。在保持活力的同时，以"单位时间核算"这种独特的经营指标为基础，彻底追求附加价值的最大化。

要实现"哲学+阿米巴"的经营方式，首先就必须要有对企业经营目标进行测量的"系统量化工具"。经营会计就是稻盛和夫（阿米巴经营理论创造者）为解决这个难题而发明的，通过《经营会计报表》中数据背后反映出的企业经营问题，由员工自我分析，并"自动自发"地拿出对应解决方案。一系列的改善和创新由此诞生（包括所谓的营销改善、精益生产等），都并通过每一年、每一月、每一天的不断循环往复改善，做到极致。最终京瓷企业（稻盛和夫创造的企业）想不成功、想不快速发展、想不获得高利润都很难。因此，京瓷企业成功的根本是通过"经营哲学"和"经营会计"构建起了一套让全员自动自发的"阿米巴系统经营体制"。

"阿米巴经营模式"的本质其实就是贯彻了"经营理念"的企业内部"量化分权"体制。要想实现"量化分权"，首先就必须拥有一套简单的"系统量化工具"，这套工具在日本称为"经营会计"（京瓷称之为"京瓷会计学"），所以"经营会计"是"阿米巴经营模式"落地的必备工具。阿米巴管理与其他组织管理的比较如表1-15所示。

表1-15 阿米巴管理与其他组织管理的比较

| 组织管理制度名称 | 目 标 | 方 法 |
| --- | --- | --- |
| 责任中心制度 | 各组织责任目标 | 目标独立，各组织以目标完成来评判，目标难以量化 |
| 阿米巴经营制度 | 各核算单位目标 | 组织单位独立核算，以核算报告评判 |

● How？（怎么做？）

● 阿米巴经营实现前提：

✓ 为了划分后的阿米巴能够成为独立核算的组织，需要有明确的收入，同时能够计算出为获取这些收入而需要的支出。

✓ 最小单位组织的阿米巴必须是独立完成业务的单位，换而言之，阿米巴必须是作为一项独立业务而成立、拥有最小限度智能的单位。

✓ 能够贯彻公司整体的目标和方针，即使能够明确计算收支情况，并且成为一个能够独立完成业务的单位，但如果方案了公司方针的实施就不能把它独立成一个阿米巴。

● 阿米巴经营实现步骤如图1-25所示。

图1-25　阿米巴经营实现步骤

✓ **阿米巴组织划分**：进行阿米巴组织划分时，可依循两个重要任务→三个原则→四个标准来检视。

**两个任务**：把组织细分为事业组成单位及完成阿米巴之间的定价。

**三个原则**：需合理划分并时刻不断地调整组织，最后做出公平公正的判断。

**四个标准**：每一个划分的组织需是小集体且职能明确；其组织保持灵活的弹性随时应对市场变化；经营者必须够全盘掌握业务状况及需有支持阿米巴经营的经营管理部门。

✓ 委托领导人的标准：

让有实力的人来担任领导，以实力主义为原则，不问年龄和阅历；

不撒谎、不欺骗、正直；

领导应该成为公正的裁判；

领导就是阿米巴的经营者。

✓ 制定核算制度：

传统会计模式特征有会计报表主要是传到董事或者公司高层那里，基层人员很少看到，或者看到也难明白，很难产生与自身工作直接关联的感觉。京瓷会计原则主要体现在单位时间核算制度，单位时间核算制是用"附加价值"的尺度来衡量事业活动的成果。

附加价值是指销售额减去生产该产品所需的材料费、设备折旧费，除劳务费之外的所有扣除金额（经费开支）。为了对自己到底创造出了多少附加价值能够一目了然，可以用总附加价值除以总劳务时间，算出单位时间附加价值。而各阿米巴根据单位时间附加价值来设定年度和月度指标，对实际业绩进行管理。

$$结算销售额 = 生产总值收入 - 除劳务费用外的所有扣除金额$$
$$单位时间核算 = 结算销售额/生产总时间$$

以下举一个简单的例子来说明：假设60元成本的产品，用100元的单价销售1万个，其销售金额就是100万元，制造部门的生产金额也就是100万元。销售部门提取10%，即10万元，作为"销售佣金"，这也就是销售部门的收入。

另一方面，100万的生产金额减去生产过程中的经费开支60万，再减去销售佣金10万，剩余的30万就是制造部门的结算销售额。

但是，市场竞争日趋激烈，该产品的售价跌至90元，假设制造成本不变，还是60元，那么制造部门的结算销售额就只有21万，立刻减少了9万元的利润。也就是说，一旦售价出现浮动，制造部门立刻就会清楚对自身部门的核算产生了多么大的影响。

如果公司成为这些小的生产单元的集合体，那么经营者只需要检查每个单元提交的核算报告，就可以知道哪个部分盈利、哪个部门亏损，从而能够准确地把握公司的实际情况。从而经营决策层就可以做出正确的经营判断，对公司整体进行细致的管理。

1.3.4.2 绩效落地：

## 绩效管理工具：绩效因果关键指标管理

● What？（是什么？）

许多企业经常都会有导入关键绩效指标（Key Performance Indicator，KPI）管理，甚至有的企业除了制定部门的KPI以外，还有细化到个人的KPI。确实，KPI的制定对于企业追求成功具有关键的决定力，KPI与企业成功的关系，就好比在医学上健康检查的资料与健康状况。举例来说，要得知一个人的健康状况，医生会借由测量血压、脉搏、肝功能、尿液或白血球数量等各项目的数值，来判断这个人健康与否。

但面对众多的指标，该如何去分辨对公司的经营是真的有帮助的，而且是足够关键重要的帮助？一般来说，制定KPI的特性原则有：

- 确保与企业的愿景与战略连结；
- 重要的少数，而非松散的多数；
- 跨及过去、现在和未来；
- 兼顾客户、股东、员工与公司管理阶层的需求；
- 扩及至每个阶层；
- 随着战略与环境的变迁而修正。

因此，不断地检讨上述的特性原则，即为确保公司的 KPI 管理能够与经营绩效达成连结的重要课题。

- How?（怎么做？）

公司在进行 KPI 的制定时，为了能够与公司经营战略连结，则必须由公司平衡计分卡战略地图展开才可兼顾到企业发展的战略需求及落地执行的管理需求。借由 KPI 的明确，将公司内各部门的工作行为引导至与公司的战略方向结合。平衡计分卡与 KPI 的因果关系连结如图 1-26 所示。

| 目标 | | 绩效衡量指标 | |
|---|---|---|---|
| | | 落后衡量指标 | 领先衡量指标 |
| 财务 | 建立商业模式 | 收入成长 | |
| 顾客 | 发展顾客忠诚 | 顾客满意 | 顾客服务时数<br>提供解决方案数 |
| 内部流程 | 提升顾客知识 | 解决方案数据库 | 系统当机次数<br>系统的使用容易度 |
| 员工学习与成长 | 增加员工生产力 | 职能获得 | 训练结果<br>个人发展计划完成率 |

图 1-26　平衡计分卡与 KPI 的因果关系连结

而要建立战略地图及 KPI 的因果关系连结时，应同时思考以下相应的问题：

- 整体问题：

✓ 平衡计分卡上是否同时存在落后指标和领先衡量？

✓ 为达成持续性的改善，平衡计分卡指标应包含短期、中期及长期的价值创造。我们已经考虑这样的连结了吗？

# 第1章 管理创新

✓ 这个平衡计分卡描述战略所有的故事内容了吗？
● 财务性问题：
✓ 财务构面的战略目标和绩效衡量指标将如何满足组织的股东期望？
● 顾客性问题：
✓ 顾客构面的战略目标和绩效衡量指标是否反映了价值定位，是否有助于达到财务性构面的目标？
● 内部流程的问题：
✓ 为了符合顾客构面和财务构面的期望，关键的内部流程是否优于其他企业？
✓ 这些绩效衡量指标的成功将会提升顾客构面和财务构面的绩效吗？
● 学习与成长性的问题：
✓ 员工学习与成长构面的战略目标和绩效衡量指标包括技巧、信息系统平台，这是否能使组织在内部流程上优于其他企业？

借由上面的问题的反思，不断去检视战略及 KPI 之间的因果关系连结的相关性。而在实务上，企业实施战略管理最大的困难就是 KPI 的制定，尤其是指标下发到部门或个人时。我们可将 KPI 展开的连结关系分成三种（如表1-16）。

● 加总关系（+）（例如：总营业额=不同事业部销售额之总和）
● 相乘关系（×）（例如：营业额=单价×销售数量）
● 因果关系（Cause-Effect）（例如：培训导致客户投诉率降低）

表1-16 KPI 下展之连结与因果关系

| 公司级 KPI | 部门级 PI（范例） | 备注 |
|---|---|---|
| ●毛利率 | ●营业收入金额<br>●营业成本金额 | + |
| ●顾客满意度评鉴 | ●便利性评等<br>●产品质量评等<br>●服务质量评等 | CE |
| ●虚拟通路的营收占比 | ●有效消费人次<br>●平均消费金额 | × |

借由关系的确认，可明确地了解所制定的 KPI 或 PI 与公司战略要求之连结因果。而对于指标的制定与实施亦需进一步注意，基本上需符合五个原则（SMART）。

（1）Specific：指标的制定需明确具体；

（2）Measurable：指标的制定需可具体衡量；

（3）Achievable：指标的制定需是可达成的；

（4）Result-oriented：以结果为导向；

（5）Time-based：需具有时效性。

最后笔者提供一些依照平衡计分卡四个构面的展开在企业中常见的指标供读者参考。

● 常用的财务构面衡量指标：

| | |
|---|---|
| ✓ 总资产 | ✓ 红利 |
| ✓ 总资产报酬率 | ✓ 平均每位员工的附加价值 |
| ✓ 总资产获利比率 | ✓ 市场价值 |
| ✓ 每位员工平均总资产 | ✓ 股东忠诚度 |
| ✓ 净资产报酬率 | ✓ 现金流量 |
| ✓ 收入/总资产 | ✓ 总成本 |
| ✓ 毛利 | ✓ 信用评等 |
| ✓ 净收入 | ✓ 借款 |
| ✓ 销售获利比率 | ✓ 股票借款 |
| ✓ 员工平均利润 | ✓ 定存利息 |
| ✓ 新产品的收益 | ✓ 可收回的日销售额 |
| ✓ 平均每位员工的收益 | ✓ 应收账款流动率 |
| ✓ 股票报酬率 | ✓ 应付账款账龄天数 |
| ✓ 资本报酬率 | ✓ 存货天数 |
| ✓ 投资报酬率 | ✓ 存货周转率 |
| ✓ 经济附加价值 | |

第 1 章　管理创新

- 常用的顾客构面衡量指标：

✓ 顾客忠诚度
✓ 顾客满意度
✓ 市场占有率
✓ 顾客抱怨
✓ 第一次接触中得到解决的抱怨
✓ 退货率
✓ 顾客平均停留时间
✓ 每位顾客要求的回复时间
✓ 竞争价格
✓ 顾客总价格
✓ 直接价格
✓ 顾客的流失
✓ 顾客保留率
✓ 顾客获得率
✓ 新顾客收入百分比
✓ 顾客数
✓ 获胜率（销售结束/销售接触）
✓ 参观公司顾客数
✓ 花费在顾客的时间
✓ 营销成本占销售额百分比
✓ 广告数
✓ 品牌认同
✓ 提案数
✓ 回应比例
✓ 参展的次数
✓ 花费在目标顾客的比例
✓ 每个通路的销售额
✓ 频率（销售交易数）
✓ 每个员工平均的顾客数
✓ 每位顾客平均的客服成本
✓ 顾客获利率
✓ 平均顾客规模

- 常用的内部流程构面衡量指标：

✓ 准时送达率
✓ 平均交易成本
✓ 研发费用
✓ 存货周转率
✓ 专利期间
✓ 专利的平均年限
✓ 新产品占所有产品的比例
✓ 劳动利用率
✓ 对顾客要求的回复时间
✓ 瑕疵比例
✓ 重作成本
✓ 顾客数据库的可及性
✓ 在途中的产品和服务
✓ 周期时间的改善
✓ 持续的改善
✓ 损益两平所需的时间
✓ 新项目的内部周转率
✓ 废料降低
✓ 空间利用率
✓ 回购的频率
✓ 停工期
✓ 计划准确性
✓ 新产品/服务进入市场的时间
✓ 新产品的引进
✓ 媒体正向报导的数量

● 常用的学习和成长构面衡量指标：

- ✓ 员工拥有高等学历的比例
- ✓ 每位员工的平均训练投资
- ✓ 平均服务年资
- ✓ 参与职业或贸易社团的员工数
- ✓ 交叉训练的员工数
- ✓ 旷职率
- ✓ 员工流动率
- ✓ 员工建议
- ✓ 员工满意度
- ✓ 分红入股计划
- ✓ 知识管理
- ✓ 每位员工的附加价值
- ✓ 动机指数
- ✓ 杰出的应征人数
- ✓ 授权指数（管理者的人数）

- ✓ 职能覆盖率
- ✓ 绩效评估的及时完成
- ✓ 员工生产力
- ✓ 计分卡产生数
- ✓ 健康提升
- ✓ 训练时数
- ✓ 工作环境的质量
- ✓ 个人目标达成
- ✓ 内部的沟通评等
- ✓ 领导发展
- ✓ 沟通计划
- ✓ 可报告的意外数
- ✓ 员工拥有计算机的比例
- ✓ 战略性信息比例
- ✓ 跨功能的任务指派.

### 1.3.5 技术创新

技术创新主要涉及研发管理和项目管理。常用研发管理工具有 TRIZ 理论，常用项目管理工具有工作分解结构（WBS）。

#### 1.3.5.1 研发管理

**研发管理工具：TRIZ 理论**

● What？（是什么？）

TRIZ 的俄文拼写为 теории решения изобрет - ательских задач，俄语缩写"ТРИЗ"，翻译为"发明问题解决理论"，用英语标音可读为 Teoriya Resheniya Izobreatatelskikh Zadatch，缩写为 TRIZ，其意义为发明问题的解决理论，是基于知识的，面向人的解决发明问题的系统化方法学。

TRIZ 理论是阿奇舒勒（G. S. Altshuller）在 1946 年创立的，阿奇舒勒也被尊称为 TRIZ 之父。1946 年，阿奇舒勒开始了发明问题解决理论的研究工作。当时阿奇舒勒在苏联里海海军的专利局工作，在处理世界各国著名的发明专利过程中，他总是考虑这样一个问题：当人们进行发明创造、解决技术难题时，是否有可遵循的科学方法和法则，从而能迅速地实现新的发明创造或解决技术难题呢？

其研究发现：一切技术问题在解决过程中都有一定的模式可循，可对大量好的专利进行分析并将其解决问题的模式抽取出来，建立了一整套体系化的、使用的发明问题解决方法，而此方法也成为世界风行的一种创新设计方法。

● TRIZ 理论的基本内容

**基本思想**：大量发明创造所包含的基本问题和矛盾是相同的、有据可循的。

**优势**：避免传统创新过程的试错法带来的盲目性和局限性，掌握 TRIZ 理论有利于提高发明的成功率，缩短发明的周期。

**TRIZ 理论核心**：是技术系统进化理论，解决结束矛盾和冲突是系统进化的推动力。

● How？（怎么做？）

可按实行情况进行弹性及更适当的调整。

在进行说明前，我们先从 TRIZ 理论的体系结构说起，可见图 1-27。

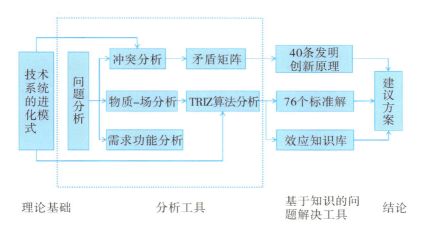

图 1-27　TRIZ 理论的体系结构

从 TRIZ 的体系结构中可以发现，其包含许多的问题分析与解决工具，后面的部分也会计对每一部分提供简单的说明。供读者初步了解 TRIZ 理论之重要概念与工具的运用概念。

● TRIZ 理论问题分析工具——矛盾分析：其认为发明问题的核心是解决矛盾冲突，矛盾分为物理矛盾和技术矛盾。

✓ 物理矛盾：是指一个技术中的同一个参数的矛盾，也就是自相矛盾。

比如，在使用自行车的时候我们希望它的体积越大越好，但是在停放时我们又希望它越小越好，这就是同一参数——体积的矛盾。

✓ 技术矛盾：一个技术系统中的两个参数之间的矛盾。

比如，汽车速度越高，安全性越低。

TRIZ 理论归纳整理了 39 个通用工程参数，对工程设计中存在的技术矛盾进行描述。通过 39 个工程参数构造了矛盾冲突矩阵，来引导设计者选用 TRIZ 理论的 40 条发明原理。

● TRIZ 理论问题分析工具－物质－场分析：TRIZ 理论认为，任何产品的所有功能都可以分解为两种物质和一个场，可以用物质－场来分析产品的功能。比如：我们手握着一个杯子，实现了一种功能，手和杯子是两种物质，力场 F 通过手作用于杯子，如果作用力不足，杯子就会掉下来。

● TRIZ 算法：将初始问题程序化，将矛盾冲突与理想解进行程序化处理，使技术系统向理想的方向进化。

● 需求功能分析：是从完成功能的角度来分析系统、子系统或部件。

TRIZ 体系中的第三部分是基于知识的问题解决工作，TRIZ 理论提供了三个基于知识的问题解决工具，它们是 40 条发明创新原理，76 个标准解和效应知识库，这些工具是收集归纳人类创新经验和大量的基础之上发展起来的。

它与问题分析工具不同，前者指出了问题解决过程的系统转换方式，而问题分析工具则用于改变问题的描述，即把一个具体问题抽象为 TRIZ 理论定义范围内的问题。

● 基于知识的问题解决工具。

✓ 40 条发明创新原理：TRIZ 理论提供的 40 条发明创新原理用于找出解决技术矛盾冲突的解决方案，每一种解决方案都是一个合理化建议，应用该建议可以使系统产生特定的变化来消除存在的技术矛盾冲突。

✓ 76 个标准解：TRIZ 理论的 76 个标准解用于解决技术系统进化模式的标准问题，并建议采用哪一种系统变换来消除所存在的问题。

76 个标准解可以分为以下 5 类：

（1）不改变或仅少量改变已有系统（13 种）；

(2) 改变已有系统（23 种）；

(3) 系统的传递（6 种）；

(4) 检查与测量（17 种）；

(5) 简化与改进策略（17 种）。

✓ **效应知识库：**

效应知识库是 TRIZ 理论中最容易使用的一种工具，在效应知识库中集成了物理、化学和几何学等方面的专利和技术成果。

效应知识库列出了各种效应，同时还列出了该效应采用专利的专利号，发明人若需要实现某个特定功能，效应知识库可以提供多个可供选择的方法。

● **TRIZ 理论问题解决流程：**

首先针对给定的问题进行深入的分析，如果发现系统存在技术矛盾冲突，则用 TRIZ 理论提供的技术矛盾矩阵加以解决。

如果所需解决问题明确，但不知道怎样着手进行，则可用效应知识库解决；也可以对需要创新的技术系统进化过程进行预测，并应用于物质－场理论和 76 个标准解找到进化途径。

一旦获得了问题的解决方案，需要对候选方案进行评价，包括理想化评价和系统特性评价，若方案满意，就可以实施，如果不满意，需要重新对问题进行分析。

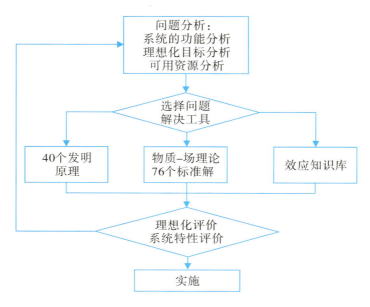

图 1－28　TRIZ 理论问题解决流程

1.3.5.2 项目管理

## 项目管理工具：工作分解结构（WBS）

● What?（是什么？）

"项目管理"是一既有效率又有效能地将项目成功完成的一种程序与方法，而其所关切的是如何将一项任务如期、如质、如预算地达成目标并充分满足需求。

其将管理知识、技术、工具和方法综合运用到项目活动上，期能符合项目的需求。它经由项目起始、计划、执行、监控及结案等五大程序的运作来完成一个完整的项目管理。其工作基本上包含：

- 辨识需求；
- 建立清楚而且可以达成的目标；
- 平衡质量、范畴、时程、成本间之竞争需求；
- 调整规格、计划书、工作手法以满足各个利害关系人的关切与期望。

项目管理与一般管理能够更弹性地应对环境及条件的变化，以达成项目目标为最终目的，其与一般管理的比较，可见表1-17所示。

表1-17 一般管理与项目管理的特性

| 项目管理 | 一般管理 |
| --- | --- |
| ● 以极为弹性的原则在临时性组织下运作 | ● 在既定的系统、组织、程序、资源下运作 |
| ● 具特殊性与时程及有限资源压迫性 | ● 执行例行性、重复性及连续性之管理 |
| ● 对工作环境与任务需求的应变需求较高 | ● 对工作环境与任务需求的应变需求较低 |

● 工作分解结构（Work Breakdown Structure：WBS）：

✓ 工作分解结构（WBS）是以可交付成果为导向的对项目要素的分组，它组织和定义项目的总体范围。它是项目经理规划数据库的中心。

✓ 可用作其他项目的模板，且用于建立对项目范围的共同理解和基线范围文档，它提供：

·项目中工作要素的单一资料库；

·帮助建立对工作、资源和成本的职责的清晰分配；

·帮助识别风险区域；

·对所有工作要素进行编目的逻辑结构；

·一个标准的框架，可用于开发类似项目的标准框架，有助于规划的形成，并允许在完成后作比较。

✓ WBS 是以成本估算、计划、预算、投资、估算、进度计划、状态报告、管理风险、度量绩效和管理变更等术语表示的项目基础，关注于项目目标。

✓ 工作包：在 WBS 最低层上的可交付件。

● How?（怎么做?）

可按实行情况进行弹性及更适当的调整。

● **WBS 形成指南：**

✓ 开始时，收集所有当前基线资料和项目相关信息，例如：

·项目定义报告（PDR）；

·需求陈述；

·技术建议；

·供应商建议。

✓ 与关键人员一起组成工作室。

✓ 把注意力集中在 WBS 的第 2 或第 3 层上。

✓ 使用"张贴"便签，而不是活动挂图、白板或 PC 规划工具。

✓ 将责任下压到将负责工作包的人。

✓ 在进入到活动的任务之前，记载每个工作活动，包括其完成标准。

● **工作结构分解原则：** 在针对项目的工作进行工作结构分解（Work Breakdown）时，为能符合项目管理手法的进行，应注意以下的原则：

✓ 在各层次上保持项目的完整性，避免遗漏必要的组成部分。

✓ 一个工作单元只能从属于某个上层单元，避免交叉从属。

✓ 相同层次的工作单元应用相同性质。

✓ 工作单元应能分开不同的责任者和不同的工作内容。

✓ 便于项目管理计划、控制的管理需要。

✓ 最底层工作应该具有可比性，是可管理的，可定量检查的。

✓ 应包含项目管理工作，包括分包出去的工作。

● WBS 展开范例如表 1 - 18。

5D 管理地图

56

## 1.3.6 营销创新

营销创新涉及数据挖掘、顾客管理和营销管理。

### 1.3.6.1 数据挖掘

**数据挖掘工具：大数据分析**

● What?（是什么？）

● **大数据**：

全球每天通过网络传输的电子邮件多达 2100 亿封；Facebook 每月新增 10 亿照片和 1000 万个视频；腾讯公司注册用户超过 7 亿，同时在线人数超过 1 亿……根据互联网数据中心的报告，2012 年全球的数据总量为 2.7Zb（1Zb 相当于十万亿亿字节），预计到 2020 年，全球的数据总量将达到 35Zb。

● 大数据分析 = 海量数据本身 + 处理方法

✓ 能够在不同的数据类型中进行交叉分析的技术，是大数据分析的核心技术之一。语义分析技术、图文转换技术、模式识别技术、地理信息技术等，都在大数据分析时获得应用。

✓ 存储、分类、统计、建模、预测的技术手段。

● 大数据分析与过去数据分析的差别：

数据分析与数据挖掘这两个概念是可以互换的，它们之间最大的区别是数据本身的不同，如表 1-19 所示。

表 1-19 传统数据分析与大数据之数据挖掘

|  | 数据分析 | 数据挖掘 |
| --- | --- | --- |
| 数据量 | 存储在数据库或文件中，数据数量级在 MB 或 GB | 数据量在 EB 或者 ZB 级 |
| 数据类型 | 规范化数据 | 文本、音频、视频、图片数据，半规范化或不规范数据 |

（续上表）

|  | 数据分析 | 数据挖掘 |
|---|---|---|
| 分析原则 | 一个假设检验的过程，一个严重依赖数据分析师手工作业的过程，如查询、报表、联机应用分析等 | 在没有明确假设的前提下去挖掘信息，得出的信息通常具有先前未知性、有效必和可实用性 |

● How?（怎么做？）

大数据之数据挖掘的基本流程，如图1-29。

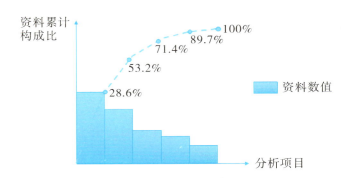

图1-29 大数据之数据挖掘的基本流程

● **信息收集**（花费至少60%的费用）：确定分析对象，提取数据分析过重需要的特征信息，选择合适分析方法并存入数据库。通常需要一个合适的数据存储和管理的数据仓库。

● **数据收集**（当不存在多个数据源时可省略）：把不同来源、格式、特性的数据有机地集中，为企业提供全面的数据共享。

● **数据规约**：用来得到数据集的规约表示，大大缩小了数据量，但仍然接近于保持源数据的完整性，并且规约前后执行结果几乎相同。

● **数据清理**：用来得到数据集的规约表示，大大缩小了数据量，但仍然接近于保持源数据的完整性，并且规约前后执行结果几乎相同。

● **数据变换**：通过平滑聚集、数据概化、规范化等方式将数据转换成适用于数据挖掘/分析的形式。

● **数据挖掘过程**（数据挖掘核心技术：算法与分析）：根据数据仓库中有

用的数据信息，选择合适的分析工具，应用统计方法、决策树，甚至神经网络的方法处理信息，得出有用的分析信息。

● **模式评估**：从商业角度，由行业专家来验证数据挖掘结果的正确性。

● **知识表示**：从专业角度，由知识专家来确保数据挖掘逻辑及取样的对标性。

1.3.6.2 顾客管理

### 顾客管理工具：鲸鱼图（帕累托图）

● What?（是什么?）

鲸鱼图（帕累托图＝Pareto Chart）是依照数值的大小排列成柱形图，并将累计构成比以折线图表示的复合图表，如图1-30所示。

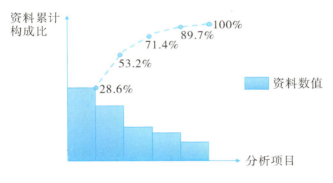

图1-30 鲸鱼图示例

其有利于进行问题处理时的资源及时间的分配，可协助我们优先找出导致问题发生的最主要原因，即一般熟悉的符合80/20运作原则效益。

● How?（怎么做?）

● **帕累托图的ABC顺位分析**：将列举的管理对象，依照帕累托图的格式绘制后，将数据的累计构成比分出A、B、C三种顺位，便于制定管理顺位与资源分配比重。如图1-31和表1-20所示。

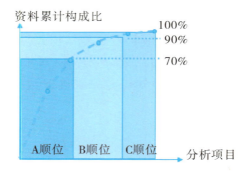

图1-31　帕累托图的ABC顺位

表1-20　帕累托图的ABC顺位管理基准

| 顺位 | 管理基准 | 分析类型1 | 分析类型2 |
| --- | --- | --- | --- |
| A顺位 | 重点管理 | 累计构成比≤70% | 累计构成比≤80% |
| B顺位 | 标准管理 | 70%≤累计构成比≤90% | 80%≤累计构成比≤95% |
| C顺位 | 简易管理 | 90%≤累计构成比≤100% | 95%≤累计构成比≤100% |

● **帕累托图的ABC顺位分析三种结果范例**：假设我们针对某企业的产品进行帕累托图的ABC顺位分析，而可能会得到以图1-32的三种结果：

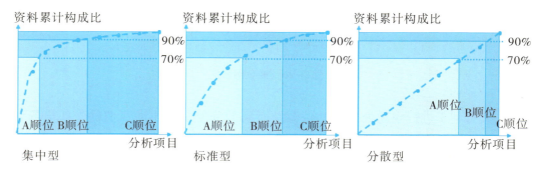

图1-32　帕累托图的ABC顺位分析的三种结果

✓ 集中型：A顺位中仅有1%～20%的分析项目。

应用于商品销售管理的战略性解析：A顺位内的产品是赖以维生的关键，应挖掘B顺位产品的成长潜力，以减少A顺位产品失效产生的风险。

✓ 标准型：A顺位中占20%～40%的分析项目。

第1章 管理创新

应用于商品销售管理的战略性解析：符合 80/20 法则的一般形态。企业资源的分配也较为合理，若 C 顺位中产品销售下滑，也可预期由 A 顺位产品的提升来补足其损失。

✓ 分散型：各个分析项目数据相近，累计曲线近似直线。

应用于商品销售管理的战略性解析：各个商品营业总收入接近，市场能力无差异，难以进行管理。应采用其他分析手法进行分析，或将分析项目改为其他维度，例如：客户交易量。

1.3.6.3 营销管理

**营销管理工具：产品组合分析**

● What?（是什么？）

产品组合管理分析（Product Portfolio Management），又称为 BCG 矩阵（BCG Matrix）是布鲁士·韩德森于 1970 年为波士顿顾问公司设计的一个图表。目的是协助企业分析其业务和产品系列的表现，从而协助企业更妥善地分配资源，及作为品牌建立和营销、产品管理、战略管理及公司整体业务的分析工具。

产品组合分析示意如图 1-33（其中每一个泡泡表示一种产品，而泡泡大小表示其营业额大小）。

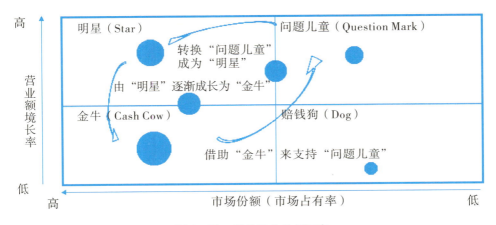

图 1-33 产品组合分析示意

● How?（怎么做？）

具体操作方法可按实行情况进行弹性及更适当的调整。

● 通过市场份额、营业额增长率、本期营业额所构成的泡泡图，将自家制品的位置明确化。

● 这些命名的目的，是让分析员能决定对公司各项业务的资源分配，甚至决定出售哪些业务。

● 公司的管理层，则能从结果获得对项目投资的理据，加强其信心。

产品组合分析对应战略如图1-34。

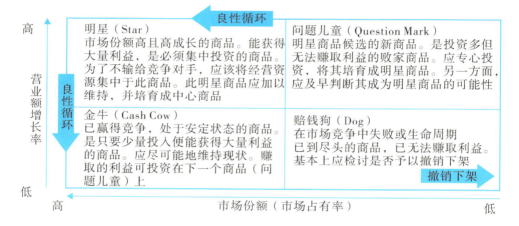

图1-34 产品组合分析对应战略

其组合分析的数据计算：

● 市场份额＝本期业绩/市场规模

● 营业额增长率＝（本期业绩－上期业绩）/上期业绩

## 1.4 基于互联网发展的管理创新体系构建

### 1.4.1 创新思维激发：从个人到团队

在大多数的公司中，员工所在的阶层越低，或是他们的看法越不传统，他

第1章　管理创新

们的声音就越难被听见，而这也容易导致高层主管的否认心态。因此，在面对需要不断激发员工创意来驱动企业的发展的环境下，在企业里如何使每个人的声音都能被听见，如何创造一个使所有构想都能公平竞争的组织变成一个管理的重大挑战。

读者在阅读此段的同时，可以先停下来想象一下，在你自己的公司里，哪一件事和哪一个人在组织内的阶级高低成正比例，如薪水、福利、经验、权威、津贴等？但是如果是智慧、远见或是想象力呢？这些特质似乎就和阶级的高低没有什么相关性。但是，实际上，为什么在一般的公司中，高层主管的看法比中层或基层员工的看法有分量？高层主管通常是最远离顾客、最怀念过去的，偏重他们的意见很难增进公司调适能力的。

现在试着想象一个真正能够激发创新思维点子的环境：

● 员工会放心分享他们的想法和意见，不论这些意见是否具有高度的政治敏感性；

● 没有单一的守门员能够封杀构想或是限制构想的流传；

● 在被高层主管否决或通过之前，新构想都有机会争取众人的支持。

● 有关公司策略、方向和政策的内部讨论是开放的、激烈的和不受限制的。

这听起来好像太过理想化，但其实这类的思想交流园地早已存在许久，并一直在我们身边发生了，但不是在大公司内，而是在互联网上。

互联网的出现摧毁了精英分子对于出版和言论的把持。互联网充斥着个人的意见、评论、建议和洞察。随着博客的发展，你很容易看见哪一些主题有最多的新文章。更有趣的是，在博客的世界，"权威"不是来自政权上面，也不是靠着庞大的行销预算来购买。在互联网上，要赢得声誉/权威，就要写出许多人想读的内容。

但很不幸的，大公司内的创意市场并没有足以和这种公民媒体的爆炸性发展相辉映的巨大改变。互联网上的思想交流园地和大公司里半专制的政治生态，其真正的差别不在于科技的使用，而在于价值的差异：网络的基本原则是开放性，而公司高层主管最尊崇的价值却是控制。大多数公司从上到下的沟通管道精细复杂，包括内部通讯、执行长博客、网上广播和电子邮件，然而很少或是没有公司在重大问题上让基层员工表达意见。

因此，如果你希望大幅增加公司内部对话和决策的品质，你的想法就要大

63

胆一些。例如：何不鼓励公司员工在内部博客上发表批评文章（而且如果员工有必要的话，最好是匿名发表）？然后再鼓励其他员工也阅读这些文章并发表感想呢？最后让公司追踪每篇文章获得反响的数量，并且要求高层主管对于反响最热烈的文章有所回应。甚至公司可指派一个员工当裁判，每月颁奖给博客上最佳文章的作者，以奖励最深思熟虑、最有趣、最有勇气的博客作者。

当然，这样做也有缺点及风险：批评可能变成人身攻击，家丑会外扬。但是企业决策者必须将这些成本与错失与真正有价值的好点子/建议的代价进行对比。例如：对公司的不满被压抑在表面下，错失了改进重大决策品质的机会；或是员工因为不能对重大事项发言而变得漠不关心。

如何利用互联网的科技去聚集众人的智慧，让公司里的每个人都有自愿加入的机会，将会是企业及高层主管获得有价值的管理创意的最佳途径。举例来说：专门服务开放原始码程序工程师的网站 SourceForge.net 在 2007 年中，就收录了将近 15 万个项目，有将近 160 万的参与者。再看 Apple 在 iPhone 的成功，除了其本身品牌及产品的魅力外，更大的吸引是在其 App Store 汇集了大量的不是由 Apple 自己开发的 App 程序；而后 Google 的安卓也以同样的方式得到巨大的成长。而最新的新闻，对于微软最新发表的 Windows10 可将 Apple 的 iOS 及 Google Android 的 App 一并相容进微软的系统平台中执行，更是一个利用众人智慧而有更大发展的案例。

### 1.4.2 基于社交网络的团队任务管理模式——以全食食品为例

请想象一下这样的零售商：
- 前线员工可以决定进货内容；
- 业绩压力来自同事而非主管；
- 团队成员有权投票决定是否雇用某位新进员工；
- 每位员工都觉得自己在经营一个小型事业；
- 每位员工都知道其他人的薪资水准；
- 高层主管的薪资不超过公司平均薪资的 19 倍；

这就像一个为了让这个世界变得更好的社群，理想与净利同样被看重。把这些都综合起来，就是全食食品的全貌，这家公司用违反常态的管理模式包含一个不按常理出牌的经营模式。

# 第1章 管理创新

**全食食品的产业革命：**
- 认为人们愿意为"好的食物"（好吃、有益环境的食物）多花一点钱；
- 店里摆满的是天然有机食品，并有宽敞舒适的购物空间；
- 商品种类多到令人目不暇接；
- 锁定有健康概念的顾客；
- 已成为赶时髦、有健康意识者的首选商店→相当于星巴克。

**逆向操作的管理模式**

全食食品的管理模式结合了民主与纪律、信任与责任、社群与激烈的内部竞争。它高超地结合了这些看来相逆的价值主张，因此使得该公司的管理系统独特有效。

- 自由与责任：
  - 基本的组织单位不是分店，而是团队，每家分店约有8个团队，分别管理不同的部门。
  - 每一个经过充分授权的小型工作团队拥有零售业几乎前所未见的超高自主权。
  - 新进员工先暂时被分配至某个团队，经4周的试用期，再由团队成员投票决定新员工的去留。需超过三分之二的团队成员同意，新员工才会正式得到一份全职的工作。
  - 每个团队负责决定所有的重要营运决策，包括定价、进货、雇用、店内促销活动等。以产品选择为例，团队领导人在与店经理讨论过后，可以自行采购任何他们认为会吸引当地顾客的产品。因此每个分店所提供的产品都不尽相同。
  - 每个团队都是利润中心，并由公司监督其劳动生产力。其每4个星期会计算一次每家分店、每个团队的每个工人的工时获利。成绩超过标准的团队可以在下次发薪时得到额外的奖金。
  - 每个团队都可取得同分店其他团队的绩效资料，也可以取得其他分店同功能团队的绩效资料。
  - 高度的自主权让团队成员了解，其对自己的成功与否拥有完全的决定权。
  - 高度的自主权由高度的责任加以制衡，因此员工会将决策的权力运用在促进业绩增长上。

■自主权与责任的紧密连结使全食食品不需要官僚式控制系统。其创办人约翰·马基说："我们不需要从总部下达太多规定，因为我们有许多自我监督的机制。同侪压力可以取代官僚系统，同侪压力也可以提高在官僚系统下激励不来的员工忠诚度。"

● 建立信任：

■每位员工可以取得其他分店员工的薪酬资料，让经理人无法在决定员工薪资时有所偏私。薪资的比较也刺激员工精进技能并乐意接下新的工作，因为他们可以轻易得知哪些种类的工作与员工可以得到最高的薪酬。

■公开公司的机密营运与财务资料：如每日单店营业额、团队营业额、产品成本、每家分店获利等。每个分店可利用详细的财务资料决定如何进货与定价。

■"无机密"管理哲学：要建立一个充满信任感的公司，资讯公开是唯一的方法。

● 公平：

■全食食品的使命宣言叫做"独立宣言"：一个共同努力为他人创造价值的社群。

■认为过高的薪资差异不符合社群的概念，而且会激起怨恨，而非信任。因此设定了任何员工的薪资不得超过公司平均薪资的19倍。（其他《财富》500大企业，这个比例都超过400倍）

■公司给予非主管级员工93%的股票选择权。

■为了进一步加强社群与独立的精神，全食食品每次会议结束时都会进行"致谢时间"，让每位与会者向同事的贡献表达谢意。

● 理想：

■共同的理想：逆转全球粮食供应工业化的趋势，并提供人们更好的食物。

■全食食品利用其购买力改变现代养殖厂的做法，让动物在屠宰前受到人道对待。

■在店内设置"落实行动"资讯中心，顾客可从中得知鲑鱼所含多氯联苯（PCB）的状况与鸭只养殖的生长环境。

■全食食品是全国唯一拥有并自营海鲜加工厂的超市，其鲑鱼取得原则获得美国"海洋管理委员会"的认可。

第1章 管理创新

■2006年1月，全食食品向风力电厂采购了史上最高的"再生能源点数"①，这些电力足以供应全公司的电力需求。

■员工思考的不是让品牌成长→那是MBA的思维，我们思考的是如何完成我们的使命。

■对全食食品来说，获利只是手段，不是目标。

最后，综观全食食品的创新管理模式实务，其也克服了新世代的管理挑战，如表1-21。

表1-21 全食食品面对新世代管理挑战的实务管理做法②

| 管理创新的挑战 | 全食食品独特的管理实务 |
|---|---|
| 该如何通过减少管理介入的方式充分授权，而又不牺牲纪律与专注 | 授予员工决定权，提供员工所需信息以做出明智决定，并要求员工为决定的结果负起责任。 |
| 该如何创造一个由社群意识连结员工的公司 | 以命运共同体的理念管理，财务透明化，薪资差距予以设限 |
| 该如何加强使命感并促成员工做出非凡贡献 | 让员工清楚感受追求"健全的食物，健全的人，健全的地球"的目标与追求获利这两件事同样真实具体 |

## 1.5 基于资本市场发展的管理创新转捩点——投资并购

### 1.5.1 投资并购是企业外部扩张的管理创新

根据汤森路透（Thomson Reuters）的调查资料，2015年全球企业并购交易总额已创下新高纪录，交易案的总金额达到4.6兆美元，而中国企业的并购案件

---

① 美国德州有一个再生能源点数交易计划，参加计划的成员可购买点数，存在账户中，再进行使用或交易。一个"再生能源点数"代表"一百万瓦特小时"的再生能源。
② 参考盖瑞·哈默尔著：*The Future of Management*（《管理大未来》），2007年版。

67

金额就已超过 7300 亿美元，并且每年持续增长中。

中国资本市场已处于迅猛增长的时代，在金融业，商业银行开始转型并致力于投行业务，原本即属于投行属性的券商、基金公司，则更致力于仿效国外大型投资银行，投入更多人力、物力与智力等大量资源在并购、收购甚至杠杆收购（Leverage Buy-out，LBO）的操作业务。在非金融业，中国企业从早期的"被收购者"角色已迅速转型成为"收购者"角色，例如，联想并购 IBM 公司的 PC 业务（2005 年）、中联重科收购意大利 CIFA（2008 年）、吉利收购沃尔沃（2010 年）、中海油收购加拿大尼克森公司（2012 年）等，这类型的跨国收购案例已经多不胜数，交易数量与收购价格都足以让国际市场另眼相看。我们可以说，不论在传统行业还是在新兴行业，国内企业的发展都已臻成熟，若仅凭借内部的管理创新思维，显然已无法满足企业的需求，因此，笔者在本章最后另辟专节篇幅，特别介绍在企业顶层设计、外部扩张的管理创新手段——资本运作投资并购。

诚如笔者在本章 1.3.3 节所述，企业成长不能只依靠有机成长，更需同步考虑无机成长的操作机会与执行效益，目前在一级市场上私募基金已大行其道，全球业界对并购更是趋之若鹜。从航空、汽车、制药，到银行、网络、电信，再到新闻、娱乐业等，不管是同产业的水平整合，抑或是上下游产业的垂直整合，甚或是跨产业的并购，各行各业无不深信"大者恒大"，先合并再分割，或是先分割再合并，诸如此类的市场新闻，屡见不鲜。

然而，国外研究报告指出，并购案件中，同业或相关行业的并购成功率为 36%，异业并购的成功率只有 26%；若以规模统计，并购小型企业的成功率为 41.5%，并购较大型企业的成功率只有 25%。所以并购活动虽然盛行，但失败率实际上比我们想象的还高；尤其当两个（或甚至多个）公司的企业文化、技术专长、品牌资产、运营制度都截然不同时，如何兼顾组织调整、人才保留、市场策略、决策体系、客户服务等的平衡，在收购前后的每一个环节都是考验，任何疏失都有可能造成功亏一篑。即使只是最无形的"企业文化"融合失败，都会带给企业内部全面的紧张气氛，使员工心理、工作士气大受冲击与订单客户流失，导致合并企业所预期的协同效益无法达成。

企业并购是挡不住的全球潮流，但失败率却又高得吓人！为了让各位能快速了解投资并购的实务内容，确保在进行收购后能达"1＋1＞2"的效果，以下笔者将针对并购的类型、执行手段、并购流程等内容做详尽的说明。

### 1.5.2 并购操作的类型

并购操作大致上存在六种类型，我们主要从公司所属的产业、公司的主营业务来划分：

● 吸收合并：

两家公司在合并后，主并公司（Acquiring Firm）为存续公司，目标公司（Target Firm）则为消灭公司。

● 新创合并：

两家公司在合并后一起消灭，但同时成立一家新公司。

● 水平式合并（Horizontal Merger）：

指两家经营相同业务之公司进行合并。此种形态之合并目的有两个：其一是为促成生产上之规模经济；其二为提高市场占有率，借以获得超额利润。

● 垂直式合并（Vertical Merger）：

指相同产业中，上游及中下游公司之合并。其中向下整合系指上游公司并购下游公司，而向上整合系指下游公司并购上游公司。向下整合可确保销售通路及客户，向上整合则可确保原物料与代理产品线的稳定供应。

● 同源式合并（Congeneric Merger）：

指相同产业中，业务性质不同且并无往来公司之合并，其目的在于经由合并获得产业内之全面性领导地位。

● 复合式合并（Conglomerate Merger）：

指不同产业中，业务性质不同且并无往来公司之合并，其目的在于多角化经营，借以扩展营运范围。但此种形态之合并系非相关事业间之整合，营运风险甚大，大部分此类并购案件存在于金融买家（包括基金公司、风险投资公司、私募股权融资公司等）的杠杆收购行为中，实质上属于投资型收购，金融买家在设定的期限（通常在 2～5 年）或经营效益达到目标后，即抛售公司获取利润。KKR、Blackstone 等都是市场上著名的投资收购操作公司。

### 1.5.3 并购的执行手段

从并购的权益交易方式，以及两家公司并购后的存续状况，我们可以将现有常见的并购执行手段区分为以下七种：

● 存续合并：

又称吸收合并，系指两家以上企业，一家为存续企业，其余为消灭企业，存续企业承受消灭企业之权利义务，并发行新股或者支付现金予消灭企业原有股东转为存续企业股东。

● 股份收购：

收购企业以现金或其他资产向被收购企业股东收购股份，或认购被收购企业增资发行之新股。

● 资产作价与业务让与：

主并企业购买目标企业全部或部分资产或业务，当然这也可能会连带承受负债，但不承受其权利义务。

● 合资（Joint Venture）：

企业合作出资设立新企业，以开创新业务或移转现有资产业务予新设企业，达到结合经营目的，参与企业在新企业成立后，可选择继续存在或办理解散。其中比较好的模式便是采取新的企业以控股模式来掌控原有的企业。

● 股份转换：

收购企业以现金或其他资产向被收购企业股东收购股份，或认购被收购企业增资发行之新股。

● 分割（Spin off）：

企业将独立营运的一部分业务或全部营业项目让与既存企业或新设之企业，以该既存或新设企业发行新股作为对价。

● 创投合并：

两家以上企业共同创设新企业，承受原企业权利义务，发行新股给予原企业股东，使其转换为新企业股东。

### 1.5.4 并购流程中的关键环节：企业估值

企业投资并购或收购的工作可区分为四个阶段，如下图所示，从战略的规划、企业价值评估到双方的协商谈判与成交，以及企业在并购后的整合工作等。

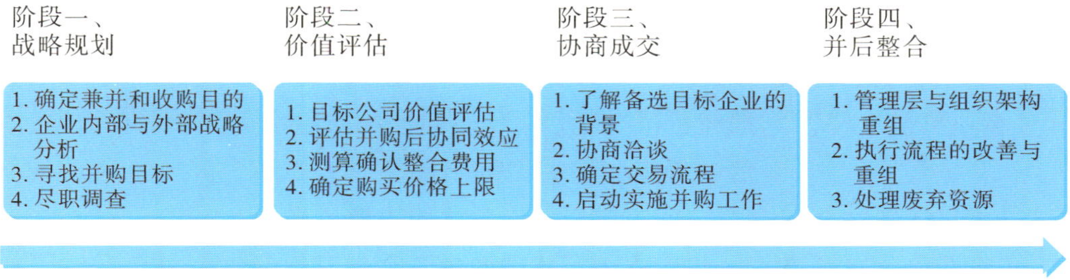

# 第 1 章 管理创新

| 阶段一、<br>战略规划 | 阶段二、<br>价值评估 | 阶段三、<br>协商成交 | 阶段四、<br>并后整合 |
|---|---|---|---|
| 1. 确定兼并和收购目的<br>2. 企业内部与外部战略分析<br>3. 寻找并购目标<br>4. 尽职调查 | 1. 目标公司价值评估<br>2. 评估并购后协同效应<br>3. 测算确认整合费用<br>4. 确定购买价格上限 | 1. 了解备选目标企业的背景<br>2. 协商洽谈<br>3. 确定交易流程<br>4. 启动实施并购工作 | 1. 管理层与组织架构重组<br>2. 执行流程的改善与重组<br>3. 处理废弃资源 |

图 1-35 企业并购流程

其中最让市场群众关注的事情，莫过于公司被收购的"价格"，收购价的高与低，划不划算，未来能否真的达到此价值等议题，永远是工作桌上、餐桌上大家津津乐道的话题，因此在本节中笔者将目前市场上常见的几种企业估值方法列出，供读者参考。

企业估值属于偏重财务的评估计算工作，一般在并购流程中，主并企业会发起至少一次以上的尽职调查工作（Due-Diligence，DD），由委托的会计师事务所或是财务顾问进行详尽的企业实情调查，包含目标企业的财务状况、运营状况、外部供应商与客户合作情况等，用以作为企业估值的重要参考依据。

目前常见的企业估值方法有 5 种：

●成本法（Cost Approach）：

成本法又称会计鉴价法、资产法或者重置价值（Replacement Value）法，较适合用在并购后将清算处理的部门或企业。计算过程中，除将土地、机器设备等有形资产市价加总，也会将商誉、商标、专利权与技术等无形资产的合理市价，以及中途解约下负债的合理价值等一并计入。

●市价法（Market Comparative Approach）：

市价法又称市场价格法或市场比较法，主要系参考目标企业（Benchmark）之股价，或以市场类似企业刚完成评价程序之价格作为基准。该方式较适合上市公司，由股价反映投资人对目标企业之现金流量和风险预期。计算上，先选定比价基准，再加权调整而求出总数，最后可视市场情况考虑溢价或折价。

●乘数法（Multiple Approach）：

乘数法以销售净额或税前息前盈余（EBITDA）为自变量，利用历史数据，求得具有显著水平并具有解释能力的回归系数，作为评价的回归方程式，专业的投资银行常以此作为评价基础，再依经验调整求出目标企业之评估价格。

例如，企业价值倍数估值法，公式为 EV/EBITDA。

EV 代表企业价值，

企业价值（EV）= 股权价值/市值 +（总负债－总现金）

= 股权价值/市值 + 净负债，

EBITDA = 未扣除利息、所得税、折旧与摊销前的盈余

= 营业利润 + 折旧费用 + 摊销费用，

其中，营业利润 = 毛利－营业费用－管理费用。

● 盈余倍数法（P/E Approach）：

盈余倍数法又称本益比法，主要系导源于每股盈余评价法，这是将企业之本益比乘上每股盈余求得的股权价值，而该方式则是依"买方愿意出多少钱购买卖方公司目前盈余"来计算之。此方式计算容易，买方可评量股东意愿并直接反映在并购价格上，适合关系企业拟采换股并购时使用，但缺乏说服卖方的精算流程，且对于周期性变化大的行业，每股盈余差异颇大，使用时需注意。

● 现金流量折现法（D. C. F. Approach）：

该评价方式系以未来的眼光衡量，对并购后现金流量作估计（通常已考虑因营运及财务综效所带来的额外现金流量），并将投资报酬率、通货膨胀率及风险等因子加权调整作为折现率，将现金流量折现后加总，求得股权或资产现值。

其基本公式为：企业价值 = 税后现金流量折现值 + 终值折现值

= [Σ（第 t 期税后现金流量）/（t 期折现率 + 1）$^t$] + 终值折现值

（t = 1, 2, …, n）。

企业估值与实际并购价格之间，存在的加价就是所谓的溢价（Premium）；换言之，溢价就是指所支付的实际金额超过企业的估值，或是证券或股票的名目价值或面值。这是买方为了达成并购交易，对卖方额外要求之妥协让利，或是对于一些无形资产未能列入估值部分的加码，这一部分往往是并购交易能否达成的关键关卡。在实务经验上，为及早确定能否达成并购交易，笔者的经验是，买方应该先探询卖方对于溢价之期望，及早评估并购之可能性，而不要在大费周章进行完估值与 DD 后，才发觉双方对于溢价的期望差距过大，而导致白忙一场，这是一语道破笔者多年血淋淋的实战心得。

### 1.5.5　投资并购操作有关的注意事项

市面上关于投资并购的案件类型众多，且日新月异不停地变化，本书此章

## 第1章 管理创新

节重在指出管理创新的手段与工具，因此若有兴趣做深入了解的读者，可根据实际需要寻找专门的书籍或洽询顾问与机构资源的协助，在本章最后一小节中，笔者根据过去的客户辅导经验，指出几个在投资并购中需要特别留意或关注的细节，这些细节往往在不知不觉中影响了并购案的效率，甚至关乎成败。

● 要求提出完整的评估报告：

不论是会计师事务所、财务顾问或是集团内部自行提报的评估报告，甚至是主动送上门请求风险投资的自评报告，我们都要对其文件的结构与内容进行严谨的要求，从最基本的行业评估、企业商业模型（Business Model）、内外部战略评估等，到前文所述的尽职调查，以及连带的企业估值分析结果等，都必须清楚地呈现出来，提供给股东及经营决策者做参考。完整的投资并购评估报告如图1-36所示，绝非七八页文件可简单说完，要求严谨并非官僚，而是要最大幅度地保证股东资金投入前，案件的效益、可行性、风险性、财务评估、工作计划等都已得到论证与认可，确保并购并非一时拍脑袋的兴起之举，避免发起人过度自信，过分强调并购效益，从而最后损害股东的利益。

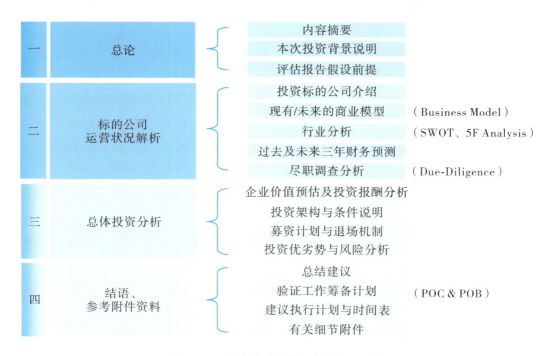

图1-36　投资并购评估报告的撰写结构

● 重视并后管理工作：

并购绩效可由市值的变动、企业的财务报表表现或从企业文化的融合状况等三方面来衡量。其中影响并购后长期绩效表现最显著的，也是最困难的因素，是企业文化的整合融合。在同源式、复合式及跨国合并案中更为复杂，难以管控，因此在合并协商初期需审慎考虑并评估执行计划。

企业合并经常被忽视或轻视的整合工作，尚有制度整合、ERP整合等内部工作，公司制度即公司内部的规章管理办法，小至员工基本守则、薪资制度，大到产/销/研标准执行规定，这些工作的整合都需要耗费大量的时间成本与尝错成本，而ERP则是这些标准规定所形成的流程，体现在系统模组上的成果，企业流程若没真正整合打通，ERP就无法真正地打通，也就不可能形成内部的并后协同综效。

因此在并购后期的工作计划中，常有要求先做初步的概念验证（Proof of Concept，POC）或商业模式验证（Proof of Business Model，POB）工作，如同制造业中的试行生产概念一样，期望企业的合并能够先有小规模的、核心的成效，再进行全面的铺开工作。

● 注意市场上的恶意收购：

所谓善意收购（Friendly Takeover），是指经目标公司董事会同意而直接收购该公司的过程与行为。股东会收到现金或一个已经同意数目的收购公司股份。而恶意收购（Hostile Takeover）则是指收购公司在未经目标公司董事会允许，不管对方是否同意的情况下所进行的收购活动。当事双方采用各种攻防策略完成收购行为，并希望取得控制性股权，成为大股东。当中，双方强烈的对抗性是其基本特点，例如戴姆勒收购克莱斯勒（1998年）、沃达丰收购曼内斯曼（2000年）。虽然恶意收购并非经常发生，但大型企业的股东或经营管理者仍应留意竞争对手是否有恶意收购的意向或潜在行为，恶意收购并非违法行为，因此仅能依靠专业机构的辅助来进行调整防御，或进行反向收购来对抗。要能进行收购行为的对抗，除了依靠资本操作手段之外，我们还得要清楚知道收购者的利益考量点，适当消除这些影响因素，才能完成有效的防御。如表1-22所示，左侧栏位为购买者的通常考量点。

# 第 1 章　管理创新

表 1-22　关于收购/被收购两方的考虑点

| 购买者的考虑点 | 被并购者的考虑点 |
| --- | --- |
| 1. 互补性产品线 | 1. 溢价 |
| 2. 同构型产品线加乘效益 | 2. 个人舞台延续性考虑 |
| 3. 降低开销比率，后勤整合效益 | 3. 员工舞台保障、员工福利保障 |
| 4. 前端效益 | 4. 文化适应性 |
| 5. 客户重叠性 | 5. 制度改变之适应性 |
| 6. 区域互补 | 6. 主管改变之适应性 |
| 7. 人才吸纳 | 7. 个人名誉的考虑 |
| 8. 财务综效 | 8. 员工的感觉 |
| 9. P/E 价差收益 | |
| 10. 交易量增加效益 | |
| 11. 营收增加、排名顺序的效益 | |
| 12. 产品线/客户分散风险 | |
| 13. 减少竞争 | |
| 14. 满足客户一次购足的需求 | |
| 15. 经济规模的效益 | |

此外，笔者也特别补充另一种收购方式，难论其收购是善是恶，即所谓的要约收购（Tender Offer）：股权要约收购一家企业部分或所有股东股份的建议，而其收购建议的价值一般高于市场价格，让股东因为心动而产生卖股的收购行为，也是近年在市场是屡见不鲜的收购方式。总之，企业在兼顾有机与无机成长的同时，并购已成为一把双刃剑，在管理创新上足以协助企业披荆斩棘，突破发展瓶颈，但也常常花钱受气，最后不欢而散。如何专业而深入地评估买卖双方，除了有形与无形的价值的估算之外，买卖双方信誉与人品的问题，总是容易被忽略或包装掩饰的核心，这些都是在这一场你丢我捡的并购赛局中所必须注意且重视的细节，而借由客观的专业资源协助，也是确保并购成功的好选择。

# 第 2 章 战略绩效管理

## 2.1 战略绩效管理落地全貌

| 大师介绍 | **罗伯特·卡普兰**（Robert S. Kaplan）<br>➢ 平衡计分卡（Balanced Score Card，简称 BSC）的创始人，美国平衡计分卡协会主席，哈佛大学教授。<br>➢ 卡普兰的研究、教学以及咨询领域为战略实施和运营管理，其关注的重点是如何通过成本管理和绩效管理系统，让公司成功实施战略和实现卓越运营。<br>➢ 他撰写或合作撰写了 14 本书，在《哈佛商业评论》上发表了 18 篇文章，获得多个教学和论著方面的奖项。 |
|---|---|
| 核心论点 | 卡普兰教授认为，以前中国企业以及新兴市场很多国家的企业成功是得益于低的劳动成本。而现在，这个优势已经逐渐丧失，中国企业需要自行研发或生产一些具有高附加值的产品。而中国的一些企业在管理效率、竞争性方面还有较大的提升空间。中国企业需要从以前偏向行政式的管理风格，转变为更加积极主动的专业管理风格。如此一来，中国企业不仅仅需要告诉员工到底做什么，还得鼓励他们如何做得更加成功。也就是要有更多授权，同时也需要为员工指明方向，让员工明白如何为公司带来更多的价值。<br>在商业背景下，战略是实现和引导企业潜力、实现企业目标、应对日益复杂和不断变化的外部环境的核心性概念。战略应该先于行动，在竞争中赢得对手。同时，战略是一种定位，是据此正确配置资源的能力。最终，战略需要通过共同的思考方式或行动团结起来。平衡计分卡能有效解决制定战略和实施战略脱节的问题，堵住了"执行漏斗"。 |

第 2 章 战略绩效管理

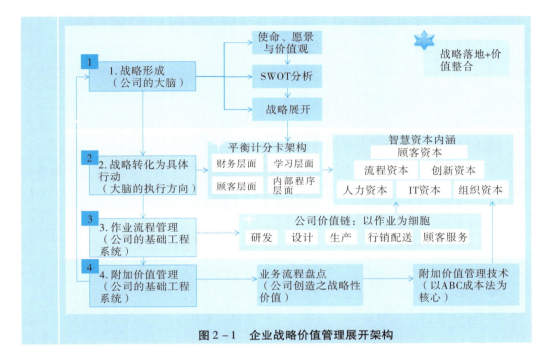

图 2-1　企业战略价值管理展开架构

## 2.2　战略思维的启发与形成

曾有两位在同一产业相互竞争的公司经理，他们正在进行一次野营以商讨可能的两家公司合并。当他们共同走入密林深处时，突然遇到一只灰熊，灰熊直立起身子向他们吼叫。其中一位经理立即从背包中拿出一双运动鞋，另一位经理忙说："喂，你不要指望跑得过熊。"取鞋经理回答道："我可能跑不过那只熊，但肯定能跑得过你。"这个小故事形象地比喻了战略管理活动的意义，即实现和保持竞争优势。

讲到"战略"二字，许多人可能会联想起《孙子兵法》里"运筹帷幄之间，决胜千里之外"的军师形象吧。知名的战略研究学者亨利·闵兹伯格（Henry Mintzberg）曾经指出，企业之所以需要拟定和规划战略，在于战略可以设定组织的方向，促进组织成员的努力和协调，并且能够减少不确定性、集中资源以提升效率。在他看来，管理者通过战略的制定，可以为未来的状况做出前瞻性的思考，进而为企业各项经营活动的成功画出具体的蓝图和途径。

77

此外，随着全球化的风起云涌、科技发展（互联网、云端、大数据分析……）的日新月异、产业形态和社会趋势的快速消长变化，现在的企业经营环境以瞬息万变来形容绝不为过。这样的形势不仅为企业的生存发展带来了更多的挑战，也加深了战略在各个产业领域以及管理层级所扮演的角色。

战略是选择：要做什么及不做什么。

竞争战略大师麦可·波特（Michael Porter）指出，一般人对战略有4种普遍的误解：

● 误解1　战略是一种抱负。

例如："我的战略就是成为产业的第一名"或"我的战略就是要发展"。这不是战略，只是希望。战略不只是目标，更应该是方法。

● 误解2　战略是一些行动。

例如："我们的战略就是要兼并""要以低价取胜"……这些作为行动应该是合适的，但这些不是战略。战略就是怎样定位，这是关键所在。如果把战略当成行动来定义，那么这些行动可能会孤立不相关，没有一个统一的目标。

● 误解3　战略就是愿景。

例如："我们的战略就是为社会制造出重要的产品"或"为人类提供服务"。战略应该是你的竞争优势何在。

● 误解4　战略就是试验。

"因为世界发展非常快，所以我们不应该从一开始就制定战略，应该做很多尝试，看看哪些会成功。"这是很危险的想法。一般小企业不会做了很多试验后，突然某天奇迹出现就成功了。成功必须要有一定的远见，这需要从一开始就想清楚、看清楚机会所在。

麦可·波特（Michael Porter）认为，战略是：

（1）做选择（取舍—Trade' off—选择与放弃）；

（2）设定限制（何者可为，何者不可为）；

（3）选择要跑的比赛，并且根据自己在所属产业的位置量身定做一整套活动。

而竞争战略（Competitive Strategy）就是创造别人无可取代的地位，其核心课题即为"面对竞争时的表现"，贵组织打算创造什么价值？打算如何把其中部分价值保留给自己？而这些才是战略的任务。

## 第 2 章 战略绩效管理

公司如何看待竞争,将决定它怎么选择竞争的方式,也会影响它从批判角度评估相关抉择的能力。因此,我们在触及战略这个主题前,要先回答竞争及竞争优势的问题。

例如我们常常听到,组织领导人鼓励属下要做到"最好";更常听到,各家企业都说着要成为"业界第一";公司也自豪地宣称,要生产"最佳"产品、提供"最佳"服务、吸引"最佳"人才。这些语句反映出一种对竞争本质的基本信念,而大多数人直觉上认为这个信念很对,所以几乎没有人去检讨或质疑它。因为,想要求胜显然就该做到最好,不是吗?

麦可·波特(Michael Porter)则认为,从这种角度去思考竞争绝对是错误的。要是你从这种有问题的观念出发,势必会导致有缺失的战略,得出平庸的绩效。

对大多数经理人而言,竞争不外乎致力于成为第一。这个信念又由于大家喜欢拿战争和运动来做比喻而更加被强化。许多领导人,也因为它生动、易引起注意而爱用这类比喻。商业竞争因而增添了情感、戏剧性和后果等成分。然而,尽管比喻强调的是两者有相似的元素,但绝不代表是一模一样的。

战争中只能有一方打赢,你必须把敌人歼灭或打得无力反击才能赢得胜利。但在商场上,可以不必打得你死我活就获胜。例如,Apple 的 iPhone 堪称移动手机精品,也是全球手机行业的赢家,小米手机也是。这两家皆制造手机的公司针对不同的顾客需要,各自提供独特的商品组合。商场上,可以有多个赢家共存共荣;商场竞争强调满足顾客需要多于消灭对手。请环顾四周,正因为有那么多需要尚待满足,所以有很多赢的方式。

拿运动来作比喻同样不恰当。运动员相互较量,是为决定谁能坐上"第一"宝座,他们的重心放在超越对手,目的也在求胜。然而,运动比赛是根据固定的规则,只做一种竞争,也只能有一个胜利者。商业竞争则复杂得多,不但有多重面向,更无定规可循。在同一产业内,依照要满足哪些顾客和需求,可以有不止一种而是多种的竞赛。

譬如 IBM 基于集团发展考虑,将其旗下的个人电脑业务卖给联想电脑,使得原来是同一产业里竞争的对手,反而变成互相合作的伙伴。IBM 切割了其认为不符集团发展的个人电脑业务,健全了 IBM 的体质。而联想则因为买了 IBM 的个人电脑业务,跃升为目前全球最大的个人电脑厂商,虽然目前陷入了另一个窘境。用波特的说法,就是与其和特定的对手做特定的竞争,企业不如开创自己的一片天地。

要改变积习已久的心态总是很难,若不知道自己有此积习就更难。"竞争是要抢第一"的心态便是如此,它通常是心照不宣的思想,不是明显的模型,我们早已把这种竞争本质视为当然。可是波特说"非也",绝大多数的行业根本分不出"是不是最佳"。各位好好想一下,有没有最佳汽车、最佳电脑、最佳手机?

究竟,在多少产业里"做到最好"是真正具有意义的?大部分产业都有很多需求不一样的各式顾客,某顾客心目中的最佳酒店,不见得是另一个顾客的最爱;顾客甲的最佳购物经验,对顾客乙不一定最理想。世界上找不到最佳美术馆,也没有推广环境永续的唯一最佳方法。

公司在执行生产、运筹或营销等业务时,也没有绝对最佳这种事情。非营利组织一样找不出最佳募款法或最佳吸引志工法。所谓的最佳,永远取决于你想达到什么目标,因此,竞争就是要抢第一的心态,其首项缺失就是,组织若想追求做到最好,等于为自己设下无法达成的目标。

### 战略追求:独一无二

在竞争战略大师麦可·波特(Michael Porter)眼中,战略竞争指的是选择一条特立独行的路;企业不必强求第一,企业可以也应该在独特性上竞争。这个概念完全针对价值而来,企业创造的价值及创造的方式要特别。

以独特性竞争不同于作战,一家公司的成功不需要靠对手失败;它也不像运动比赛,因为每家公司可以自创赛局。表演艺术也许是比战争或运动更贴切的比喻。众多好歌手、好演员可以同时并存,个个都有其独到之处。他们靠特色而成功,也自会有喜爱他们的观众。表演者技艺愈精湛,观众人数就愈多,演艺界就愈发达。像这样创造价值,才是正和(positive-sum)竞争的精髓。

### 战略思考:非线性的脑力

成功的战略并非来自于冷酷的分析,而是一种特殊的见识(mind),是一种创造性、直觉性的非理性思考程序。但必须注意的是,战略家还是必须利用分析,更不会因此而排斥分析,因为分析是用来刺激创造性思考的过程,也有助于测试构想的可行性。只做分析报告的机械思考,或是凡事只凭直觉,都不能称为战略性思考。

分析是战略思考的起点,每个人日常所看到的问题、趋势、事件、情况,

第2章 战略绩效管理

好像都是某个整体（或组合）的构成部分，战略思考就是要将这个"整体"解剖成不同部分，找出每一个部分里各个不同要素的特色，再重新安排思考，以找出最有利的解决方案。而分解和重新安排一个情况的最可靠方式，并非机械化的系统思考，而是人脑中的非线性思考方式。

### 解决问题：先抽象化再具体化

战略性思考的第一阶段，是思考事物的本质，找出关键问题，即"问对问题，找答案"。举例来说，一般企业最常犯的错误，就是只观察到某种"现象"。例如：发现员工加班太多，就直接跳到"拟定计划并执行"（要减少加班，可以缩短午餐和休息时间，在正常时间增加工作时间来加紧工作），而未能真正去探究员工需要加班的关键原因，譬如"员工执行业务作业是否顺利？""员工数量是否足够？""员工能力是否符合工作需求？"等关键问题。

只有先提出了正确的问题，才能洞见症结，接着通过分析去验证（和同业比较工作负荷、从销售数据分解每个员工的利润额等），最后才导出结论，并且相应地实施解决方案。

所以，企业为了解决问题而制定的战略中，从观察到的"现象"到"解决方案"之间，要先经过"分组归类"与"抽象化"的过程；而从"解决方案"到"确定执行"之间，则是要经过"验证"与"具体化"的过程。

而对一般人来说，"找出问题，形成解决方案"的过程其实是可训练的，"把整个问题分成两个以上的次问题，次问题再细分，直到整个问题被分成可管理的细节为止"，大前研一在《企业参谋》中提醒："这个方法的诀窍是，最后细分的项目，一定是要人力能够管理的，其成效也必须是确切的、可衡量的。"

要发挥战略性思考的创造力，必须借由正确而有深度的分析来刺激，而为了做好分析，就必须以解决问题为导向，用战略头脑提出适当的问题。"只为了证实自己的看法去做分析，并不会导出创造性的解决办法；单靠直觉，也不会产生可靠的经营战略"。

经营公司第一步是要找出正确的事业经营方向，也就是要做对的事。基本上公司能生存，其实就只有两个字：价值（见图2-2）。你能提供的价值越高，你就越容易生存。所以对外部我们要去思考，我们的客户是谁，他们要的是什么；对内部我们思考的是，我们能提供什么，我们要如何提供。所以要常常思考我们的产品是让客户可以接受还是让客户满意，抑或是让客户感动，这通常就是公司成功与否的地方。

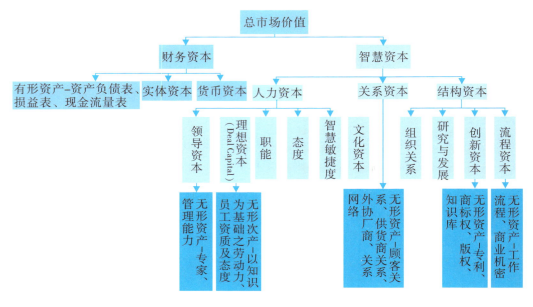

图 2-2 企业价值架构图

接下来那我们要如何创造低成本高利润呢？也就是要把事情做对。这个阶段就是所谓的魔鬼藏在细节里，利用卓越的效率、质量、创新与顾客响应，来将事情做好。唯有不断地追求卓越、精益求精，才能自我超越，不会被过去的成功所牵绊。

## 2.3 战略执行的障碍

企业有好的战略就一定会成功吗？有一个故事是这样说的，从前有一群老鼠住在一间屋子里好不快活，房子主人觉得老鼠太嚣张，所以有一天就从外面带回一只猫准备来抓老鼠。好日子过去了，这天老鼠召开防猫大会来讨论要如何才不会被猫抓到。经过三个小时马拉松的讨论后结果出炉了，就是他们想在猫的脖子上挂一个铃铛，只要听到铃铛声表示猫正在接近，老鼠就可以提前逃跑了。正当大家为这个点子大声喝采、鼓掌叫好的时候，有一个声音大声出现了：那请问谁去挂这个铃铛呢？

没错！好一个谁去挂铃铛！这告诉我们就算有好的战略而没有执行力，一样是不会成功的。所以战略是决定成败的关键，而执行力是决定成败的结果。

### 2.3.1 全球企业战略执行概况

企业战略已是任何企业组织必需思考的议题，它是组织达成目标的方法与手段，组织的目标尽管定得再完美，如果没有高明而可行的战略，仍然难逃落空、失败的命运。而讨论如何定定企业战略的文章或课程不胜枚举，但少有专家探讨"战略定定后执行不力"的问题。

我们先不谈战略制定得是否正确，先想想战略制定后，如果执行不力，势必产生战略无用的质疑，那么即使是正确的战略也是前功尽弃。借由罗伯特·卡普兰（Robert Kaplan）针对全球执行战略的调查来看，他发现，事实上，只有约10%的企业真正在执行他们的战略。而这不外乎企业间沟通协调的问题、人员的问题、管理上的问题、资源分配的问题等诸多原因（见图2-3）。

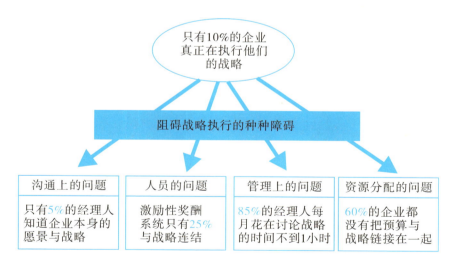

图2-3　全球执行战略的现状

我们知道组织的战略规划与执行并不是一件容易的事情，而事实也清楚地让我们知道，企业落实战略的比例实在是寥寥无几，甚至有一些公司并不进行战略规划，其中没有或只有不佳的战略规划的某些原因如表2-1所示。

表 2-1 组织战略规划不佳的原因

| 序号 | 原因 | 说明 |
| --- | --- | --- |
| 1 | 缺乏奖励机制 | 在取得成绩时，企业往往不能给予奖励，而发生失误时则要给予惩罚。在这种情况下，人们宁愿无所事事（不引起他人的注意），也不愿冒风险去做事情，以免因失败而受到惩罚 |
| 2 | 忙于应付日常事务 | 企业领导忙于进行危机管理，即陷于日常紧急事务，而无暇进行战略规划 |
| 3 | 浪费时间 | 一些公司将进行规划视作浪费时间，因为规划并不能产生可出售的产品。用于战略规划的时间是一种投资 |
| 4 | 过于昂贵 | 一些企业从文化上反对资源的消耗 |
| 5 | 懒惰 | 人们往往不愿为制订计划而花费力气 |
| 6 | 自满自足 | 尤其是在成功的企业，人们往往认为情况不错，因而无需制订计划。然而，今天的成功并不保证明天的成功 |
| 7 | 惧怕失败 | 不采取行动，便不会有风险，除非情况紧急，不得不采取行动。只要试着去做某项值得之事，便会有失败的风险 |
| 8 | 过分自信 | 人们越具有经验，便越不愿意依靠正规的计划，但这往往是错误的。过于自信和过于相信经验会导致企业的消亡。预先筹划一般是必要的，这往往是职业作风的标志 |
| 9 | 失败的经验 | 人们往往经历过失败的计划。以往的计划可能曾经是冗长的、不便于实行的、不实际的或不够灵活的。同其他事情一样，计划也可以是糟糕的 |
| 10 | 既得利益 | 当人们通过有效利用旧体制而得到地位、特权或自尊时，他们便会将新的计划视作对自己的威胁 |
| 11 | 惧怕新事物 | 人们往往对自己学习新技能、适应新系统和扮演新角色的能力有所怀疑 |
| 12 | 坦诚的不同意见 | 人们可能会真诚地认为计划是错误的。他们会从不同的角度看待形势，或拥有与计划不同的个人或企业抱负。不同岗位的不同人对形势会有不同的看法 |
| 13 | 怀疑 | 雇员可能会不相信企业的管理层 |

对于已经在进行战略规划与管理的企业，大多数的问题，不是发生在战略

面，因为现在市场信息非常透明，所以可以说都是发生在执行面，或者是战略转向的时候执行面跟不上。有调查显示，企业成功的20%取决于所制定的战略本身，60%取决于战略的有效执行。企业没能获得成功，大部分原因归结于战略执行，大约有70%的企业失败源自于所制定的战略没有被有效执行。而任何信息的传播都是需要时间的。即使最高层提出讲了一个远大的战略，还是要靠各层级主管分开成为执行细项，底层员工才知道该怎样进行。

## 2.3.2 战略执行障碍

战略执行是一个系统，需要企业内各个流程、各个部门、各个员工的配合，从系统的立场来看，企业战略不能被有效执行的障碍主要有三个方面（如图2-4）。

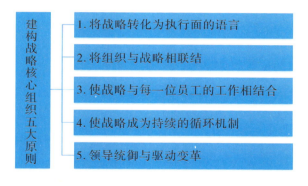

图2-4 战略执行的障碍

### 2.3.2.1 战略管理层面：战略传达与沟通的通道不畅

战略的传达与沟通是战略执行的基础。战略执行的具体工作是由企业各层次员工来完成的，当企业无法以易于理解和可以付诸行动的语言来诠释它的战略时，战略执行的第一个障碍便出现了。如果企业中存在战略分歧，对战略认同度不一致，或者对如何将意义深远的使命转变成脚踏实地的行动无法达成共识，结果自然是各自为政或政策次优化。

沟通障碍表现为：

（1）管理者对如何将使命转变成实际行动无法达成共识，结果是在相互不

能妥协的情况下政策走向次优化，为保存自己的利益而各自为政；

（2）各层管理者对战略的理解没有达成一致，在战略执行层面自然不能保证正确的战略被正确地执行；

（3）组织内部缺乏行之有效的沟通机制，外部宏观环境、竞争情报和内部微观绩效评估结果、客户信息以及战略执行所产生的信息均无法反馈到企业各管理者层面，使得组织内部、组织与组织之间知识的分享、应用和转移受到很大的限制。

#### 2.3.2.2　企业流程层面：战略与资源分配不协调

战略的分解和协调是影响战略执行的重要因素。如何使战略决策、战略执行和战略支持三大不同职能有效协同是领导者需要慎重考虑的问题，这需要有良好的组织设计与企业运作流程。组织设计与运作作业流程对战略执行的影响表现在：

（1）团队整合的程度影响战略执行的效果；

（2）组织流程的优化影响战略执行的效率；

（3）组织变革的思路影响战略执行的水平。

现实的情况却是，公司整体战略与业务单元战略、支持单元战略、外部合作伙伴及董事会之间的衔接不够，协同不到位。另外，各级别执行机构之间的资源分配与组织结构设计亦有很大的关联，各类型的资源包括人力资源、物力资源和资本资源等，是企业战略执行的物质条件。现实中，行动方案和资源分配没有同长期战略中的轻重缓急相结合是战略执行障碍的又一表现形式。

目前，许多企业的长期战略规划和短期（年度）预算编制是两个分开的流程，结果是酌量性费用和资本分配往往与优先考虑的战略问题相互脱节，调查显示，60%的企业没有将预算与战略结合在一起。

#### 2.3.2.3　企业人力层面：人力资源管理与战略反馈不到位

战略的落实和跟进是战略执行的关键。战略执行是一个动态调整的过程，并非一蹴而就的工作。它需要在执行过程中对战略目标进行实时监控，对执行情况进行及时反馈，以发现战略执行失误之处并矫正偏差。战略有效执行的一个障碍正是缺乏对战略执行情况以及成效的反馈。绝大多数管理系统只能提供经营业绩的反馈,而且其中大多是财务衡量,企业很少花时间审查战略执行及其效果和效率的指标。罗伯特·卡普兰(Robert Kaplan)的调查结果显示,45%的公司的定期业绩分析会议完全不检查战略执行或制定任何有关战略的决策。企业花在战略研讨上的时间大大不够,据调查有85%的团队每月讨论战略的时间不足1小时。

企业执行力的培育和提升,从根本上说,依赖于企业员工整体素质的提高,人力资源管理在战略执行过程中发挥着举足轻重的作用。人力资源管理障碍表现为两点。

首先,人力资源管理部门对战略执行人员的培养不够。战略执行需要具备多种执行技能,这些技能可以通过系统的人力资源培训来获得,如何将企业员工打造成战略执行高手是企业人力资源管理部门需要做好的功课。但是,许多企业对员工执行力方面的培训投入不足,重视不够,使得员工队伍素质参差不齐。在对企业目标和任务的理解上难以达成一致,在具体执行时难以形成合力,是现如今企业战略执行方面人力资源管理的短板所在。

其次,激励不到位,战略目标和部门目标、员工个人目标没能通过激励机制衔接在一起。罗伯特·卡普兰(Robert Kaplan)的调查问卷显示:74%的高层管理者表示他们的薪酬和企业的年度目标挂钩,只有不到1/3的人表示他们的奖金与长期战略目标相衔接,而只有不到10%的中层管理者和基层员工的奖金与长期战略目标相衔接。人力资源管理工作仅仅停留在琐碎的工资发放、档案管理和保险缴纳等事务性的工作上,使得其战略性作用大打折扣。

### 2.3.3　中国的战略执行

中国企业战略管理中的一个重要特征,即目前中国企业竞争制胜的法宝是执行的品质而非战略的品质。在过去的20多年中,中国企业的竞争手段往往都是采用相同的思路、相似的手段在进行竞争。从20世纪80年代初的拼胆量,到后来的拼宣传、拼渠道、拼规模。企业战略缺乏差异化。大部分中国企业家的思路是,不管什么行业,如彩电、手机、汽车,先挤进去,然后拼命跑,跑得最快就行。因此,从总体上表现出来的特征就是战略都是相似的,无所谓好坏,而关键在于做同样的事情谁能做得更快、做得更好。这体现出来的结果就是企业战略与战略效果的弱相关性,以及战略执行与战略效果的强相

关性。

我们将战略与执行放在一起来看它们对于战略效果的影响时,对于目前中国企业而言,执行的重要性要明显高于战略的重要性。执行能力的高低决定着今日中国企业的成败,而非战略品质。在缺乏战略差异化的年代,战略执行力的薄弱必然会造成执行效果不佳。

但战略品质的提升会对战略执行力的提高有着明显促进作用,进而影响着战略执行的效果。因此,提高中国企业家的战略思考和决策能力,进而提高中国企业的战略品质,将会促进企业战略执行及执行效果的提升,从而提高企业整体的战略管理能力。

## 2.4　战略绩效管理工具:平衡计分卡

### 2.4.1　传统绩效管理存在的问题:财务指标缺失

若把赛车当做一个具体而微的企业,地形恶劣的赛道则象征充满考验的市场。企业的决策者——赛车手,必须拟定各种战略,让其公司加速奔驰、减速过弯或者设法挽救失误造成的打滑。试想一辆古怪的赛车,仪表板上只有油量计,驾驶员很难判断时速与引擎转速;踩下油门不保证引擎加速;转动方向盘轮胎却不听话;离合器、排挡更是一团乱……这种难以反映车手战略的怪车却要开上赛道,会有什么结果?但是世界上就有许多企业就像这辆怪车——用不合时宜的仪表板做决策,加上决策者与功能单位沟通不良,导致战略不能与赛车准确地联结,更别提精准的执行战略了。

"你无法管理不能衡量的事"是管理学的一句名言。工作者的奖酬来自绩效表现,自然将努力的方向配合绩效评估的标准。在作业与管理控制的层次,选择适当的绩效标准比较简单,但到了战略的层次,如何发展绩效标准一直是管理上的难题。直到今天,许多企业的绩效标准仍然局限在财务面,特别是基于财务报表的数字。但财务绩效代表一种"产出"性质,它并不能具体地告诉经理人该采取哪些实质做法,而且财务绩效所衡量的,往往只是战略绩效的某部分结果,在财务绩效的引导下,人们往往只重视短期而具体的效果,忽略了长期的整体效果。例如所有针对员工技能、数据库、信息系统、顾客关系、质量、响应流程以及创新方面的投资,在财务报表中都被列为当期费用。因此,基于财务报表的绩效衡量系统,难以作为开发与调动无形资产,以创造组织价值的基础。在智慧资本与无形资产愈来愈重要的现在,经理人必须有效地开发与调动无形资产,否则便会错失价值创造的机会。如同赛车手不能只依赖一个油量表来衡量竞争战略,而需要一套更精确的仪表板。

### 2.4.2 平衡计分卡战略性管理架构概述

1990年起,柯普朗—诺顿研究团队从大量的个案中寻找创新绩效衡量模式的雏形。当时,模拟设备公司(Analog Devices)的衡量工具引起了他们的注意。除了传统的财务量度外,这家公司用了包括交货时间、制程质量与周期时间、新产品的开发效能等绩效量度。经过研究团队的访谈与反复研究,这张计分卡逐渐扩大,成为包含了4个构面——财务、顾客、内部流程、员工学习与成长的平衡计分卡。顾名思义,它以平衡为要求,寻求短期与长期的目标之间、财务和非财务量度之间、落后和领先指标之间,以及外界和内部绩效构面之间的平衡状态。用逐步下展(top-down)的方法,在平衡计分卡中取得的关键绩效指标(key performance indicator,KPI),必须与组织的战略紧密结合。这个道理似乎浅显易懂,但事实上,鲜有公司的绩效衡量制度和组织战略配合一致。

柯普朗与诺顿说明,战略的意义其实表现在一连串的构面上,最终的结果必然是展现在财务构面。然而经营者必须掌握造成这些财务数字背后的战略与原因。如企业的营收成长,可能来自顾客构面中顾客偏好的创造与维持、市场占有率的成长、市场区隔的运用等。而支持顾客满意的,又来自组织内部的流程构面,例如效率与协调。而这些作为,又都需要组织成员来负责完成,因此员工知识与能力的学习成长构面,也是战略架构中不可或缺的(如图2-5)。

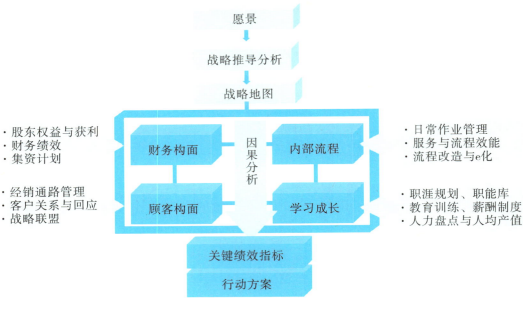

图2-5 平衡计分卡之整合性战略管理架构

利用平衡计分卡规划战略。

有了KPI这个完整的仪表板，还必须将赛车调整到能精确反映车手战略。将方向盘、油门、煞车都用同一套系统校正到最精准。正如柯普朗与诺顿一再强调，绩效衡量制度是化战略为行动的工具。绩效衡量必须与愿景和战略结合在一起，仅靠四大构面的绩效衡量（仪表板），或仅有愿景与战略（车手），都无法带领组织达到目标。柯普朗与诺顿运用平衡计分卡，提出建构战略核心组织的五大原则（如图2-6）。

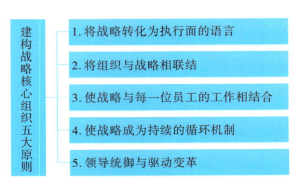

图2-6 建构战略核心组织五大原则

（1）将战略转化为执行面的语言：利用战略地图（strategy map），把目标战略与四大构面的绩效衡量之间的因果关系厘清，使战略地图不仅合乎内部逻辑，更易于沟通组织的内涵。

（2）将组织与战略相联结：组织内包含事业单位与服务单位等部门，应将各部门的目标，战略与运作方式加以整合，以达成综效。

（3）使战略与每一位员工的工作相结合：创造战略性共识，界定个人与团队的目标，借由每位员工的个人计分卡，使公司战略透明化，让员工有战略意识，明白自己每天的工作是为何而战。此外，还必须透过平衡的奖酬制度激励员工的行为。

（4）使战略成为持续的循环机制：结合战略预算与短期预算，不因短期利益牺牲长期成长。另外，必须了解所有的目标与战略均有时空背景，当时空改变，当初的前提假设可能不再正确，因果关系也不再确定。因此组织必须建立战略的检验和学习流程，用持续学习来调整目标与战略。

（5）领导统御与驱动变革：新战略的推动需要高阶主管的领导，动员所有员工让他们了解变革的必要，并导向新战略，监视成果。柯普朗与诺顿认为，绩效衡量是一个强烈的刺激因素，在决定平衡计分卡的衡量项目以前，必须先探询主管的战略企图："借着这些衡量项目，我们要达成的目标是什么？"这个看似简单的问题，实则产生重大的结果。管理顾问协助企业导入平衡计分卡时，总是先设法从平衡计分卡的四大构面中，为选出的目标项目敲定合适的文字说明，借此达成共识。选定目标的过程也许比 KPI 本身更为重要。毕竟当目标已经界定清楚，即使最初的衡量方法略有缺失，主管仍有调整与改良的时间，不必就战略本身再讨论一次。平衡计分卡最大的功能，就在"联结"与"聚焦"。将企业中各单位与员工联结到战略，然后一鼓作气将战略说清楚、讲明白。

实施平衡计分卡 = 企业变革

企业组织务必认识到，实施平衡计分卡制度是一项变革行动，目的是让组织成为一个以达成战略为核心机能的有机体，而不只是一套新的绩效衡量制度。在组织里推动变革，光靠工具、流程是不够的，高层管理团队是否积极投入，身体力行，才是成功的关键。

柯普朗引用变革大师约翰·科特（John Kotter）的理论，说明高层主管首先要明确宣示变革的迫切性，建立专责的团队来引导变革的走向，并通过各种沟通管道说明公司的新愿景，以凝聚共识。图2-7体现出企业在实施BSC的各阶段及各面向的重点，供读者参考运用。

图2-7 BSC变革的过程

**平衡计分卡的实施步骤：**

国内企业在实施平衡计分卡时，常因导入的方式不对、平衡计分卡导入方法论的不足与项目资源分配不合理等因素，导致平衡计分卡项目的失败。有鉴于此，为促进平衡计分卡项目可以成功上线执行，减少企业过多的项目资源耗费，笔者将积累多年之实务经验所发展出的实务操作模块，按下列四大步骤来说明（如图2-8）。

图2-8 平衡计分卡导入四大步骤

## 第2章 战略绩效管理

### 2.4.3 确立众所聚焦的战略

● What?（是什么?）

关于战略，已有许多管理大师及学者给予清楚的定义，笔者根据多年累积的实务经验，把"战略"和平衡计分卡融合，认为战略是为达成组织目标所采取的一连串做与不做的因果抉择。

● How?（怎么做?）

企业的战略来源，需由企业愿景为基础进行展开，并凝聚公司内决策团队的共识后，再进行定义、衡量方式、行动方案的不同阶层地展开，如图2-9所示。

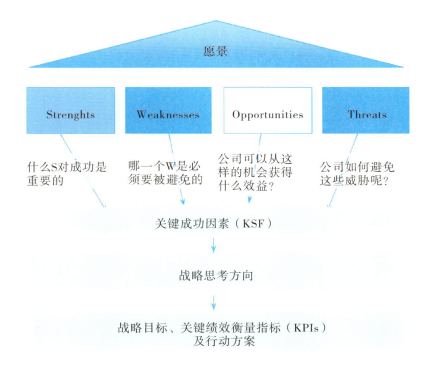

图2-9 企业战略推导架构

✓ 愿景：愿景是战略的基础；

✓ SWOT或其他分析方法：通过SWOT（或其他分析方法）分析组织之内外部情况；

✓ 关键成功因素（KSF）：目前在组织的建造、营销、人资、研发、财务、信息各有哪些关键成功因素？

✓ 战略思考方向：从 SWOT（或其他分析方法）推演战略思考方向；

✓ 战略目标、关键绩效衡量指标（KPIs）及行动方案：针对每个战略思考方向思考出对应的战略目标、关键绩效衡量指标（KPIs）及行动方案。

2.4.3.1 厘清企业愿景

如第 1 章的管理创新中提到的，想要达到企业永续经营的一个最重要的重要是需要保存其核心理念，而核心理念 = 核心价值（使命）+ 目的（愿景）；使命与愿景互相之间的关系可参考图 2-10。

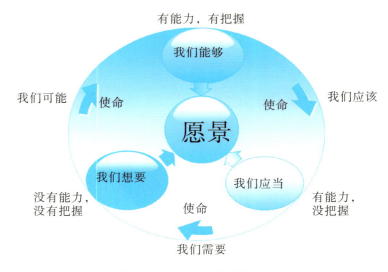

图 2-10 使命与愿景的关系

愿景比企业使命更强调现实性，它是引领企业战略想要达成的最终目的。譬如以下这家公司的使命及愿景：

| 某公司使命 | 为中国高净值客户提供客观中立的财富管理解决方案 |
|---|---|
| 某公司愿景 | 成长为永续发展的伟大公司，在中国创建最著名和令人尊重的品牌，以激发和孕育人文精神，为中国富而有爱的高净值私人、家族及有社会责任感的机构管理财富。与客户、员工、股东一起实现高尚、富有、快乐的人生梦想 |

## 第2章 战略绩效管理

而企业有了共同的目的后，才能进一步运用一些战略推导的工具，逐步将企业内的战略进行凝聚与沉淀。

#### 2.4.3.2 凝聚战略方向

如同前面所述，对于战略的形成并非来自于冷酷的分析，而是一种特殊的见识（mind），是一种创造性、直觉性的非理性思考程序，因此，我们必需针对一开始属于发散性的思考循序渐进通过科学方法归纳分析而发展为企业的明确战略共识。因此，从愿景到战略的展开，我们可再将战略分为两个层次，即"战略主题""战略目标"，如图2-11所示。

| 层次 | 说明 | 范例 |
|---|---|---|
| 战略主题<br>（Strategy Theme） | 为达成愿景目标过程中所需采取的：<br>1. 对战略之方向雏形；<br>2. 对顾客之价值主张；<br>能够表达战略主要成分的描述语句 | ● 运营卓越<br>（Operational Excellence） |
| 战略目标<br>（Strategy Objective） | 为一精确的陈述，为达成战略主题，所需之具体手段。 | ● 提升产品质量<br>● 缩短交货期间<br>● 降低运营成本 |
| 图示： | 战略主题　　　战略目标<br>运营卓越　→　提升产品质量<br>　　　　　→　缩短交货期间<br>　　　　　→　降低运营成本 | |

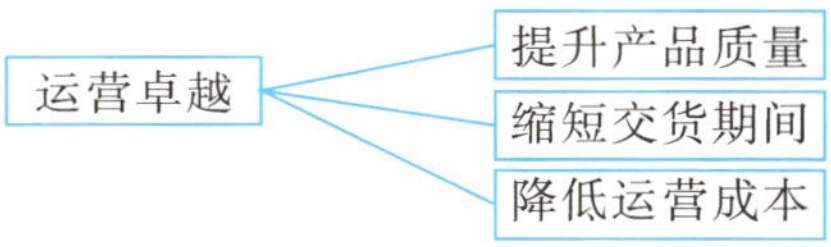

图 2-11　战略的层次

## 战略推导工具之一：PESTEL 分析模型

● What?（是什么?）

PESTEL 分析模型又称大环境分析，是分析宏观环境的有效工具，不仅能够分析外部环境，而且能够识别一切对组织有冲击作用的力量，它是调查组织外部影响因素的方法。

（1）政治因素（Political）：指对组织经营活动具有实际与潜在影响的政治力量和有关的政策、法律及法规等因素。

（2）经济因素（Economic）：指组织外部的经济结构、产业布局、资源状况、经济发展水平以及未来的经济走势等。

（3）社会因素（Social）：指组织所在社会中成员的历史发展、文化传统、价值观念、教育水平以及风俗习惯等因素。

（4）技术因素（Technological）：技术要素不仅仅包括那些引起革命性变化的发明，还包括与企业生产有关的新技术、新工艺、新材料的出现和发展趋势以及应用前景。

（5）环境因素（Environmental）：一个组织的活动、产品或服务中能与环境发生相互作用的要素。

（6）法律因素（Legal）：组织外部的法律、法规、司法状况和公民法律意识所组成的综合系统。

在分析一个企业集团所处的背景的时候，通常是通过这六个因素来进行分析企业集团所面临的状况，见表2-2。

表2-2 PESTEL分析模型因素展开

| 序号 | 分析因素 | 分析因素细项 |
| --- | --- | --- |
| 1 | 政治因素（Political） | （1）政府的管制和管制解除；<br>（2）政府采购规模和政策；<br>（3）特种关税；<br>（4）专利数量；<br>（5）中美关系；<br>（6）财政和货币政策的变化；<br>（7）特殊的地方及行业规定；<br>（8）世界原油、货币及劳动力市场；<br>（9）进出口限制；<br>（10）他国的政治条件；<br>（11）政府的预算规模 |

(续上表)

| 序号 | 分析因素 | 分析因素细项 |
|---|---|---|
| 2 | 经济因素（Economic） | （12）可支配的收入水平；<br>（13）GDP 增长；<br>（14）消费模式；<br>（15）政府预算；<br>（16）劳动生产率水平；<br>（17）进出口因素；<br>（18）股票市场因素；<br>（19）地区间的收入和消费习惯差别；<br>（20）劳动力及资本输出；<br>（21）财政政策；<br>（22）居民的消费趋向；<br>（23）通货膨胀率；<br>（24）货币市场利率；<br>（25）汇率 |
| 3 | 社会因素（Social） | （26）企业或行业的特殊利益集团；<br>（27）国家和企业市场人口的变化；<br>（28）生活方式；<br>（29）公众道德观念；<br>（30）社会责任；<br>（31）收入差距；<br>（32）人均收入；<br>（33）价值观、审美观；<br>（34）地区性趣味和偏好评价 |

（续上表）

| 序号 | 分析因素 | 分析因素细项 |
|---|---|---|
| 4 | 技术因素<br>（Technological） | （35）企业在生产经营中使用了哪些技术？<br>（36）这些技术对企业的重要程度如何？<br>（37）外购的原材料和零部件包含哪些技术？<br>（38）上述的外部技术中哪些是至关重要的？为什么？<br>（39）企业是否可以持续的利用这些外部技术？<br>（40）这些技术最近的发展动向如何？哪些企业掌握最新的技术动态？<br>（41）这些技术在未来会发生哪些变化？<br>（42）企业对以往的关键技术曾进行过哪些投资？<br>（43）企业的技术水平和竞争对手相比如何？<br>（44）企业及其竞争对手在产品的开发和设计、工艺革新和生产等方面进行了哪些投资？<br>（45）外界对各公司的技术水平的主观排序；<br>（46）企业的产品成本和增值结构是什么？<br>（47）企业的现有技术有哪些能应用？利用程度如何？<br>（48）企业需要实现目前的经营目标需要拥有哪些技术资源？<br>（49）公司的技术对企业竞争地位的影响如何？是否影响企业的经营战略？ |
| 5 | 环境因素<br>（Environmental） | （50）企业概况（数量、规模、结构、分布）；<br>（51）该行业与相关行业发展趋势（起步、摸索、落后）；<br>（52）对相关行业影响；<br>（53）对其他行业影响；<br>（54）对非产业环境影响（自然环境、道德标准）；<br>（55）媒体关注程度；<br>（56）可持续发展空间（气候、能源、资源、循环）；<br>（57）全球相关行业发展（模式、趋势、影响） |

（续上表）

| 序号 | 分析因素 | 分析因素细项 |
|---|---|---|
| 6 | 法律因素（Legal） | （58）世界性公约、条款；<br>（59）基本法（宪法、民法）；<br>（60）劳动保护法；<br>（61）公司法和合同法；<br>（62）行业竞争法；<br>（63）环境保护法；<br>（64）消费者权益保护法；<br>（65）行业公约 |

● How?（怎么做？）

PESTEL 分析框架可参考下表 2－3。

表 2－3　PESTEL 分析框架表（以某家电行业为例）

| 内容 | 与彩电行业的相关因素 | 具体的变化与趋势 | 机会 | 威胁 | 可能对策 |
|---|---|---|---|---|---|
| 人口 | ·人口数量<br>·家庭户数<br>·人口年龄结构 | | | | |
| 经济 | ·GDP<br>·WTO 加入<br>·地区经济发展 | | | | |
| 政策/法规 | ·对高科技产业的投资政策<br>·行业法规 | | | | |
| 文化 | ·具体消费心态变化<br>·年轻人购买独立性倾向 | | | | |
| 生态 | ·环保政策 | | | | |
| 技术 | ·本产业技术变化<br>·竞争产业技术变化<br>·向产业技术变化 | | | | |

## 战略指导工具之二：SWOT 分析

● What?（是什么？）

SWOT 分析用以分析组织内部的强势与弱势以及外部环境的机会与威胁。

（1）S（Strength）指组织的强势；

（2）W（Weakness）指组织的弱势；

（3）O（Opportunity）指组织外在的机会；

（4）T（Threat）指组织外在的威胁。

SWOT 强迫我们注意到企业内部的弱点与所受的外部威胁，补充许多高层管理者在制定战略时，只看到光明一面，忽略其潜在危机与缺陷的情况。

● How?（怎么做？）

在进行 SWOT 分析时我们先在纸上划一个十字，将纸分为四个区域，然后将状况有关的强势、弱势、机会与威胁写下来，这就是制作 SWOT 表的步骤，如图 2-12。

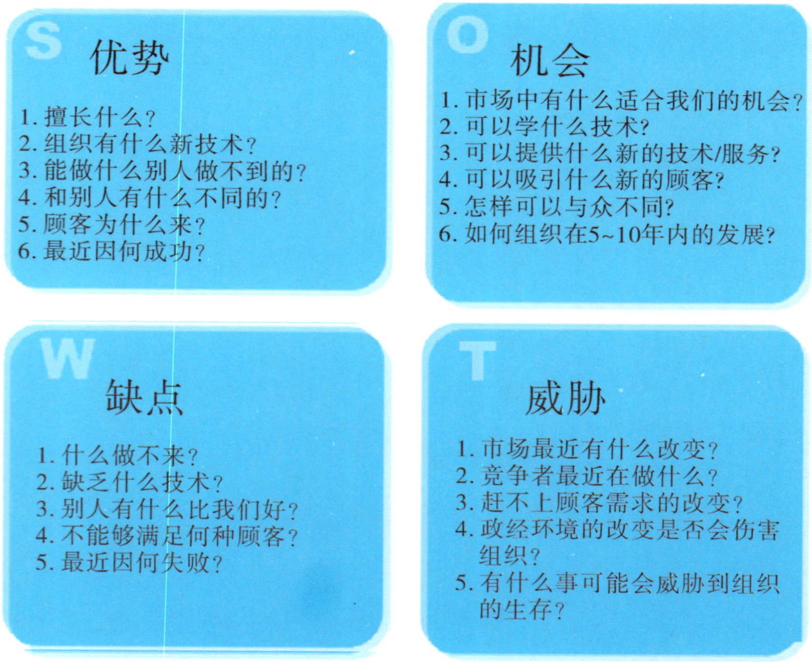

**S 优势**
1. 擅长什么？
2. 组织有什么新技术？
3. 能做什么别人做不到的？
4. 和别人有什么不同的？
5. 顾客为什么来？
6. 最近因何成功？

**O 机会**
1. 市场中有什么适合我们的机会？
2. 可以学什么技术？
3. 可以提供什么新的技术/服务？
4. 可以吸引什么新的顾客？
5. 怎样可以与众不同？
6. 如何组织在 5~10 年内的发展？

**W 缺点**
1. 什么做不来？
2. 缺乏什么技术？
3. 别人有什么比我们好？
4. 不能够满足何种顾客？
5. 最近因何失败？

**T 威胁**
1. 市场最近有什么改变？
2. 竞争者最近在做什么？
3. 赶不上顾客需求的改变？
4. 政经环境的改变是否会伤害组织？
5. 有什么事可能会威胁到组织的生存？

图 2-12 SWOT 分析步骤

# 第2章 战略绩效管理

另外，在进行 SWOT 分析时，除了依四个区块将企业现状写下来外，在思考的同时也需注意需要将组织内部与外在的环境都列入考虑，如图 2-13。

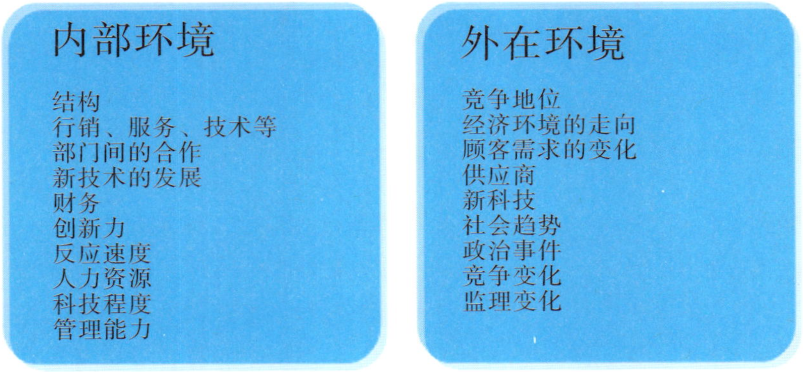

**内部环境**
结构
行销、服务、技术等
部门间的合作
新技术的发展
财务
创新力
反应速度
人力资源
科技程度
管理能力

**外在环境**
竞争地位
经济环境的走向
顾客需求的变化
供应商
新科技
社会趋势
政治事件
竞争变化
监理变化

图 2-13 需注意组织内部与外在的环境

SWOT 交叉分析：在完成了组织的 SWOT 的四个区块的思考后，进一步进行企业的战略分析矩阵（SWOT 交叉分析），利用如图 2-14 的矩阵，重新定义出四个区域（S-O、S-T、W-O、W-T），而每个区域中的项目可作为组织找出达成愿景目标过程之战略方向或战略目标。SWOT 交叉分析示意图见图 2-4，其范例见表 2-4、表 2-5。

|  | O | T |
|---|---|---|
| S | 矩阵分析项目**<br>S-O<br>利用优势掌握先机 | S-T<br>正视威胁，维持优势 |
| W | W-O<br>转变弱势为转机 | W-T<br>扭转劣势，面对威胁 |

图 2-14 SWOT 交叉分析示意

表2-4  某公司SWOT范例

| S | O |
|---|---|
| 1. 成立时间长，客户基础庞大；<br>2. 团队稳定；<br>3. 品牌知名度高；<br>4. 产品线全，比较创新； | 1. 地理位置优越，人才聚集；<br>2. 理财观念强；<br>3. 机场客户较多；<br>4. 市场环境好； |

| W | T |
|---|---|
| 1. 人员结构参差不齐；<br>2. 薪资相比无竞争力；<br>3. 离总部远，支持不方便；<br>4. 产品存续压力大；<br>5. 服务成本高，交通不便 | 1. 竞争激烈，同业多，不正当竞争多；<br>2. 产品易被模仿；<br>3. IPO暂停，对私募影响大； |

表2-5  某公司SWOT交叉分析范例

|   | O | T |
|---|---|---|
| S | S1O1 扩大客户推荐人才；<br>S1O3 扩大客户推荐与介绍力度；<br>S2O1 推进员工推荐人才力度；<br>S4O3 在机构客户中推广公司品牌和知名度 | S5T1 加大差异化产品营销；<br>S5T3 根据趋势灵活调整产品战略 |
| W | W1O1 吸引外部人才改善人才结构；<br>W2O4 扩大销售量提升收入；<br>W5O3 着力提高机构客户交易量 | W4T3 针对PE二级市场部改善存续服务；<br>W5T1 把竞争对手变成合作伙伴（渠道）；<br>W1T2 改善人员结构加强私密管理，防止产品被模仿 |

### 2.4.4  建构有效的战略目标

● What?（是什么？）

战略目标是帮助企业高阶主管思考如何结合战略思考方向及BSC的KPI，一个战略目标包括一个动词及一个名词，如图2-15。

第2章 战略绩效管理

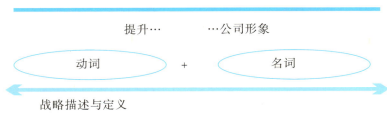

图2-15 战略目标的描述

● How?（怎么做？）

（1）战略目标的定义：

战略目标的定义说明，其句型应依照："前提、手段（方法）、目标"之组合来构成

✓ 前提：在……情形下（非指现存状况，而系指达成后续手段的前提条件）；

✓ 手段：透过……的执行；

✓ 目标：达到……的目标；

例如，战略目标 = 控管运营风险，其战略目标定义如下：

✓ 前提：在"强化供应链管理"及"开拓新市场"的努力下；

✓ 手段：透过控制资产周转率来降低风险；

✓ 目标：以达成"提升获利能力"。

制定战略目标的注意事项：

·是否充分反映出制定该战略目标之意义？

·是否能够结合公司实际运作状况？

·是否容易让其他人了解？

（2）具因果关系的战略地图：战略地图是指引方向的地图，引领企业朝向愿景迈进，其依战略意向，再通过 SWOT、PESTLE 分析、五力分析等战略分析工具后，才产生战略地图。其可用于战略聚焦，呈现未来"决定要做"的战略要点及各战略目标之因果关系，也可帮助企业了解各战略目标在向达成企业经营愿景的过程中所扮演的角色，如图2-16所示。

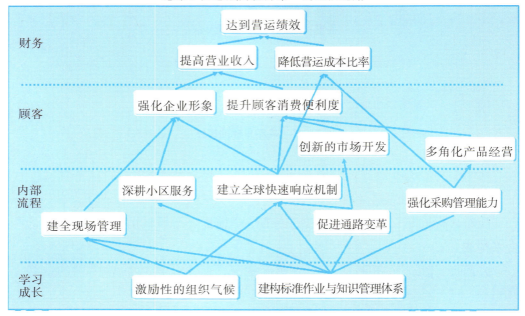

图 2-16 战略地图范例

### 2.4.5 制定具体量化的指标

● What?（是什么？）

KPI 的订定对于企业追求成功具有关键的决定力，KPI 与企业的成功的关系，就好比在医学上健康检查的资料与健康状况。举例来说，要得知一个人的健康状况，医生会藉由测量血压、脉搏、肝功能、尿液或白血球数量等各项目的数值，来判断这个人的健康与否。

● How?（怎么做？）

对于 KPI 的订定于第一章的 1.3.4.2 已有提过，在此部分针对平衡计分卡与 KPI 的订定再做一些补充如下：

平衡计分卡应包含落后指标和领先指标的组合：平衡计分卡着重于企业经营的四个构面的平衡发展，因此其由战略目标所展开的 KPI 也必须包含落后和领先指标。如表 2-6 所示。

# 第 2 章　战略绩效管理

表 2－6　落后和领先绩效衡量指标比较

|  | 落后指标 | 领先指标 |
|---|---|---|
| 定义 | 某时间区段最终点的结果衡量指标，通常为过去的绩效 | 驱动或导致落后绩效成果的衡量指标，通常是衡量中间的流程和活动 |
| 范例 | ·销售金额<br>·市场占有率<br>·员工满意 | ·平均顾客服务时间<br>·营销活动提案<br>·旷职 |
| 优点 | 通常容易定义和取得 | 本质是可预期的，使组织能根据结果进行调整 |
| 议题 | 本质是历史性的，未能反映现今活动，缺乏预言力量 | 很难去辨别和取得；通常是新的衡量指标，在组织内通常没有历史数据数据 |

（1）KPI 的制定应确保足够关键：KPI 由战略目标展开而来，因此制定 KPI 时，应确保 KPI 为承接自战略目标（所衡量之事与战略目标相符）、具衡量之代表性（可按 80/20 原则判断）、客观且具衡量性。避免制定过多指标，将部门日常工作指标或甚至是企业内原来就应该做的基本工作也作为 KPI。可参考表 2－7。

表 2－7　KPI、PI 与 I 的差别

| 类别 | 名词解释 | 意　义 |
|---|---|---|
| KPI | 关键绩效衡量指标（Key Performance Indicator） | ·承接自战略目标<br>·具代表性（80/20 原则）<br>·客观且重要的<br>·具衡量性 |
| PI | 绩效衡量指标（Performance Indicator） | ·日常例行管理<br>·具衡量性 |
| I | 衡量指标（Indicator） | ·拿薪水就该做的事<br>·具衡量性 |

（2）质化指标的衡量：在战略目标展开时，一般都会遇到有难以量化或是衡量的指标，此类指标我们可称为质化指标，这类指标可能没有具体的公式或是可由目前企业系统中的数据进行计算。此时则需要用别的方法对这类指标进行量化的转换。

✓ 专项评鉴：可针对无法量化的指标设计专项评鉴，例如客户满意度、供应商满意度等。

✓ 项目完成进度：例如，某些指标可能需要完成某一个项目，但对于指标的管控不能等到项目完成后才进行（那就将原来要做领先管理的事转成落后指标再进行管理）。这一类指标可利用于第一章的 1.3.5.1 中的 PM 项目管理来量化衡量。利用项目管理的 WBS 将项目的工作分解，让管理者可针对项目中的细项工作任务进行监控，做到能够进行领先及量化的管理。

最后，完成 KPI 的制定后，可与先前的战略定图进行合并，完善企业的战略地图，如图 2-17。

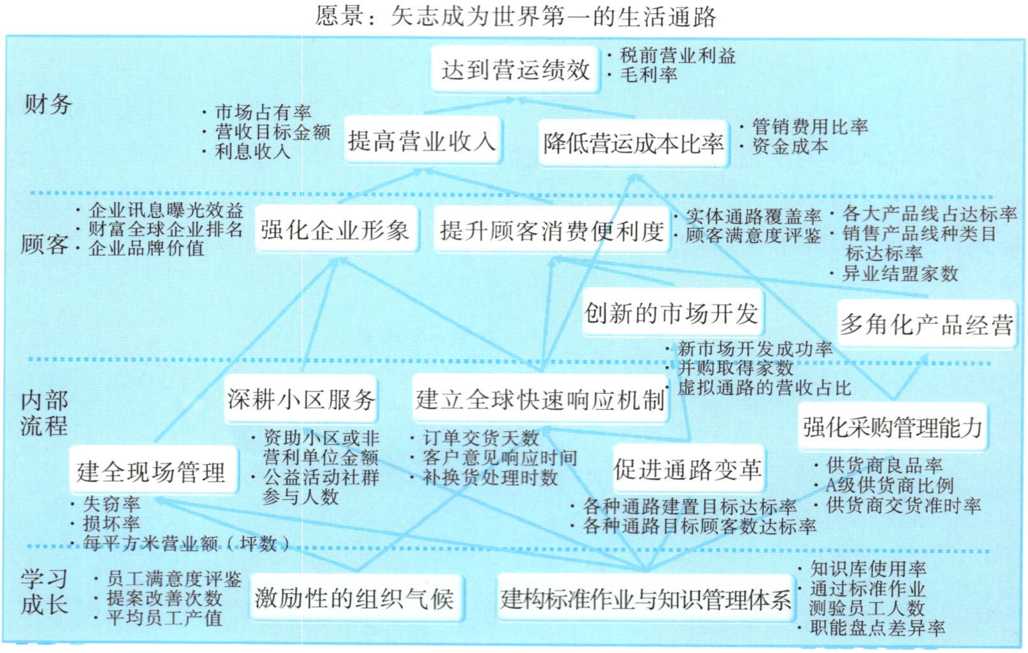

愿景：矢志成为世界第一的生活通路

**财务**
- 达到营运绩效
  - 税前营业利益
  - 毛利率
- 市场占有率
- 营收目标金额
- 利息收入
- 提高营业收入
- 降低营运成本比率
  - 管销费用比率
  - 资金成本

**顾客**
- 企业讯息曝光效益
- 财富全球企业排名
- 企业品牌价值
- 强化企业形象
- 提升顾客消费便利度
  - 实体通路覆盖率
  - 顾客满意度评鉴
  - 各大产品线占达标率
  - 销售产品线种类目标达标率
  - 异业结盟家数

**内部流程**
- 创新的市场开发
  - 新市场开发成功率
  - 并购取得家数
  - 虚拟通路的营收占比
- 多角化产品经营
- 深耕小区服务
  - 资助小区或非营利单位金额
  - 公益活动社群参与人数
- 建立全球快速响应机制
  - 订单交货天数
  - 客户意见响应时间
  - 补换货处理时数
- 强化采购管理能力
  - 供货商良品率
  - A级供货商比例
  - 供货商交货准时率
- 建全现场管理
  - 失窃率
  - 损坏率
  - 每平方米营业额（坪数）
- 促进通路变革
  - 各种通路建置目标达标率
  - 各种通路目标顾客数达标率

**学习成长**
- 员工满意度评鉴
- 提案改善次数
- 平均员工产值
- 激励性的组织气候
- 建构标准作业与知识管理体系
  - 知识库使用率
  - 通过标准作业测验员工人数
  - 职能盘点差异率

图 2-17　战略地图（含 KPI）范例

## 2.4.6　建置例行的管理体系

建立了企业的战略地图与 KPI 后，接着面对的便是对于企业的战略成败占了最大部分的工作：战略的执行。如同第 2 章一开始所提到的，中国企业的战略成败，绝大部分都取决于战略的执行；谁能够做得更好、更快，谁就能最后取得胜利。因此，企业的战略地图与 KPI 形成后，展开企业的具体行动方案及落实平衡计分卡（BSC）的后续日常管理机制即为确保战略执行成效的重点。

#### 2.4.6.1 行动方案展开的逻辑

我们参考一个家喻户晓的《三国演义》中"诸葛亮向曹操借箭"的故事来看 KPI 与行动方案展开的说明。

其 KPI：打造弓箭 10 万支。

行动方案：

✓ 借 20 条船，每条船上派 30 名士兵。船两边扎上 1 000 多个人形草把。

✓ 夜里，江面上起了大雾，灰蒙蒙的，甚么也看不清。诸葛亮叫人把 20 条船一条随着一条往江北岸开去。

✓ 20 条船靠近曹操的水寨。诸葛亮叫船头朝西，船尾朝东，又叫船上的人使劲地敲鼓呐喊……

如图 2－18，诸葛亮必须完成取得 10 万支箭的任务但自己并无足够的资源，因此其行动方案为向曹操要。但是曹操是敌对方，当然是不可能轻易地就出借。因此诸葛亮为了执行这个行动方案达成成果，必须设计一连串的活动来确保其发生，包括一开始需向鲁肃借船、人、束草等（额外资源需求），并且事先了解气候的转变与环境，决定借箭的任务启动时间、参与人员、草船的摆放等（项目管理）；而这么多错综复杂的工作，其中环环相扣，一步皆不可有差错，对于每个作业都要能够精准地执行才可达到最后的目标（流程管理与改善）。

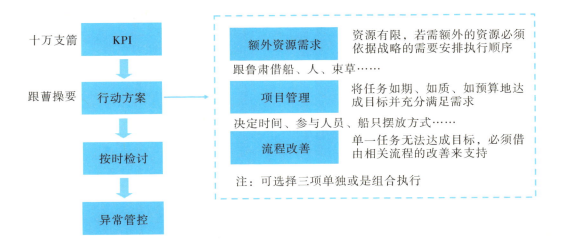

图 2－18 行动方案展开逻辑

## 2.4.6.2 行动方案展开原则

- 应寻找真正的原因，思考相关行动方案，以确保行动方案的有效性；
- 应提出具体可行之行动方案，避免于同一问题上打转，流于形式；
- 若行动方案内容维持以日常例行工作方式进行时，需思考 KPI 目标可否达成；
- 需考虑各行动方案的合理性及可及性；
- 必要时可提出额外资源需求向上呈报申请。

## 2.4.6.3 平衡计分卡（BSC）之日常管理与维护机制

建立起 BSC 的管理架构后，企业需将其纳入其日常管理行为之中，通过不断地检讨改善才能确保企业的战略被执行。而其中主要包括两大内容，即 BSC 绩效检讨以及 BSC 制度的维护与调整。

首先，BSC 绩效检讨。主要包括三个方面：

（1）检视与调整战略地图。

■战略执行成效之检视：

◆ 与前期战略灯号做比较，检讨战略执行状况；

◆ 思考战略之完整性，考虑是否增加或调整战略。

■ 战略因果连结之检视。

■KPI 执行成效之检视：

◆ 检视 KPI 的灯号，并检讨 KPI 执行绩效；

◆ 思考 KPI 之适合性，是否增加或更换 KPI？

（2）检讨 KPI/PI 执行绩效。

（3）审核负责单位之 D 表：

■ 开启该 KPI/PI 之 D 表；

■ 说明原因及长期、短期解决方案；

■ 与会人员共同讨论；

■ 主管裁决或列入后续追踪事项。

其次，BSC 制度之维护与调整。含 6 个部分，即：

（1）绩效管理。

■ KPI 的精简：每半年精简 10% 的 KPI，一年后公司全体 KPI 数目应合理化至 30 个左右。

- KPI 的精准：阶段性妥协的 KPI，应进行升级与精致化，如项目、公式等。
- 警戒值与目标值：至少一季一次。
- 行动方案：视执行成效实时因应调整。

（2）战略管理。

- 战略目标：新增、删减、定义调整。
- 战略地图：因果连结之修正。

（3）管理机制建立与整合。

- 文件表单、签核/作业流程。
- BSC 倡导与沟通管道建立。

（4）制度连结。

- BSC 与绩效考核的连结。
- BSC 与教育训练、职能盘点的连结。
- BSC 与 e 化工具的连结。

（5）战略目标/因果之检讨。

- 外部环境——竞争者的战略。
- 内部环境——公司战略重点执行情形检讨。

（6）KPI 专案/目标值之检讨。

- 皆高于目标值之 KPI。
- 低于警戒值之 KPI。
- 其他 KPI 修正。
- 权重重新检视。

## 2.5 个案探讨

### 2.5.1 金融服务业

#### 2.5.1.1 个案背景

N 公司创始于 2003 年，2010 年 11 月 10 日成功登陆美国纽约证券交易所，是中国内地首家上市的独立财富管理机构。公司实现业务多元化布局,金融服务集团架构基本成型——资产布局 PE 母基金、房地产基金、家族财富管理、N 公司财富布局高端财富管理产品、N 公司正行布局基础财富管理产品、N 公司香港布局海外财富管理产品、N 公司荣耀布局高端保险经纪服务、N 公司融易通布局短期融资服务,总体上具备为中国高净值人士实现全球化、全面资产配置服务的能力。

N 公司总公司在 2012 年引入第三方顾问公司进行战略规划设计,历经一年半时间,公司的组织战略与对应的 KPI 已大致完成,但分公司却反映存在战略无法落地的问题;分公司不知如何承接总部战略,并展开成具体的工作事项;缺乏对理财师的标准管理配套方法,以及理财师的招募与培训制度。

2.5.1.2　导入时程与步骤

图 2-19　N 公司 BSC 导入时程

2.5.1.3　项目执行状况及效益

● 执行状况:

N 公司较特别的地方是其实公司已有相当基础的总公司的战略与 KPI,但对于各个分公司则不知该如何承接推展开来。因此,整个项目的重点在校正原有的 BSC 体系及推导各个分公司的 BSC 架构。而这中间则需由 N 公司的总公司竞争分析、战略意向、战略地图再一步一步往下推展开来(见图 2-20、图 2-21 和图 2-22)。

第 2 章 战略绩效管理

| S | O |
|---|---|
| 1. 团队领袖国际视野，行业理解深刻<br>2. 团队成员具有强烈的事业心和专业度<br>3. 民营经济较活跃，企业主较多<br>4. 产品的创新多样化和品牌认知有一定竞争力<br>5. 本地客户的乡土乡亲观念强<br>6. 队伍复合人才，互补优势明显 | 1. 竞争者中有大批优秀从业人员<br>2. 目标客户潜力大<br>3. 海外资产配置需求大，投融互动需求较大<br>4. 传统行业转型升级对财富管理日益需求<br>5. 理财意识不强，潜力巨大<br>6. 品牌影响大 |
| **W** | **T** |
| 1. 团队年轻，经验少<br>2. 产品比重偏向PE，RE稍大<br>3. 总部区域支持半径较远<br>4. 后台编制不够，无法提供有力业务支撑<br>5. 精英骨干还在储备阶段<br>6. 当地金融人才匮乏 | 1. 中小、第三方机构来势汹汹<br>2. 银行高端客户对银行的信赖与固有的投资理念<br>3. 传统行业不景气，带来对宏观经济的悲观情绪<br>4. 高端客户外迁明显<br>5. 私人银行发展快<br>6. 地方迷信地方银行意识比较强 |

图 2-20　N 公司 SWOT 竞争分析

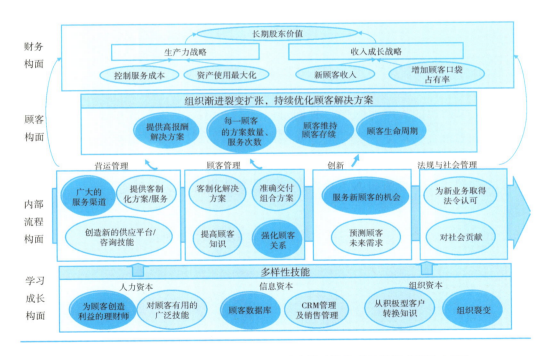

图 2-21　N 公司战略示意图（以组织扩张带动销售成长的战略解决方案）

111

5D 管理地图

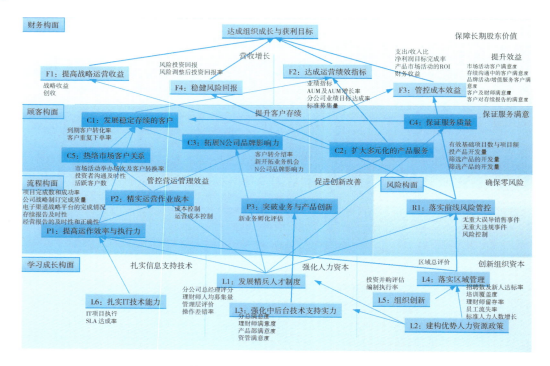

图 2-22 N 公司总公司战略地图

而从总公司的战略地图中，我们可以观察到（见图 2-23 中的深色区块），其战略由两条主线贯穿 N 公司的新年度战略。

（1）以精兵理财师为基础，提高运营效率，强化市场品牌效应。

（2）以组织裂变来抢占成熟市场，发挥最小单元的运作效益。

# 第 2 章 战略绩效管理

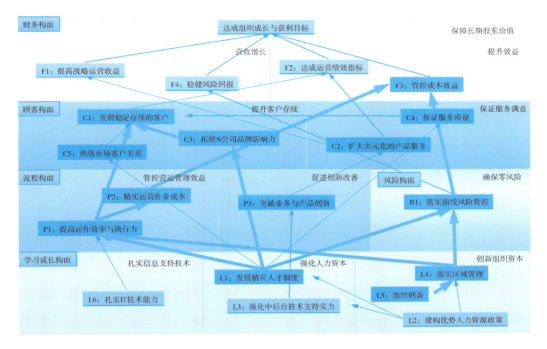

图 2-23 N 公司总公司战略地图（贯穿主线）

分公司则承接总公司战略，依照总公司战略主线发展出分公司之战略重点为：

（1）分公司承接总部战略，以理财师精兵为管理重点。

（2）分公司的地区战略目标，承接此战略主轴，延伸出有关的地区工作重点与衡量指标。

其战略地图如图 2-24 中战略编号如无接续横线符号者（例：F2：达成运营绩效指标），则为承接总公司之战略，如战略编号中有横线符号者（例：F2-1：达成分公司募集量目标）则为分公司承接总公司后发展之战略目标。

图 2-24　N 公司之分公司战略地图（择一）

在项目的推导完成后，N 公司并持续推动，最后在笔者参加其后续的经营管理会议时，其公司创办人兼董事长（项目执行时为整体项目负责人）在会议上向所有一级领导分享整个项目后的观察效益如下：

（1）建立一个总公司战略与分公司战略可以互相承接的管理平台，战略管理语言的一致性空前提高；

（2）公司使用 BSC 手法展开战略，确保分公司战略得以落地，制订有效的行动方案；

（3）提升绩效衡量指标与战略的连结性；

（4）提高分公司对理财师的管理效益，通过销售漏斗与管理周报制度，分公司销售预算准确率大幅提升；

（5）各分公司老总满意度接近百分之百。

## 2.5.2 高新科技制造业

### 2.5.2.1 个案背景

S公司共有四个事业群（欧美区业务群、亚洲区业务群、制造群、行政管理中心）在全球各地共有超过数万人以上的员工。在过去很长时间里，S公司像多数公司一样，每月都要检查各个事业群的财务绩效。每年年底，对实现了预期财务绩效的负责人进行奖励。这使得各事业群成功地取得了连续的短期财务业绩。

但随着全球环境发展及变化的快速，S公司的高层管理人员意识到他们为了获取短期财务业绩而放弃了一些长期成长的机会。公司未来如何发展，应当从哪里寻求突破，如何进入新领域，这些变得越来越不清晰了。S公司成了一家投资回报率很高但发展潜力很小的公司。公司关注支出和预算的偏差，导致工作重心集中在短期和内部经营活动上。因此，公司决定改变绩效评估体系，以便与公司发展战略保持一致。

### 2.5.2.2 导入时程与步骤

图2-25　S公司BSC项目阶段

### 2.5.2.3 项目执行状况及效益

S公司实施平衡计分卡项目，从推动过程到上线升级，不重花俏而只求"务实"。务实的精神从辅导咨询的选择、项目推动只准提前不准落后、身先士卒不打高空、项目动员不得缺席、每日/月检讨不做表面功夫等，使得其整个推动快速发挥成效。

平衡计分卡最大的功用就在聚焦，为了要展开战略地图，企业内部员工会花相当多的时间与精力针对公司的状况进行分析、讨论与沟通，经由这些过程，企业内部就会非常清楚公司的优缺点与强弱处，也可清楚公司的使命与愿景，让大家可以聚焦。

S公司依据不同的产品制定有不同的战略、目标、KPI。目前在内部的推动上，其由项目小组负责人（一线主管层级）每天召开会议检视达成状况，由业务推展情况，主管可以去评量不同产品的绩效状况，并据以进行调整，提出因应方案。在每天召开会议的会议室中，除了运用平衡计分卡体系做各项指标的检视之外，S公司另行制定的平衡计分卡实施管理办法，将每个人的职责、每个KPI的负责人等都制定清楚，内容包括了作业管理流程、绩效管理、信息管理与查核，规范详尽，此外，也将每个人负责的指标与权复位义的非常详尽，内部员工可以从管理办法中了解自己所负责的KPI、权重比率、达成奖惩等，完全依照规章行事，权责奖励一清二楚。

由S公司最终所制定的平衡计分卡实施管理办法也可以看出，其绩效奖酬已连结落实到每个员工，绩效奖金采每个月发放一次，所以绩效考核也是每月一次，非常及时。评核的方式，与战略达成有关的KPI权重定得比较高，此外，部门的支持与自身能力的提升，也都会列入部门绩效考核参考。

此外，在导入的过程中，最难的也是高中阶主管的坚持，导入之后，更应该要当成圭臬来遵守，绝不能轻言放弃，否则，再好的制度若无执行，也将无用武之地。而其最后导入所制定的战略地图与KPI如下：

第 2 章 战略绩效管理

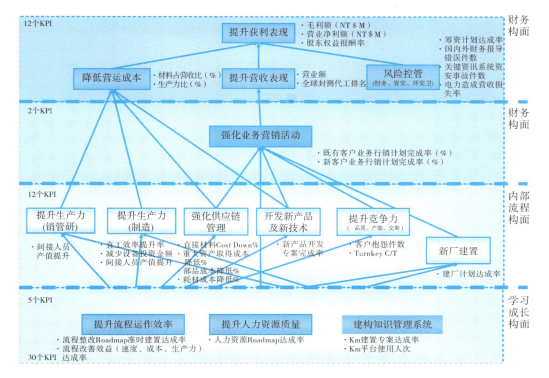

图 2-26　S 公司战略地图与 KPI

另外，特别需提到的是，S 公司由于大部分主管皆为技术背景出生，因此对于数据逻辑验证方面也特别注意，在完成其公司战略地图及 KPI 数据收集后，该公司还利用 BSC 软件针对战略地图上各战略之间的关系进行数据的因果验证。如图 2-27。利用现有的数据及 BSC 软件的数学统计方法去验证在战略地图上所建立的因果关系，可作为重新检视战略地图因果关系之参考依据。如发现软件依照提供数据的验证与规划的不同（认为应该是强相关，但依数据统计发现是弱相关），那么则应该针对战略的 KPI 合理性（KPI 与战略目标的相关程度）、数据真实性、数据收集区间等多面向重新检讨，为完善战略地图提供更科学化的参考依据。

图 2-27　战略地图因果说明——提升获利表现

S公司认为，导入平衡计分卡最大的效益就是聚焦。其在导入平衡计分卡之前，是采用目标管理进行管理，但是，目标管理的问题在于，公司赚钱，也不知道为什么赚钱，没有办法像平衡计分卡这样，可以让企业很清楚地知道，公司要如何赚钱。所以，聚焦是导入平衡计分卡后，让S公司感受最深与最大的效益所在。此外，在各级主管与员工工作方面，很明显的，大家都朝完成与战略连结的绩效方向（指标）努力。通过平衡计分卡的架构展开，公司内从上到下节省许多经营战略的沟通，但是员工仍能清楚地了解需要达成的目标为何，而且这些都是与完成公司经营战略高度相关。避免了过去只专注在短期财务绩效的达成，让集团的整体经营更能看得到长远性。而在导入平衡计分卡之后，可以让大家清楚地知道问题出在哪里，也有很明确的行动方案、聚焦的结果，业务成绩也得到明显的提升。

# 第 3 章　新时代企业流程再造

## 3.1　新时代企业流程再造落地全貌

**大师介绍**

**迈克尔·汉默（Michael Hammer）**
- 美国著名的管理学家，出生于1948年，在麻省理工学院先后获得学士、硕士和博士学位。
- 曾在 IBM 担任软件工程师，麻省理工学院计算机专业教授，以及 Index Consulting 集团的 PRISM 研究负责人。
- 凭借其再造理论及对美国企业的贡献，《商业周刊》称誉汉默博士为"20世纪90年代四位最杰出的管理思想家之一"，1996年《时代》杂志将汉默博士列入"美国25位最具影响力的人"的首选名单。

**核心论点**

20世纪80年代初到90年代，西方发达国家经济经过短暂的复苏后又重新跌入衰退状态，许多规模庞大的公司组织结构臃肿，工作效率低下，难于适应市场环境的变化，出现了"大企业病"的现象。当时迈克尔·哈默与 CSC Index 顾问公司执行长官詹姆斯·钱皮为了改变这种状况，在广泛深入企业调研的基础上提出了企业再造理论。

而现在，很多人基于常识认为，"再造"不过是20世纪90年代初的一股管理界风潮罢了。如世上许多类似的潮流一样短命，被人们风风火火谈论上一阵子之后就会被随意丢弃到墙角，再也无人问津了。如今，当你挑出任何一本自诩为"新经济"指南图书的时候，你都不可避免地会遇到许多对作为"旧经济"思维精华"再造"的长篇累牍的大肆批判。

但事实并不是如此，"再造"并没有过时，而且今天仍然充满生机和活力。实际上，讲到"'再造'又回来了"可能容易产生一些误导，因为事实上它从来没有离开过。我们放眼望去，当今的企业界中许多企业都在竭力通过"再造"方法来实现大多数部门的转型。无论是订单完成、产品制造、企业采购还是客户服务，这些领域的经营状况在几年前还得不到人们的任何注意，但现在它们都是企业的主要经营领域。

| | | | | |
|---|---|---|---|---|
| 目标 | BPM(As-Is)<br>流程管理目标解析 | | BPR (To-Be)<br>流程再造目标设定 | |
| 步骤 | 1. 流程梳理 | 2. 流程管理 | 1. 流程分析 | 2. 流程再造与优化 |
| 内容与工具 | 1.1 流程管理概论<br>1.2 流程再造概论<br>1.3 流程盘点观念与手法<br>•流程定义表<br>•流程盘点表单 | 2.1 标准化流程建立准则<br>•ISO标准<br>•APQC PCF<br>•中国移动流程框架体系<br>•其他<br>2.2 构建流程模型<br>•流程显形化（流程图） | 1.1 公司流程价值判断<br>•流程价值矩阵<br>1.2流程指标设计和Benchmarking<br>1.3 单一流程优化的分析方法<br>•TOC（限制理论）<br>•作业活动附加价值的判断<br>•ABCM（作业基础成本分析） | 2.1 流程再造的原则和重要性<br>2.2 流程再造过程<br>•优化检核表<br>2.3 流程管理e化 |

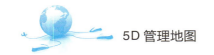

**图 3－1　新时代的企业流程再造展开架构**

## 3.2　企业流程再造概论

企业流程再造（Business Process Reengineering，BPR）的前身，来自于 1911 年泰勒的科学管理原理（Taylor's Scientific Management），当时由于美国工业正逢兴盛之期，因此对于工厂的生产效率格外重视，泰勒针对工厂作业员的工作研究、动线分析结果，提出流程的科学化管理思维，主要精神在于以科学方法找寻各种工作最佳的作业方式，解决生产在线的效率问题，并以此作法甄选、训练和激励员工，建立科学的管理制度。

泰勒自生产在线研究最优秀工人的动作与所需时间，然后以此为标准，训练其他工人，进而建立管理系统；他导入休息制度，让工人在一天工作中能有喘息的机会，并认为效率较高的劳工，应该赋予较高的薪资，鼓励工作超越自己过去的绩效表现，泰勒的管理哲学可归纳出四点原则：

（1）发展真正的科学管理，并以此找出工作的最佳方法；

（2）以科学方式甄选员工，使每位员工都能适得其职，并拥有相当的责任；

（3）以科学方式教育和提供员工发展机会；

（4）管理阶层和劳工之间应紧密友善地合作。

泰勒的做法着实使生产力得以提高，奠定了日后工厂内作业管理的基础，也为他博得了"科学管理之父"的名声。

而"企业流程再造"的正式出现是在 20 世纪 90 年代,由美国麻省理工学院迈克尔·汉默(Michael Hammer)教授和 CSC 管理顾问公司的董事长詹姆斯·钱辟(James Champy)所提出,其定义为对企业的业务流程进行"根本性"的再思考和"彻底性"的再设计,从而使企业在成本、质量、服务和速度等方面获得进一步的改善。

正如迈克尔·汉默(Michael Hammer)所说:"企业的竞争优势不仅来自于战略,更来自于能实现战略的流程执行力!"他在 90 年代所创立的概念,今日已是企业皆知的重要管理观念,也是企业保有竞争力的关键之一。

### 3.2.1 流程是什么?

流程管理大师迈可尔·汉默(Michael Hammer)曾阐述流程的意义:"流程是透过执行一连串的活动,将投入的资源转化成具有客户价值的产出。"

图 3-2 说明了流程在企业运营里面所扮演的角色。而在 Hammer 对于流程的定义中,提及了一个重点,就是流程的产出必须具有客户价值!而这也是企业流程存在的意义与目的:透过加值作业,将投入转换成具有"客户价值"的产出。

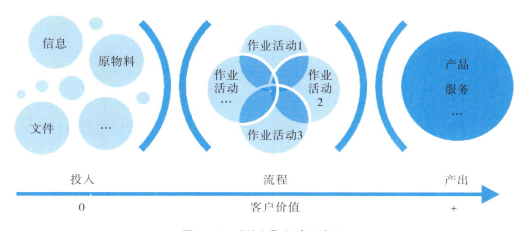

图 3-2 "流程"概念示意图

另外,所谓的流程亦具备两个要素:首先要考虑流程工作的合理性,即工作顺序是否符合逻辑;其次就是要考虑实体作业的可行性,也就是工作程序在

现实上是否可被操作。

因此，我们可以归纳出，流程应具备三个要素，即流程本身"作业顺序的逻辑性""实体的可运作性"以及"创造客户价值"。

一般而言，企业流程主要区分为四种流程，即决策流程、管理流程、价值作业流程以及支持作业流程，以下简要说明四种流程的含义：

（1）决策流程。

决策流程是指企业的高层经营团队拟定企业未来运营目标、经营方向以及竞争战略等高层决策的过程活动。常见的决策流程产出包括企业未来3～5年的愿景、市场定位、营业目标与战略计划等。决策流程在企业的运营机制上，扮演着火车头的角色，企业后续的管理流程、价值作业流程及支持作业流程都是依据企业高层决策流程的产出去加以阐述与落实。

（2）管理流程。

管理流程是企业在运营上，管理者负责传递、贯彻与实现企业愿景的过程活动。常见的管理流程包括运营监督机制的运行、沟通管理会议的主导、市场经营、风险控管以及危机处理等流程。

管理流程在企业的运营机制上，扮演着实践目标的角色；一方面企业通过管理流程将企业的运营目标与战略，传递并落实至企业的每一个单位与个人，进而监督并实践企业所赋予每个人的任务并达成目标；另一方面，企业可以通过管理流程的运作，获得企业内部同仁与外部价值链伙伴们的意见与回馈，并且在第一时间做出适当的反应，进而做好风险管理与运营战略校准。

（3）价值作业流程。

价值作业流程是企业在运营上，主要为企业创造价值与利润的工作流程。企业通过价值作业流程，将投入的资源转化成具有更高附加价值的产品或服务。

对企业内部而言，通过价值作业流程的执行来创造高于运营成本的价值，也就是企业的利润来源；换言之，企业透过价值作业流程所产出的产品或服务因为具备更高的附加价值，因此外部顾客愿意消费采买。常见的价值作业流程包括订单处理、产品开发设计、生产制造以及业务营销流程等。

价值工作流程通常与企业的营收与利润创造有直接的因果关系，为企业创造竞争优势。

（4）支持作业流程。

## 第3章 新时代企业流程再造

支持作业流程是企业在日常运营上,为了实践价值作业流程以及管理流程所不可或缺的后勤支持流程。

支持作业流程有如价值作业流程与管理流程的支架,虽然与这两个流程没有直接的先后或因果关系,但是若缺乏支持作业流程,企业的其他工作流程是绝对无法实行的。常见的支持作业流程包括信息作业软件维护、人事制度运作以及财务会计整理等。

图3-3则说明了企业四种流程彼此之间的关连性:企业的决策流程贯彻执行至其他的三个流程,而每一个在下方的流程,也支持并回馈给其上方的企业流程。一般而言,企业可能因为所属的产业以及所提供的产品与服务的不同,而对于每个企业流程的定义与内容会有所不同。

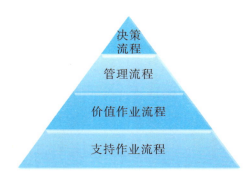

图3-3 企业四种流程之关联性

举例来说,对于知识密集产业来说,企业的"征才育才制度"可能是通过企业的决策流程来直接拟定,但是对于劳力密集产业而言,企业的"征才育才制度"则仍然属于企业的支持作业流程当中的一环。

### 3.2.2 企业流程再造的重要性

相较于业界流行各种管理手法、概念,读者可能会感到困惑:"为何要做BPR,为何不是优先执行其他的管理制度,如BSC(平衡计分卡)、6-Sigma等等,而且管理技术种类众多,会不会只是一时的风潮与流行?等到过一段时间之后热潮就退了?"

近代西方引进的管理制度相当多,来来去去不断更新的手法与观念,不知要追随哪一种制度才是正确而有益的。其实，不论是改善手法或是管理制度，技术本身都是希望致使企业获益的，重点是企业经营者必须要确实了解各种技术/制度的适用产业背景、该技术/制度所需耗费的资源，以及可能带来的效益等。搜集足够的背景信息，经营者才能做出好的决策，判断该做出何种改变、导入何种制度。

BPR 的概念会不会也是一时的风潮而已？什么样的企业需要导入 BPR 呢？笔者可以肯定地回答："流程再造的风潮，必定会持续地循环与扩大，而且是不论何种产业都需要面对的课题！"为什么？以下笔者用最简单、朴实的描述来解释说明。

企业基于某些原因与需求，制定了符合当下的规则与流程，而我们一直遵循这些规则与流程；然而，时间不曾停止前进，产业环境与各种条件也不断改变，但我们的规则与流程却只能满足"旧的"需求。更糟的是，我们仍然持续遵循着！譬如：在过去还没有互联网的时代到现在互联网的发达而发展出电子商务、行动商务、云端、物联网……而这当中的改变已经不只是单纯的产品或服务的需求改变，而是整个行业或是经营模式的改变，而我们必须因应这个改变的事实，流程自然也需要改变！

### 3.2.3 企业流程再造成功关键

企业要再造成功，就必须有新观念、新方法，要成功再造流程，以下五点关键准则是必须要遵循的：

（1）永远要从顾客之角度出发，之后再回归组织内部作业。

企业流程存在的唯一目的，就是创造满意的顾客，除此之外，没有其他存在的理由。因此，流程再造核心，就是要以满足顾客需求为目标，重新配置公司资源。

从内部的观点来看，要激起员工对再造计划的热情，最好的方法就是制定远大的目标，这种目标可以激发挑战组织的潜力。除非以公司的愿景来激励员工，否则他们不会放弃熟悉的作业流程，采用再造的流程。

（2）要迅速地行动。

流程再造的过程是相当戏剧化而激进的，不能缓慢或从容地进行，必须迅速、果断，否则内部的阻力将会压制、阻碍组织推动再造。

流程再造必须迅速执行，愈快愈好。以笔者的经验，企业流程再造项目机会窗口通常只开启一年，过了这个时间，成功的机率便开始大幅下降。

（3）了解风险、容忍风险。

任何变革而导致之进步都带有风险。因此，进行流程再造时，不喜爱冒险的员工会变得无所适从，感觉自己的个人权力被剥夺。

以笔者的经验，要消除组织内部对改革之恐惧，最重要的方法就是用戏剧性的手法让他们知道，固守现况是风险最大的做法。如果员工都相信，"一切照旧"大概就意味很快就要丢掉饭碗的话，他们肯定会胃口大开，贪心地想尝试新事物。

（4）容忍过程中所出现的瑕疵。

没有任何流程再造计划一出炉就是完美无瑕的。流程再造一定是反复尝试的过程，重点不是避免错误，而是从错误中记取教训，继续前进。

（5）不要太早喊停。

许多组织一看到成功的第一个征兆，就欢欣地中止流程再造。另外，有更多的组织一发现"可能会遇到麻烦"就急着叫停。这两种做法都会对组织的长期成功造成伤害。切记，要能坚持、有耐心，才会有真正的突破。

综上，要成功导入流程再造，意味着企业必须舍弃过去经营中所有的假设及传统，进而发展出一个以流程为中心的新组织，才能创造三级跳的经营绩效！

### 3.2.4 企业战略绩效管理与流程再造的综效

借由在第二章所提到的战略绩效管理工具（平衡计分卡）的运用所制定出的企业战略目标，流程再造的标的可更加明确，而再造的目标与效益也将更明确，符合企业运营方向，换句话说，流程与战略将更加一致，作业的执行方向则更为聚焦，带领企业达成愿景。（如图3-4、图3-5）

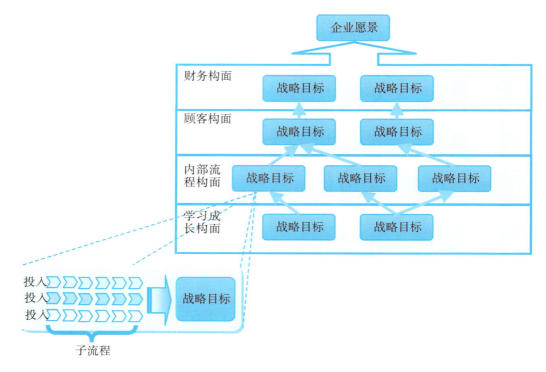

图 3-4 流程再造目标与战略目标的结合

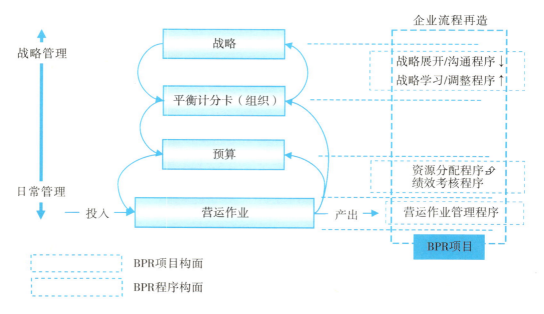

图 3-5 企业流程再造与平衡计分卡的串连

## 3.3 企业流程再造落地参考方法及工具

企业流程再造的规划与实施并非一蹴而就的工作，从事前的数据准备、项目倡导，到执行阶段中所需的专业分析技巧、再造手法，以及后期的效益评估、项目宣告布达与后续追踪管理等，无一不是需要专业的人才与丰富的管理经验。

笔者在过去的咨询经验中，有不少客户曾经试图靠内部的资源来导入流程再造项目，但因为流程经验的不足，人力投入的时间也有限，最后在投入大量资源后仍是不了了之，或得不到预期效益而宣告失败。因此笔者在本篇文章将根据过去成功的咨询经验，介绍如何导入一个好的流程再造咨询项目，将完整的步骤与注意事项拆解说明，供读者参考（见图3-6）。

| 目标 | BPM（As-Is） | | BPR（To-Be） | |
|---|---|---|---|---|
| | 流程管理目标解析 | | 流程再造目标设定 | |
| 步骤 | 1.流程梳理 | 2.流程管理 | 1.流程分析 | 2.流程再造与优化 |

图3-6 企业流程再造展开步骤

### 3.3.1 流程管理 BPM（As-Is）

有一句经典名言是这样说的："你无法管理你无法衡量的事物。"（You can't manage what you don't measure.）就如同一个人想要有健康的身体，那么他一定得先知道自己身体的各种指标，譬如身高、体重、体脂率、腰围、基础代谢率、骨含量、水含量、BMI等。而了解这么多的相关指标，其实最终的目的就是通过这些指标的数字来了解自己身体的目前情况，再有办法进一步思考该进行什么行动来强化自己的体魄。

而在进行企业流程改造的工作也是如此，企业必须先了解企业内目前流程执行的现况，才有办法依据现况规划实际的改造方向。

#### 3.3.1.1 流程梳理

● What?（是什么?）

■ 流程范围：

在准备进行流程的盘点之前，我们必须先思考如何决定"单一流程"的起点与终点？一般来说，一个单一流程的范围界定原则有以下两个：

（1）流程内应包含不同功能性之作业活动（Cross Function）；

（2）输入与产出之物品/信息产生改变（Status Change）。

而实际上，一般企业内都会已经有制定的基础流程框架，因此实际在进行盘点工作的开始时，并非真的就要读者从所有流程中一个一个地去定义。

■ 流程的四大特性：

（1）目标性。

流程是为完成某一任务而设置的，然而一件事情会因所处位置不同，看问题角度不同而有不同流程，以下的例子是一家提供地区电话服务的公司，对于用户电话的维修，公司曾经采用过两种流程，一是站在公司角度，另一是站在客户的角度，其流程如图 3-7。

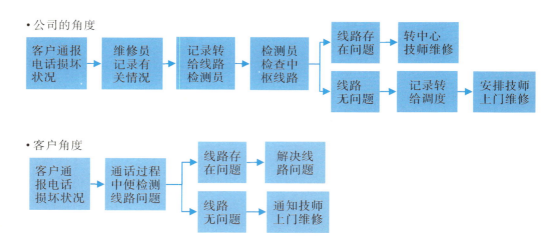

图 3-7 目标不同的两个流程示意图

（2）整体性。

一个流程至少由两个活动所组成，且要以一定的方式连结。并且流程是有边界的，有起点也有终点，边界以外定义为流程的环境，有输入和输出两种。

（3）层次性。

流程是通过多种活动的投入从而产出一定的成果，是一个投入-产出系统，具有系统的层次特性。如图3-8。

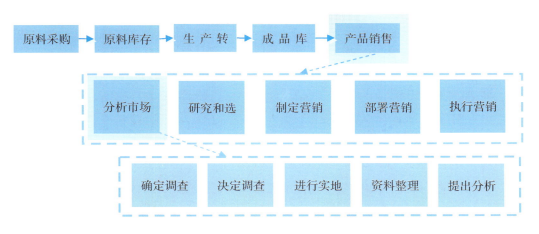

图3-8 流程的层次

（4）结构性。

组成流程的各项活动间相互联系与作用的方式，可分为串联、并联及反馈结构。

➢ 串联：流程中的两个活动先后发生，需前面一个活动完成后，下一个活动才能开始。如：如采购管理的供货商选择（制订采购计划、签定采购合约）。

➢ 并联：流程中的两个活动同时进行、彼此独立，它们共同对输出产生直接影响。如新产品投入市场的过程中，产品的制造与广告活动，其中广告不需要商品的实体，也无需制造活动的信息。

➢ 反馈：相互输出、输入，即前一活动的输出为后一活动的输入，而后一活动的输出又为前一活动的输入，如图3-9。

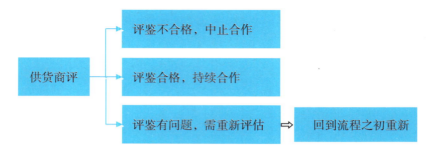

图 3-9　供应商评鉴的三种结果

■ 流程盘点 5W：

（1）什么是流程盘点？

彻底检视企业内所有执行流程。

（2）为何需要流程盘点？

整理出现有流程、找出重复/遗漏的流程厘清已存在的文件编码、划分问题。

（3）何时需要流程盘点？

视企业文件备齐度。

（4）什么样的企业需要执行流程盘点？

流程导向型组织/企业（Process-Oriented Organization）。

（5）盘点的信息要从哪里取得？

文件管理中心、流程盘点问卷、ISO QMS、ISO/TS 16949、内部控制文件/内控循环、自订流程文件、不成文内规。

● How?（怎么做？）

每一家公司的流程不尽相同（或有很大的差别），以下以一实际例子来看其操作的方式。

■ **流程盘点数据来源**：在进行流程梳理前，首先一定需先了解企业内目前流程所有的来源状况，如表 3-1。

# 第3章 新时代企业流程再造

表3-1 流程盘点数据来源

| 循环别 | 文件类别 | 1.内控品保组织手册 | 2.程序书 | 3.指导书 | 4.表单 | 总计 |
|---|---|---|---|---|---|---|
| 标准规范文件（DCC） | 1.销货及收款循环 | | 16 | 39 | 152 | 207 |
| | 2.采购及付款循环 | | 31 | 112 | 130 | 273 |
| | 3.生产循环 | | 250 | 3307 | 4046 | 7603 |
| | 4.薪工循环 | | 65 | 16 | 195 | 276 |
| | 5.融资循环 | | 1 | | | 1 |
| | 6.资产循环 | | 8 | 9 | 10 | 27 |
| | 7.投资循环 | | 1 | | | 1 |
| | 8.研发循环 | | 33 | 66 | 405 | 504 |
| | 9.计算机化信息管理 | | 23 | 17 | 53 | 93 |
| | 10.财务及会计管理作业 | | 28 | 18 | 60 | 106 |
| | 其他 | 23 | 25 | 2 | 59 | 109 |
| | 总计 | 23 | 481 | 3586 | 5110 | 9200 |
| | 问卷调查分类 | | 1 | 86 | | 87 |

■ 流程分类：在收集到公司的所有流程来源后，则先要针对所有流程进行分类，如表3-2和表3-3。

表3-2 流程分类结果—营运流程清单（节选）

| 营运流程 | | | | |
|---|---|---|---|---|
| 发展愿景与战略 | 设计产品与服务 | 市场营销与销售 | 运送产品与服务 | 管理顾客服务 |
| 发展企业愿景与战略目标作业 | 新产品开发概念与计划作业 | 新产品营销作业 市场营销作业 | 生产计划作业 | 顾客满意度衡量作业 |
| | 新产品/产品优化之量试作业 | 客户报价作业 | 采购作业 | |
| | 产品原形开发作业 | 客户订单处理作业 | 制造管理 | |
| | 优化既有产品作业 | | 生产排程作业 | |
| | 图面管理作业 | | 请购作业 | |
| | | | 验收作业 | |

（续上表）

| | 营运流程 |
|---|---|
| | 进货退出（折让）作业 |
| | 存货管理 |
| | 出货作业 |

表3-3 流程分类结果—管理及支持流程（节选）

| 管理及支持流程 | | | | | | |
|---|---|---|---|---|---|---|
| 发展与管理人力资本 | 信息技术管理 | 管理财务资源 | 取得、建构及管理资产 | 环安卫管理 | 管理外部公众关系 | 管理知识、改善与变革 |
| 人力需求计划作业 | 管理信息服务作业 | 财务资源管理作业 | 资产管理作业 | 污染防治作业 | 政府、主管机关与公共关系之管理作业 | 组织绩效衡量作业 |
| 人员绩效、奖惩及升迁作业 | 信息咨询之规划及管理作业 | 收款作业 | | 紧急应变措施作业 | 法规遵循作业 | TQM导入作业 |
| 教育训练计划作业 | 管理信息及储存与取用作业 | 财务处理及会计交易作业 | | 环境信息系统管理作业 | 利害关系人沟通作业 | |
| 员工福利计划 | 系统安全与控制作业 | 内部稽核作业 | | | 法律及企业伦理管理作业 | |
| 劳资关系管理计划 | | 税务处理作业 | | | | |
| 人力资源信息系统发展计划 | | 开立发票作业 | | | | |
| | | 账单寄发作业 | | | | |
| | | 应收账款立账作业 | | | | |

■ 流程问题分类：可参考表3-4，我们需将目前公司内部流程执行的问题

列出，并进行初步的分类作为未来流程改善及再造的参考。

表3-4 盘点结果问题分类

| 问题 | 发现文件总数 |
| --- | --- |
| 1. 程序书内容掺杂工作指导书 | 12 |
| 2. 程序书内容是工作指导书但被归为程序书 | 10 |
| 3. 程序书编号尚未依内控循环归类 | 4 |
| 4. 程序书编码归类错误 | 1 |
| 5. 参考文件编号已被变更或失效 | 21 |
| 6. 本文与流程图所参考的文件不一致 | 14 |
| 7. 本文或流程图不完整 | 35 |
| 8. 一份程序书包含多个流程 | 30 |
| 9. 流程重复 | 3 |
| 总计 | 130 |

### 3.3.1.2 流程管理

● What？（是什么？）

一个企业里的流程一定会有很多很杂的规范各种运营活动的作业，经过前面一个阶段的流程盘点后，企业对于自己内部流程的了解也会更清楚明白，但是企业又如何知道我们的流程在支持我们的运营上是足够的？或许有一些流程一直是我们所缺漏的，但是我们一直也没认识到应该有这一类的流程，那么只是通过盘点现况的流程是无法发现这一类的问题的，因此就必需有一套标准化流程准则供企业的运营遵循参考。再进一步建立企业的流程模型，成为进一步发展流程再造的基础，如图3-10。

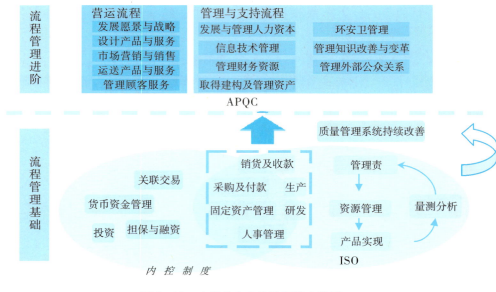

图3-10 完整的企业的流程管理模型

- How?（怎么做?）
- ■ 建立标准化流程准则：

为了能够让读者对企业流程有更全面的认识，我们以美国生产力暨质量中心（American Productivity and Quality Center，APQC）制定的流程分类系统框架为例来进行后续的探讨。这个分类系统的订定是由APQC通过进行超过4000家的企业研究而制定，是持续不断更新的一个具备企业实用性及符合现代企业经营需求的分类系统。它主要是以12项主流程分类界定出企业所有活动，其中可分为两大类别（见图3-11）：

（1）营运流程（Operating Process）：其中包含5个子流程；

（2）管理及支持流程（Management & Support Process）：其中包含7个子流程。

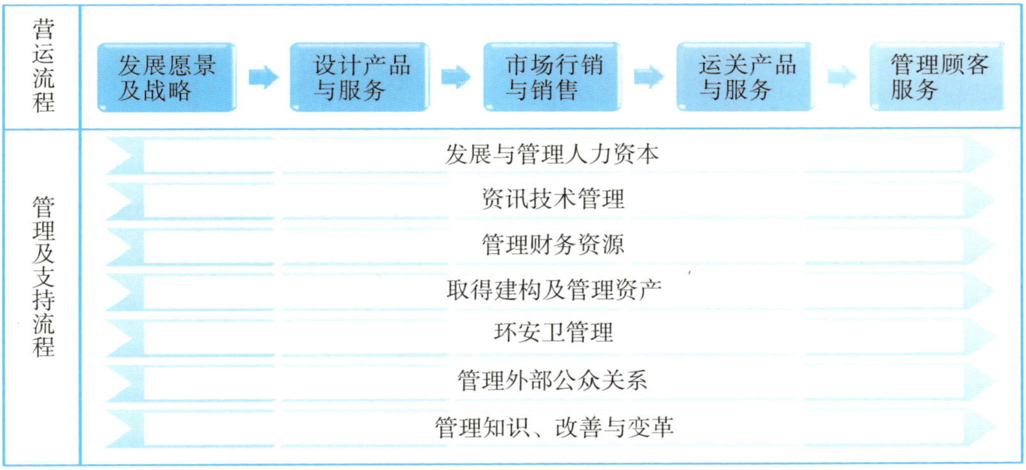

# 第3章 新时代企业流程再造

|营运流程| 发展愿景及战略 → 设计产品与服务 → 市场行销与销售 → 运关产品与服务 → 管理顾客服务 |
|---|---|
|管理及支持流程| 发展与管理人力资本<br>资讯技术管理<br>管理财务资源<br>取得建构及管理资产<br>环安卫管理<br>管理外部公众关系<br>管理知识、改善与变革 |

图 3-11　APQC 流程分类系统全览图

通过 APQC 的流程分类架构，可以为企业提供广泛性、一般性的分类参考，企业可用于帮助针对现行内部运作流程的分类架构，但并非所有企业内使用的流程名称皆有完全相符之项目，因此在进行分类时，大致可依以下几个方向进行：

（1）应以程序书之"目的"与"作业流程内容"作为优先判断依据。

（2）若从 12 项 APQC 主流程中，无法立即判断归类项目，则从较有可能的主流程中，往下辨识各个次流程是否有类似者，并以此为分类依据。

（3）若企业现有文件之作业内容，横跨两个 APQC 架构主流程，则以其比重大者为分类方向。

■ **建置企业流程模型：**

了解了企业流程的框架后，则应该建立企业本身的流程模型，其用意如下：

（1）增加对流程的了解。

（2）厘清组织流程界线、权责关系。

（3）明确流程的前后承接顺序。

（4）有助于找出核心流程、瓶颈流程与改善机会。

（5）分辨营运流程、管理及支持流程与客户、供货商之间的关联性。

**企业流程模型的阶层性与管理特性：** 企业内一定会有大大小小数不清的流程，除了需先进行初步的分类系统进行分类盘点外，另外在企业内的各个流程间也有其不同的功能与目的，针对此，企业内也需对其进行分类与管理，在

135

APQC 的分类中，对于流程执行的阶层关系会将其分成 3 个类别，如图 3-12。

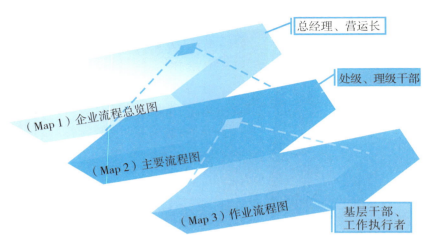

图 3-12　企业流程模型的阶层性与管理特性

Map 1（企业流程总览图，Business Process Map）：利用 APQC 的流程分类系统，列出营运流程与支持、管理流程之间的关系，并将流程关系延伸至供货商与客户端，成为具价值链关系的企业流程总览图。其精神在于使企业内外部运作流程显形化，不局限于使用 APQC 分类系统，其他如 ISO/TS 16949：2002，内控九大循环等分类制度皆可套用。即为企业内/外部主要流程总览，应该等于下一阶层 Map 2 的总和，见图 3-13。

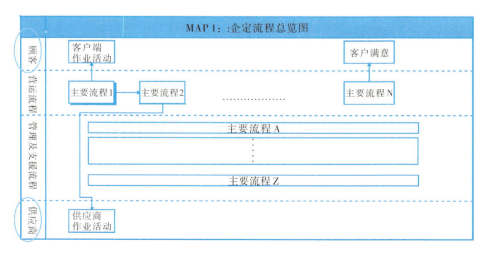

图 3-13　企业流程模型组成示意图——MAP 1

## 第3章 新时代企业流程再造

Map 2（主要流程图，Primary Process Map）：针对企业流程总览图中的单一主流程，追踪它在执行时所需要涵盖的部门、组织或参与者，以及执行时各流程间的关系。即为作业程序间的关联图，应该等于下一阶层 Map 1 的总和，见图 3-14。

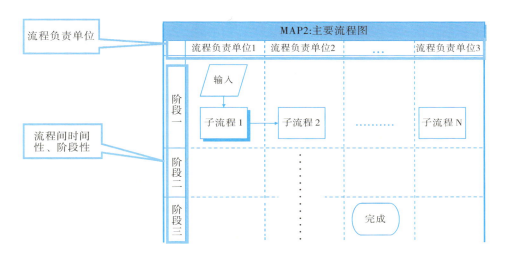

图 3-14　企业流程模型组成示意图 – MAP 2

Map 3（作业流程图，Process Map）：延伸自主要流程图，作业流程图是构成企业营运的基本作业程序，是进行流程分析改善的基础元素。即为作业程序书，应该等于所有作业活动和其他细部子流程的和，见图 3-15。

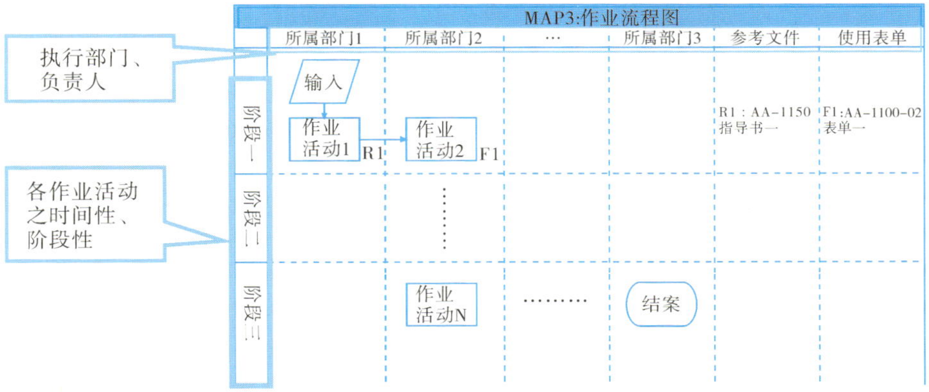

图 3-15　企业流程模型组成示意图——MAP 3

137

## 5D 管理地图

最终企业流程模型组成见图 3-16，这才是一完整的企业流程模型。

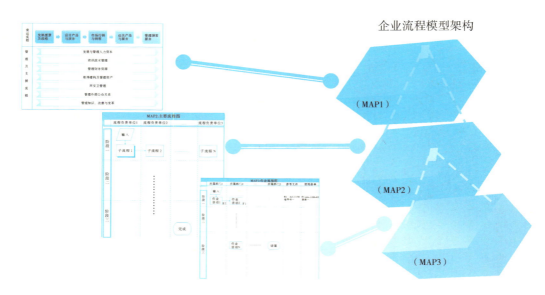

图 3-16　企业流程模型组成

### ■ 流程图

流程图是一种充满逻辑的模式化表现方式，除了可让人轻易了解"流程如何执行"之外，还可协助我们辨识作业活动的瓶颈与问题，消除因文字描述所可能造成的语意误解与混淆等问题。学习如何绘制标准流程图是进行企业流程改造的一门重要课题，可见表 3-5。

表 3-5　流程图五大功能

| 序号 | 功能 | 说明 |
| --- | --- | --- |
| 1 | 沟通 | ● 大量且复杂的信息，翻译为可快速了解的知识<br>● 组织内部/外部的管理与讨论 |
| 2 | 描述 | ● 拟定决策时各层级/权责的分工<br>● 各功能单位的相互关系 |
| 3 | 建立 | ● 各职务角色的职责<br>● 流程改善启动的基础 |

（续上表）

| 序号 | 功能 | 说明 |
|---|---|---|
| 4 | 定义 | ● 表单、报告文件（谁要准备每份报告？谁使用这些报告？这些报告的可用期间？）<br>● 基本系统需求<br>● 内部控制稽核点<br>● 流程中的存在风险<br>● 作业瓶颈与弱势 |
| 5 | 支持 | ● KPI 的发展与制定 |

（1）绘制流程图基本原则：

➢ 每一项作业流程以"动词"开始描述

➢ 流程图的主要走向由左至右，由上至下

注：①决策点的分流可不受此限制。②例外流程可透过"连接点"的使用，避免破坏此原则。

➢ 建立组织中各单位的标准名称，使用横向字段来定义各功能单位需负责的任务

➢ 流程图中的图件应该为同样尺寸大小

➢ 绘制流程图之目的为呈现现状，并非开始进行流程再造。故各流程流向绘制应以文件现状为准

注：①在绘制过程中，请另外记录任何流程改造之创意或见解，以供后续参酌。②忠实呈现现状，是为将来的改善活动奠基。③常用流程图基本图件，如图3-17所示。

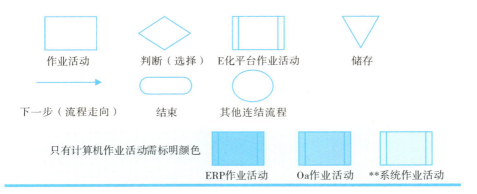

图3-17  常用流程图基本图件

（2）绘制流程图常见错误：
➢ 符号使用不一致（起始/程序/文件/决策）
➢ 以文件代替程序，连结下一个程序
➢ 决策点缺乏是与否两种不同的结果
➢ 未区分是"谁"来执行
➢ 执行顺序不顺畅或不连贯

最后如读者在进行流程图的绘制工作时，应依据目的设定流程图呈现方式，并避免使用复杂的图形及过多的动线交错（使交错次数降到最低），让各个作业图形能够工整表现，最后也需利用字形、字体、颜色等一并整理进行最清楚的展示。流程图范例可见图3-18和图3-19。

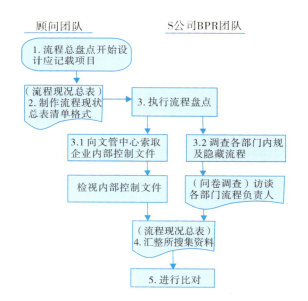

图3-18　流程图范例1/2

# 第3章 新时代企业流程再造

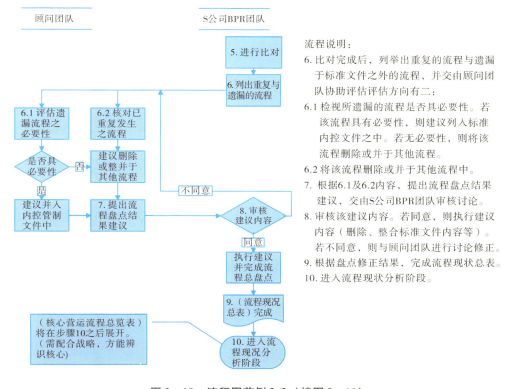

图 3-19 流程图范例 2/2（接图 3-18）

## 3.3.2 流程再造 BPR（To-Be）

### 3.3.2.1 流程分析

● What?（是什么？）

一般来说，企业流程可分为核心与非核心两类，流程是否为核心，是相对的而非绝对的，例如"运营流程"相对于"管理流程"就较为接近核心；然而，运营流程中又可细分为"核心运营流程"与"非核心运营流程"，管理流程同样也可区分出"核心管理流程"与"非核心管理流程"。因此，除了企业流程的大架构之外，我们还需要更多"判断流程是否接近核心"的辨识方式。

## 5D 管理地图

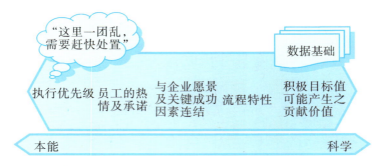

图 3-20　如何判断核心流程？

● How?（怎么做？）

对于"判断流程是否接近核心"的工作，企业应该在众多错综复杂的流程中利用科学的方法进行评估判断，笔者积累多年的项目经验，利用"具执行必要性"与"具附加价值"两大特性，来作为判断流程趋于企业核心的主轴，而这两大主轴各可衍生出数个符合企业特性的辨识项目，建构了客制化的流程价值衡量矩阵（如图 3-21、表 3-6 和表 3-7）。

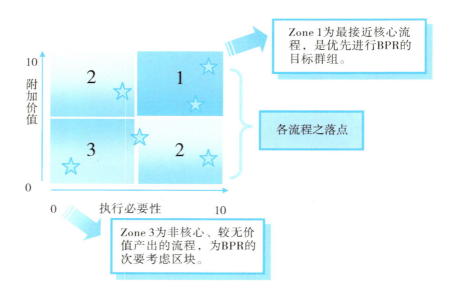

图 3-21　流程价值衡量矩阵

第 3 章　新时代企业流程再造

表 3-6　价值矩阵衡量项目展开——附加价值（范例）

| | 给分 | 衡量项目 |
|---|---|---|
| 附加价值 | 给分 | 1. 与策略性绩效指标（KPI）有直接相关 |
| | 0 | 该流程之执行成效与策略性绩效指标（KPI）没有关系，亦不提供与 KPI 相关之数据 |
| | 1 | 该流程之执行成效与策略性绩效指标（KPI）虽无直接关系，但将提供与 KPI 相关之数据 |
| | 2 | 流程执行成效的改善，将会直接提升策略性绩效指标（KPI）的绩效表现 |
| | 给分 | 2. 对客户满意度有直接的影响 |
| | 0 | 客户完全不会参与该流程，或该流程的执行成效与客户无关，或目前没有客户的抱怨与此流程有关 |
| | 1 | 客户会参与该流程当中某一部分的作业，或客户能够间接感受到流程执行的成效，或目前有少数的客户抱怨与此流程有关 |
| | 2 | 客户会参与该流程当中绝大部分的作业，或流程质量与效率的改善能够有效提升客户满意度，或目前大部分的客户抱怨与此流程有关 |
| | 给分 | 3. 对营收的成长有直接的影响 |
| | 0 | 该流程的执行与流程作业的信息，与客户关系管理、市场分析或营销策略均无相关 |
| | 1 | 该流程作业信息的汇整，可以作为客户关系管理、市场分析或营销策略的参考依据 |
| | 2 | 该流程执行成效的提升，可以有效提高成交比例、开发潜在客户或提升收款进度 |
| | 给分 | 4. 对成本的精简占较高的比重 |
| | 0 | 累计投入作业时间约在 1~2 个工作天，或工作量平均仅须 1~2 人即可完成，或目前几乎没有错误重制的情况 |
| | 1 | 累计投入作业时间约为 3~5 个工作天，或工作量平均须 3~5 人同时作业方能完成，或目前偶有错误重制的情况 |
| | 2 | 累计投入作业时间超过 5 个工作天，或工作量须要 6 人以上同时作业方能完成，或目前错误重制的频繁 |
| | 给分 | 5. 对提升企业形象有影响 |
| | 0 | 该流程纯粹为企业内部作业（即不会有对外公开的机会且外界也不会间接得知作业状况） |
| | 1 | 该流程作业会影响与客户相关的流程，进而间接影响企业形象 |
| | 2 | 该流程作业会直接面对客户、媒体，进而影响企业形象 |

143

表 3-7 价值矩阵衡量项目展开——执行的必要性（范例）

| 给分 | 衡量项目 |
|---|---|
| 给分 | 1. 依照法律规定所必须完成之作业流程 |
| 0 | 该流程之执行或存废不受任何法令、规定或作业标准的约束；组织有绝对自主权 |
| 1 | 该流程作业的方式，必须依照特定行政命令或作业准则的要求来进行 |
| 2 | 该流程为依法必须执行的作业，受法令清楚约束，若执行不力将引发适法性的风险 |
| 给分 | 2. 发生的频率较高（每年、每月、每日） |
| 0 | 该作业为非例行性工作，且发生的频率非常低，大约一年会发生 1~2 次 |
| 1 | 该作业为例行性工作，作业频率大约为每季或每月执行 |
| 2 | 该作业为日常必须之例行性工作，作业频率约为每周或每日执行 |
| 给分 | 3. 将提供信息系统不可或缺的信息 |
| 0 | 该流程作业的文件，仅需列入作业记录、存盘备查，并不会作为经营管理分析的依据 |
| 1 | 该流程作业的数据，须输入信息系统，作为异常处理的查核点 |
| 2 | 该流程作业的数据，须输入信息系统及数据库，作为例行性管理报表之信息来源，或可进行数据分析以提供经营管理的重要讯息 |
| 给分 | 4. 受影响的流程数目 |
| 0 | 该流程为一独立运作的流程，该流程执行与否，或是其产生之作业信息与其他流程皆无相关 |
| 1 | 有 1~2 个流程为该流程的前置、接续或子流程，该流程执行与否，或是其产生之作业信息将影响到前置或接续流程的作业效率与效能 |
| 2 | 有 3 个以上的流程为该流程的前置、接续或子流程，该流程执行与否，或是其产生之作业信息将影响到前置或接续流程的作业效率与效能 |
| 给分 | 5. 能有效降低营运风险 |
| 0 | 该流程的执行，与营运风险相关信息无关 |
| 1 | 该流程的执行，能提供可能衍生营运风险之参考信息 |
| 2 | 该流程的执行，可降低营运风险之发生机率，且其信息可作为降低风险与应变之准据 |

各产业的辨识项目因其产业特性的差异会有增减修订，例如制造业也许会有一辨识项目描述"是否符合环保安规等法令规定"，而服务业因其特性，也许

# 第3章 新时代企业流程再造

有一辨识项目在描述"对于公开企业形象的影响度"。执行企业流程再造项目的团队成员,应针对其产业特性,制写出可衡量、可判断的核心流程辨识项目。

最后,流程的显形化在推行到一定程度的时候,笔者建议应评估利用流程仿真软件进一步验证。进行仿真软件的验证,除了可以利用直观视觉化的方式来观察流程的运作外,另外,它在运作的背后能够以客观的数据基础运行。在进行后续的流程改善/再造时,通过参数的调整,可以进行流程运行状况的试算,避免了不必要的流程试误(Try error)成本;另外,也可以利用不同的试算模拟结果,探讨产生的问题与结果,选择成效最佳的流程改善方式,迅速解决"未来"的问题。

### 3.3.2.2 流程再造与优化

● What?(是什么?)

企业流程是一连串"为了达到客户满意所组成的企业活动"。企业的存在,始于它的愿景,并通过战略规划与流程的执行,去实现这个愿景,企业流程再造(Business Process Reengineering)则是通过改造工程提升流程绩效的一种概念。

目前业界对于流程再造的定义大同小异。素有企业流程再造之父的迈可尔·汉默(Michael Hammer)则对企业流程再造的定义如下:"通过对企业流程根本性的重新思考以及彻底的重新设计,来实现目前关键绩效的巨幅成长改进。"

我们可将此定义更精确地阐述为:"彻底重新思考及设计企业流程,以求大幅改善成本、质量、服务及速度等各项关键绩效指标的表现。"而这项定义之概念可以图3-22来表示。

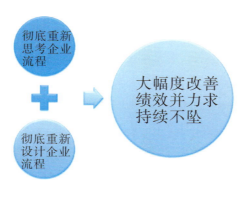

图3-22 企业流程再造概念图

以上阐述是最常被学术与产业界所引用的企业流程再造定义。而在这个企业流程再造的定义之下，也明白地说明了流程再造所应该具备的四个关键概念（如图3-23），即根本（Fundamental）、彻底（Radical）、显著（Dramatic）以及流程（Process）。分述如下：

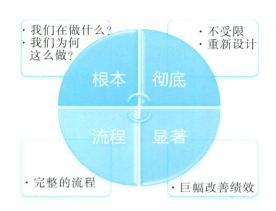

图3-23　流程再造的4个关键概念

（1）根本（Fundamental）。

企业流程再造定义中所谓的"根本"，是指企业可以通过自行询问两个关键性的问题来"根本性"地重新思考自身的企业流程。这两个问题分别是："我们在做什么（What）？"以及"我们为何要这么做（Why）？"。

这两个问题也帮助了企业去思考企业之所以存在的根本价值。企业流程再造并不是将未来的流程建构在现有的流程思维或是逻辑假设上，若仅是在现有架构中求得改善，这将失去它的初衷与意义。以笔者曾经辅导的某3C产品制造商为例，在早期的生产管理流程上，有一个被视为天经地义的根本假设，即"我们一定要有关键性原物料的库存（例如LCD Monitor）在厂内以确保生产线的持续作业"。在此假设之下，企业曾经极尽所能地去思考如何透过生产流程/仓储管理流程的改善来降低库存，却从未思考当初假设的正当性。直到某天有人去质疑这个根本假设的正当性时（我们为何要这么做？），该企业才真正重新思考，设计了一个实时运送（JIT Delivery）的作业流程，与供货商合作，通过协同作业信息软件的实时信息传递，让每一次的LCD Monitor配送可以不用经过仓储区就直接投入生产线。

如此一来，除了降低了企业的仓储管理成本，也缩短了该企业的生产周期

## 第3章 新时代企业流程再造

时间（cycle time）。因此，唯有通过根本性地重新思考现有企业流程，重新检视"企业应做什么"（What a company has to do）以及"如何做"（How to do it），才能实现企业流程再造的精神并达到期望的效果。

（2）彻底（Radical）。

企业流程再造定义中所谓的"彻底"，是指企业应该彻底去重新设计新的企业流程。企业流程再造并非"重新整修"现有的企业流程，或是"改善"目前的工作程序。相反的，企业流程再造应该是要消除现有流程的架构与藩篱，不受限于现有流程的逻辑思维，彻底去重新设计一个全新的企业流程，以更低的成本去达到既有甚至更高的水平，这才是流程再造的精神所在。

（3）显著（Dramatic）。

企业流程再造定义中所谓的"显著"，是指企业流程再造之后的成效应该是巨幅显著、令人耳目一新的。业界常常有许多人将企业流程再造与"流程改善"或是其他品质管理手法例如TQM甚至ISO制度混淆在一起。流程再造并非单纯地改进或是微调现有流程，以获得渐进式的效益提升。相反的，企业流程再造是通过"根本性"的创新思考与"彻底"的流程重新设计，来获得企业绩效的"巨幅改善"。简言之，这也是流程再造与其他手法的不同点以及企业导入流程再造的最终目的（见表3-8）。

表3-8 流程再造与流程改善的差异

|  | 流程改善 Process Improvement | 流程再造 Process Reengineering |
| --- | --- | --- |
| 变革方式 | 循序渐进 | 根本彻底 |
| 项目频率 | 持续 | 单一事件 |
| 项目层级 | 功能层级 | 策略层级 |
| 起点 | 现行流程 | 从零开始 |
| 项目导向 | 任务导向 | 客户导向 |
| 项目规模 | 小规模 | 大规模 |
| 项目时间 | 短时间 | 中、长时间（视项目规模而定） |
| 执行架构 | Bottom-Up | Top-Down |
| 风险 | 中低 | 中高 |
| 关键驱动因素（Enabler） | 统计技术应用 | 信息科技应用 |
| 牵涉范围 | 流程 | 流程、组织、IT |

(4) 流程（Process）。

企业流程再造定义中所强调的关键概念"流程"，是指企业流程再造应该着重在"流程"，一个完整的流程，而非片断的流程或是作业活动，甚至流程以外的人力资本、组织架构、信息软件或是流程目标等。没有错，诚如前述，企业流程再造最后一定会牵涉到企业组织的重整或是人力编制以及信息软件的调整，但是这些都是在新的流程设计出来之后。换言之，企业若只是单纯地调整组织架构或是去"自动化"某些现有流程，而流程本身并没有做任何的修改，这样子的变革并不足以称为企业流程再造。

● How?（怎么做？）

■ 流程再造的原则：

（1）消除官僚作风。
- 删除重复性的作业；
- 将相关的作业结合在一起；
- 剔除审查与核准；
- 减少准备时间；
- 作业委外；
- 剔除运送的作业；
- 剔除归档备查的作业。

（2）依产出结果设计组织。
- 组织多功能的工作团队；
- 设计格子间（Cellular Workplace）；
- 建立个案经理（Case Manager）职务制度；
- 集权/分权混合式制度组织的设计。

（3）一次做好。
- 品质不是始于检验，而是始于制造流程的品质；
- 以源流品质管理方式，防止源头的错误；
- 在源流处建立防错的机制。

（4）简化流程。
- 改变作业的次序；
- 建立不同版本的流程；

- 最佳流程的标准化。
(5) 缩短时间。
- 使用小批量：
  · 小批量使工作流量更为顺畅，并可消除瓶颈现象，降低系统压力，大幅降低周期（Cycle Time）；
- 实行需求拉动（Demand Pull）；
- 与小批量原则合并运用，可减少周期（Cycle Time），使流程更顺畅；
- 平行（并联）的流程。
(6) 消除界线。
- 消除垂直的界线：主管与部属间；
- 消除水平的界线：部门与部门间；
- 消除外部的界线：公司与客户、供货商间。
(7) 衡量之、奖励之。
- 论功不论劳；
- 行赏依功不依劳；
- 言行一致，以身作则；
- 参与式管理：让员工拥有自主权，参与奖赏制度的建立，自主权是最有效的激励因子。
(8) 授权部属。
- 建立团队工作的文化；
- 以客为尊；
- 老板的角色转换为多功能团队的教练，指导队员达成所设定的目标与要求；
- 不互扔"烫手山芋"。

■ **流程简化的考虑与检核：**

在进行流程简化的时候，可以针对现有的活动探讨以下的问题：
(1) 生产/作业。
- 若是有价值的作业→步骤是否太多？
- 若是无价值的作业→设法消除。
(2) 检验/查核。

> 是否太多检查点？
> 是否减缓流程？
> 是否太少检查点？
> 是否产生质量问题？

(3) 移动。
> 是否太多来来回回的移动？

(4) 储存或损坏。
> 对象是否不断地储存又取出？
> 作业是否可更顺畅地连结？

借由以上的问题，我们可以发展出以下几个针对程度简化的检核表工具，如表3-9、表3-10和表3-11。我们可以利用这些检核表将各个流程作为再造的出发点，进一步为公司思考更有效率的作业流程。

表3-9 流程优化检核表（对于材料、产品、对象等）

| 1 | | 考虑下列因素有无制程可以省略 |
|---|---|---|
| | a | 不需要的制程（为何现在有？） |
| | b | 使用新设备（为何目前使用此设备？） |
| | c | 改变操作或储存的位置（为何目前在此位置？） |
| | d | 改变工作顺序（为何使用目前的顺序？） |
| | e | 改变产品设计（为何现在如此设计？） |
| | f | 改变入厂材料的规格（为何目前所制定的材料如此？） |
| 2 | | 有哪些制程可以合并在一起？针对以下各点考虑： |
| | a | 工作、位置 |
| | b | 设备 |
| | c | 制造顺序 |
| | d | 产品设计 |
| | e | 原材料、物料的规格 |
| 3 | | 若重新安排制程，是否能使移动距离更缩短？ |
| 4 | | 有哪些制程能够更简化？ |

# 第3章 新时代企业流程再造

表3-10 流程优化检核表（对于人的程序）

| | | |
|---|---|---|
| 1 | | 考虑下列因素有无操作可以省略、合并、缩短或简化？ |
| | a | 不需要的操作 |
| | b | 改变工作顺序 |
| | c | 利用新设备或不同的设备 |
| | d | 改变现场布置 |
| | e | 改变产品的形式 |
| | f | 更深入地认识部分的作业人员 |
| 2 | | 考虑下列因素，有何移动可以被省略、合并、缩短或简化？ |
| | a | 废除某些操作 |
| | b | 改变物品存放的场所 |
| | c | 将某些操作移到其他较方便的制程中 |
| | d | 改变现场布置 |
| | e | 改变设备 |
| | f | 改变工作顺序 |
| | g | 利用输送带（符合经济原则下） |
| 3 | | 考虑下列因素，有何迟延可以被省略、合并或缩短？ |
| | a | 改变工作顺序 |
| | b | 改变现场布置 |
| | c | 利用新设备或不同的设备 |
| 4 | | 有何计数或检验的工作能被省略、合并、缩短或简化？ |
| | a | 真的需要吗？它们能带来哪些效果或情报？ |
| | b | 有无不必要的重复检验 |
| | c | 由别人来做是否更方便？ |
| | d | 在程序中，是否配置于最佳位置？ |
| | e | 能否使用抽样检验或统计控制？ |
| 5 | | 有无制程可以变得更加安全？ |
| | a | 改变工作顺序 |
| | b | 利用新设备或不同的设备 |
| | c | 改变现场布置 |

表 3-11 流程优化检核表（对于行政事务的程序）

| 1 | 能否废除此项事务 |
|---|---|
| 2 | 有没有与此项事务重复的工作？职务是否有重复？工作本身是否有重复？此事务应该由谁担任？ |
| 3 | 能不能将此手续合并？ |
| 4 | 传票是否递给不必要的组织、部门？签核的手续是否太多？ |
| 5 | 此项工作能否同时并行处理？ |
| 6 | 此事务手续是否能防止人为的疏失？ |
| 7 | 对于偶尔才有可能发生的事务，是否防范过密？ |
| 8 | 在作业程序上，是否可能自动发现错误，或有健全的内部牵制？ |
| 9 | 有没有使用便条纸或非正式文件的作业？是否改由正式的传票较佳？ |
| 10 | 能否改变行政事务的流程，以加速作业的处理？ |
| 11 | 能否减少转记作业？对于必须的转记作业是否有防止错误的对策？ |
| 12 | 各部门的传票副本是否太少？ |
| 13 | 此流程共有多少传票副本？送往哪些部门？能否简化、合并或废除？ |
| 14 | 程序图上的"核章"是否必须？ |
| 15 | 能否集中同类的工作，由专人处理或由机器处理？ |
| 16 | 行政事务的工作量分配是否适当？ |
| 17 | 人员的能力是否与作业内容配合？ |
| 18 | 上层的工作是否能授权给下层担任？ |
| 19 | 所使用的文件格式与项目是否合适？项目与字段的排列是否与作业程序一致？ |
| 20 | 为省略书写时间，能否把一定图像预先打印，采用勾选的方式进行？ |
| 21 | 手工作业能否进行 E 化？ |
| 22 | 可否使用记号或颜色予以分类？ |

## 3.4 个案探讨

### 3.4.1 高科技制造业

#### 3.4.1.1 个案背景

S 公司成立于 1984 年 5 月，主要提供各项集成电路封装及测试之服务。

2014 年 S 公司的营业额将近人民币 200 亿元，目前全球大约 23000 名员工。S 公司同时也在美国纳斯达克交易所挂牌上市美国存托凭证，发展至今已成为全世界前三大之封装测试厂。

但近几年来，全球产业变迁迅速，尤其原物料的价格不断上涨，造成供应链的中、下游业者受到相当的影响，S 公司迅速要求相关部门检视既有资源的运用状况，检讨各项设施、作业流程的耗费成本，找出可供成本降低的对象。结果发现，虽然 S 公司于该行业内属于前三大之领导厂商之一，但 S 公司在财务结构上的直接成本与间接成本皆与该行业的平均有所差异，在直接成本的部分其制造费用比业内平均高出将近 2%（一年约多出 2 亿人民币），在间接成本的部分，其管理及销售费用比业界平均高出约 1.5%（一年约多出 1.5 亿人民币）。

因此，在 S 公司总经理的重视下，由过去的仅由单点的进行小单位或是间接单位的流程改善转变为进行全公司的以顾客导向的成本精简流程再造项目。期望能建立完善的流程管理制度，以降低作业成本（含财务及非财务）的同时仍能提升工作质量及效率、创造附加价值。

3.4.1.2　导入时程与步骤

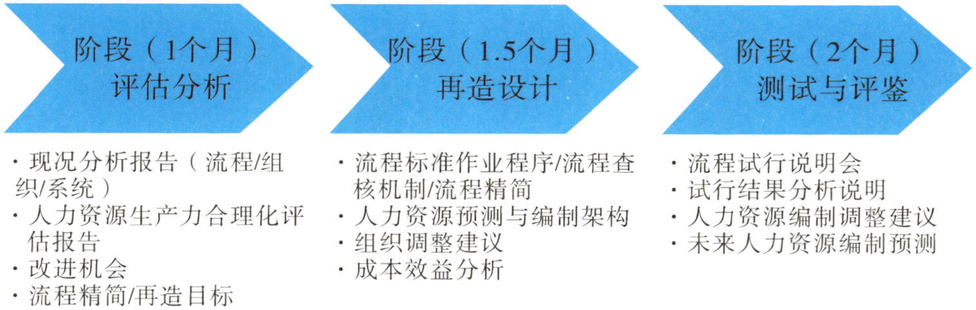

阶段（1 个月）评估分析
- 现况分析报告（流程/组织/系统）
- 人力资源生产力合理化评估报告
- 改进机会
- 流程精简/再造目标

阶段（1.5 个月）再造设计
- 流程标准作业程序/流程查核机制/流程精简
- 人力资源预测与编制架构
- 组织调整建议
- 成本效益分析

阶段（2 个月）测试与评鉴
- 流程试行说明会
- 试行结果分析说明
- 人力资源编制调整建议
- 未来人力资源编制预测

图 3-24　S 公司进行流程再造项目阶段

3.4.1.3　项目执行状况及效益

S 公司采取谨慎渐进的方式，因此决定依流程价值衡量矩阵的某一区块作为出发点进行（见图 3-25），并要求笔者咨询团队在进行辅导项目中锻练 S 公司内之项目成员，进行完整的技术移转，可在项目完成后，后续由 S 公司内部项目成员持续推动。

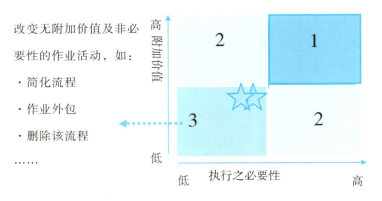

图 3-25 公司流程再造起点

进行流程盘点完后，S 公司之流程价值矩阵分布如图 3-26 所示，并选定于第 3 区块的 15 条流程进一步进行改造。

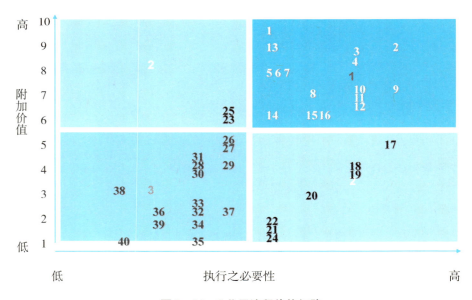

图 3-26 S 公司流程价值矩阵

S 公司在进行流程再造的过程中，除了各流程主要执行单位的人员参与改善讨论外，其他部门也被赋予检视审核的任务，由各部门的角度，针对每一个流

## 第3章 新时代企业流程再造

程的后续衔接性提出建议。而长期与 S 公司有业务往来的客户、供货商,也受邀参与讨论会议,提供外部客户的意见,检视是否能真正使其受惠。

经过将近 4 周的访谈与讨论,S 公司拟定改善后之作业流程,修订 SOP 后公告相关单位准备试行。以下为 To – Be 流程图举例(见图 3 – 27 和图 3 – 28)。

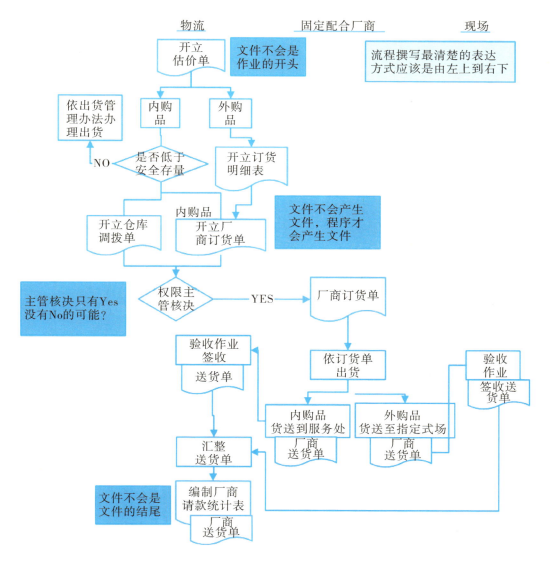

图 3 – 27 商品采购作业流程(修正前)

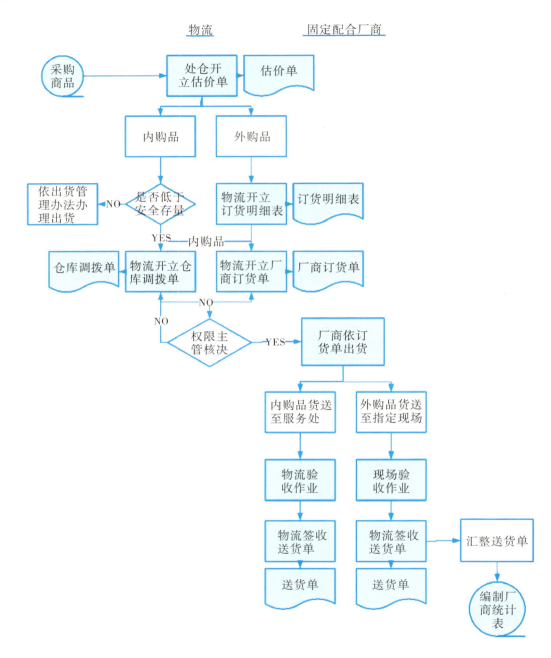

图 3-28 商品采购作业流程（建议）

最后通过项目的流程现况分析，与流程再造的进行过程，S 公司项目团队设定了各流程的绩效衡量指针，例如上述举例流程的请购人员单位时间生产力、单一请购单流程作业时间等。另外，S公司建立了为期8周的新流程试行期，设定了试行流程执行专员，并由原本的项目成员负责监督收集执行数据，最后通过公开的说明会进行布达。

S公司在项目导入后3个月，由于流程的改善，不仅建立了完善的流程管理制度，并由笔者辅导团队提供流程管理之技术移转，而后更进一步于S公司建立健全的内部控制环境与控制活动而提高流程与ERP必要之适用程度，符合沙宾法案的规范与要求，以有效进行舞弊防治。最终其项目负责人于当时的项目检讨结案报告上并明列出经S公司内部验证之具体效益如下：

- 提升工作质量及效率、创造附加价值；
- 降低作业成本（含财务与非财务）；
- 建立自行管理与维护流程作业之能力；
- 消除组织中的协调成本：减少内耗、提高生产力；
- 人力编制合理化。

### 3.4.2 机械工业

#### 3.4.2.1 个案背景

C集团总部位于广西，成立于1951年，是一家集发动机产业链和石油化工产业链为一体、实施相关多元化产业经营的大型现代化企业集团，通过精益化管理和集团化运作，成为国内领先的工业企业集团。2014年，C集团实现销售收入超过400亿元。

C集团拥有30多家全资、控股、参股子公司，员工2万多人，总资产超过350亿元。在广西、广东、福建、江苏、安徽、山东、湖北、四川、辽宁、重庆等地均有产业布局。

然而，在C集团体系不断扩张的同一时间，内部制度的运作效率问题开始浮现，而C集团内部的运营流程，也从未彻底检讨如何改造与创新，因此在我的伙伴曾立维先生进行集团的初步诊断后，便由其担任项目负责人，希望通过流程再造项目的推动，大幅度改善集团运营相关流程，一来得以缩短交期，满足客户需求；二来也得以激励员工学习创新思考，改善内部工作文化！

## 3.4.2.2 导入时程与步骤

| 第一阶段（1.5个月）<br>流程显形化 | 第二阶段（1个月）<br>流程电子化 | 第三阶段（2个月）<br>流程合理化 |
|---|---|---|
| ·流程梳理盘点 | ·现有流程图绘制e化<br>·流程模型建立<br>·与现有文件、系统平台连结 | ·落差分析<br>·风险管控优化建议 |

图 3-29　C 集团进行流程再造项目阶段

## 3.4.2.3 项目执行状况及效益

C 集团进行流程再造后，即以 APQC 之流程架构作为该集团的流程框架基础，将其原本复杂的集团运作能够有一完整的框架及逻辑关系，为集团公司提供一良好参考标准，也改善了原来流程错综复杂"叠床架屋"的流程关系。

其完成后的架构如下：

· 企业流程总览图（Map 1）（见图 3-30）：
  ➢ 共 1 张 Map 1
  ➢ 该图中包含 12 个流程群组
· 流程群组图（Map 2）（请见图 3-30 中的 12 个区块作业程序）：
  ➢ 流程模型中共 12 份 Map 2
  ➢ 每张 Map 2 中包含的作业程序数量不等
· 作业程序图（Map 3）（见表 3-12）：
  ➢ 流程模型中共 49 份 Map 3
  ➢ 该公司以"程序书"作为 Map 3 的单位
· 流程模型中盘点单位数：
  ➢ 内部单位共 17 个
  ➢ 外部单位共 5 个（供货商、客户、银行等）
· 整合系统：
  ➢ Oracle ERP 系统、OA 签核系统、HR 工时系统 共 3 种（依确定颜色标示）

# 第3章 新时代企业流程再造

> 非系统作业活动，为手工作业，不标示颜色

图 3-30  C 集团 MAP 1 流程模型

表 3-12  C 集团各部门负责 MAP 3 流程数量

| APQC流程群组名称<br>部门名称 | 发展愿景与战略 | 发展新产品及服务 | 市场营销 | 销售管理 | 采购管理 | 生产管理 | 产品运送 | 客户服务 | 发展与管理人资本 | 计算器信息管理 | 管理财务资源 | 取得建构及管理资产 | 总计 |
|---|---|---|---|---|---|---|---|---|---|---|---|---|---|
| 业务部 | | | 4 | 3 | | | | 3 | | | | | 10 |
| 财务部 | | | | 1 | | | | | | 1 | 7 | | 9 |
| 人资部 | | | | | | | | | 8 | | | | 8 |
| 采购部 | | | | | 3 | | | | | | | 1 | 4 |
| 信息部 | | | | | | | | | | 4 | | | 4 |
| 储运部 | | | | | | 1 | 2 | 1 | | | | | 4 |
| 管理部 | | | | | | | | | | | | 3 | 3 |
| 研发部 | | 2 | | | | | | | | | | | 2 |
| 生产部 | | | | | | 2 | | | | | | | 2 |
| 产品管理部 | | 1 | | | | | | | | | | | 1 |
| 总经理室 | 1 | | | | | | | | | | | | 1 |
| 稽核室 | | | | | | | | | | | 1 | | 1 |
| 总计 | 1 | 3 | 4 | 4 | 4 | 4 | 1 | 3 | 8 | 5 | 8 | 4 | 49 |

在 C 集团施行流程再造的改善后，其效益主要可以分为四个面向："显形化""电子化""合理化""战略化"。如图 3-31 为笔者后续参与其集团检讨会议时，由项目执行时 C 集团项目负责人于内部施行 3 个月后之评估成果。

C集团改善前：
1. 已经制作完成《内部控制手册》，但流程图画法还需统一；
2. 已绘制的流程与实际执行可能存在落差

改善效益：
1. 采用标准手法形成标准化的流程手册；
2. 盘点流程，厘清执行与期望的落差。

C集团改善前：
1. 纸质化，流程审查、维护管理成本高；
2. 无法一目了然查看负责部门、相关电子文件等

改善效益：
1. 将标准化流程选择3条map 3级别的导入e化管理平台，并可一目了然看清责任部门；
2. 将现有相关电子文件，统一收编连结至管理平台，活化管理

C集团改善前：
无法有效内控自评，难以预测现有的流程体系的风险及发现流程再造机会点，不利于后续优化

改善效益：
通过e化管理平台流程模拟，检讨流程优化的价值顺位与优先顺序，了解如何找出流程瓶颈、风险及改善机会

C集团改善前：
目前暂未设定流程的绩效指标及流程中长期管理规划保证流程的后续管理能力

改善效益：
1. 设定可衡量的流程管控指标；
2. 展开流程优化的中长期工作计划；
3. 通过完整的技术移转，使C集团具备制度复制与后续维护管理能力

图 3-31  C 集团流程再造效益

# 第4章 战略人力资源管理

## 1.1 战略人力资源管理全貌

**大师介绍**

**戴维·尤里奇（David Ulrich）**

> 戴维·尤里奇（Dave Ulrich，1953—）是美国密歇根大学罗斯商学院教授、战略人力资本之父，在美国《商业周刊》举行的调查当中，他是最受欢迎的管理大师，排在约翰·科特、彼得·德鲁克等人之前，他被誉为人力资源管理的开拓者，1997年获得国际人事管理协会颁发的"Warner w. Stockberger成就奖"，1998年获得人力资源管理协会颁发的专业知识领导力终身成就卓越奖、国际企业协会和招聘就业管理协会颁发的"终身成就奖"。2001年被美国《商业周刊》评为管理教育家的第一名。

**核心论点**

随着经济全球化的不断发展，中国企业的竞争在地域空间上已经大大地扩展了，事实上中国企业已经开始面对全球化竞争的环境了。经过改革开放30多年的发展，中国经济取得了举世瞩目的成就，改革开放给中国企业带来更多的机遇。我国企业在抓住全球化机遇的同时，必须加强自身的竞争能力。在企业竞争能力的打造中，人力资源的重要性受到空前重视，人力资源对企业的影响是长期的，是企业永续发展的重要保证，人力资源已经成为企业市场竞争中获胜的一把利器。

中国企业老总怕企业做大，因为中国企业管理相对落后，做大即乱，从而加速企业的衰退；而西方企业CEO怕企业做不大，因为只有尽快做大才有规模经济，才能把握先机，强化竞争力。在企业管理方面我们与西方企业差距太大，使得提高中国企业管理能力的探索更具有挑战性、紧迫性和必要性。企业的问题不能头痛治头，脚痛医脚，必须剖析表面现象，用系统的方法从根本上加以解决。人力资源管理在理论和实践的发展，已不能只停留在狭义的人力资源所局限的领域之内，而应提高到战略的高度，从管理的至高点——战略的高度来审视和系统地建立企业内部控制机制，落实责任机制。

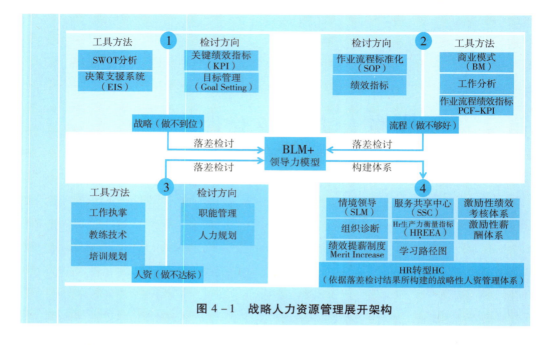

图 4-1　战略人力资源管理展开架构

## 4.2　战略人力资源发展/管理架构

### 4.2.1　战略人力资源管理的重要性

全球化、技术进步（工业 4.0 及互联网＋等；其中，2015 年 3 月于中国的两会期间，更从国家层面制定互联网＋战略，重点推动行动网络、云计算、Big Data、物联网、电子商务、网络金融等产业的发展，设立 400 亿人民币网络产业创投基金，扶持产业创新），以及企业内外部人口的变化（包括消费者和客户的变化），都给企业带来新的挑战。企业要走向全球，不仅要不断提高自己的制造能力，还得同时兼顾分销、顾客、营销和品牌。技术的发展使 24 小时全天候的合作成为可能，也消除了消费者和企业之间的壁垒，消费者的购买行为随之革新。技术还直接影响着人们的工作方式，不断增加人们的联连度。员工的流动性变得更强，企业不得不学会欣赏那些有不同意见的员工，管理好他人的意见。顾客的期望值也在大幅度增加和快速变化，总希望企业可以做出一些新的东西。同时，客户的选择也越来越多。

## 第4章　战略人力资源管理

面对这些挑战，企业必须建立起高效的组织，而人力资源部门就是帮助企业创造、维护组织能力的部门。在如今的知识经济里，人力资源变得越来越重要，企业对人力资源的需求也在不断增加。竞争对手可以模仿企业的资金渠道、战略和技术，却不能够模仿企业当中的人。

根据现代人力资源管理之父戴维·尤里奇（Dave Ulrich）的研究，"只有大约50%的企业绩效处于管理层的控制之内，其他50%可能是源自政府、天气等不可控的因素。而在可控的企业绩效里，19%取决于人力资源人员的素质"。戴维·尤里奇提醒道。显然，提高人力资源人员的素质，已经成为提高企业绩效的一个捷径。

企业组织中所有的活动，小至简单工作的完成，大至整个企业的运营，均需要"人"来执行或管理。人力资源不但是整个企业组织的一项资本（或是资产），为最关键之"资源"，具有生产力，而且生产活动是个人自我表现和自我实现的重要方法。因此，如何善用人力资源，并促其获得良好的发展，不仅只是项经济活动，更具有深厚的人文意义。

当今企业，无论规模、地理位置和所处行业，都面临着商业挑战。总体而言，这些挑战都要求企业具备新的能力。谁来负责发展这些新能力？人人都应负责，而人人又都又不负责。这一管理上的"真空"恰恰是企业人力资源管理者发挥领导作业的地方，它可以帮助企业顺利应对以下挑战：

● **全球化**：需要在"思维全球化"（think globally）和"行动本地化"（act locally）这两个相互矛盾的要求之间保持平衡。

● **通过增长赢利**：抛弃"清理门庭"的思维，创造赢利公式的另一端：营收增长。

● **科技**：科技的日新月异使"如何理解并充分利用这些科技成果"成为新的挑战，如前面所提到的工业4.0、互联网+等。

● **知识资本**（Intellectual Capital）：因为有了人才这一知识资本，才能形成一个迅速响应客户需求、敏捷抓住新技术机遇的全球化组织。

● **变革、变革、再变革**：企业面对的最富竞争性的挑战就是要不断适应变化。

现代人力资源管理就是一个人力资源的获取、整合、保持激励、控制调整及开发的过程。通俗点说，现代人力资源管理主要包括选才、用才、育才、激才、留才等内容和工作任务。

所谓战略性人力资源管理系指企业所实行的，为确保组织内人力资源能有效运用的综合计划或管理取向，进而协助组织达成任务与目标之一切活动，亦有认为战略性人力资源管理即规划人力资源的发展与活动，使组织具备达成目标的能力。为使人力资源管理系统发挥其战略性的功能，人力资源管理活动必须与组织系统进行整合，其中包括垂直整合（外部配适）与水平整合（内部配适）。垂直整合是指人力资源管理活动与组织之战略规划程序之间须相互整合；水平整合则强调经由规划人力资源管理的行动与步骤，使不同的人力资源管理中的各项子系统，包括人力资源的规划、招募、训练、绩效评估与薪酬等措施之间的相互协调与整合。借由高度的内、外部配适，人力资源系统得以成为维持组织持久竞争优势的关键资源。

综观之，战略性人力资源管理主要观点为：企业经营政策、组织的目标、人力资源系统、各项功能作业需求间的配适与否，是人力资源管理是否有效的关键所在。人力资源战略无优劣之分，成功与否视其所使用之情境，当人力资源战略能够正确地配合组织的战略与运营时，才能正确指引人力资源活动，避免人事运用不当所造成的浪费。因此，若一个公司没有明确的人力资源管理战略，或择定组织战略时未能考虑人力资源因素，都可能损及它的竞争优势。

### 4.2.2　人力资源管理在企业中的角色与转变

2015年5月，现代人力资源管理之父戴维·尤里奇（Dave Ulrich）在由CSTD上海论坛上，就"人力资源的未来"这一主题演讲中说明"人力资源的未来不是人力资源本身，而是要更多聚焦业务，创造业务价值"。他指出，在当今日益变革的环境，人力资源要以一种由外而内的视角，为企业利益相关者创造价值。如果人力资源部门在企业内部所做的事情不能为企业外部的利益群体创造价值，不能提高企业吸引、服务、留住消费者和投资者的能力，那么也失去其存在的意义。而由外而内的人力资源视角，需要我们不断反思：

- 我们的企业是客户期望的雇员首选雇主吗？
- 我们是否会请客户参与设计、参加和讲授学习与发展项目？
- 我们对绩效的标准与客户的期望是否符合？
- 我们是否会让客户、供应商或投资者参与利益的分配？
- 我们的沟通工具是否连接员工与客户？

- 我们塑造的领导力品牌是否能与客户期望紧密联系起来？
- 我们的组织文化是否有正确的事件、模式和特性？

延伸至未来的人才管理趋势应该是由外而内、业务优先，而不是由内而外、以人为本；管理的方式是综合连贯的，而不是逐个细分的；重点关注理念和流程，而不必参与具体实施；管理流程要简单，便于沟通，而不需要复杂的步骤和表单；人力资源部的职责不是推动人才管理，而是要引导业务部门。

尤里奇（Dave Ulrich）在第二届中欧人力资源高峰论坛首次发布了2016年的全球人力资源胜任力模型，更首次发布了中国区的分析数据。2016最新版人力资源胜任力模型的9个角色内容分别是：人力资本管理者、薪酬福利大管家、可信赖行动派、技术与媒体整合者、数据设计与解读者、合规监控者、战略定位者、文化与变革倡导者、矛盾疏导者。看似主张人力资源要成全能杂家，但大师最最看重的还是"文化与变革倡导者"。其中，矛盾疏导者为核心。（如下图4-2）。

图4-2 人力资源胜任力模型的9个角色

#### 4.2.2.1 矛盾疏导者

人力资源从业者必须能够处理组织中的各种矛盾，疏导相悖的观点，以最大化地满足各方的需求。

经过 30 年模型演变的洗礼，人力资源胜任力最新的核心成员"矛盾疏导者"，点明了人力资源从业者在面对经济转型和组织架构调整时，会遇到各方阻力。要想在各个利益相关者的矛盾甚至相悖的需求中，找到并保持自己前进的方向，就要求人力资源从业者能够处理和疏导各种矛盾。"矛盾疏导者"成了当今人力资源从业者的必备核心竞争力，非黑即白的思维方式已经无法让你在人力资源的世界中飞起来了。

样本问题：

（1）有效管理战略决策和运营细节之间的紧张关系；

（2）有效管理内部注重员工和外部注重客户与投资者之间的紧张关系；

（3）有效管理费时收集信息和及时作出决策之间的紧张关系；

（4）有效管理全球策略和当地业务需求之间的紧张关系；

（5）有效管理变化（灵活性、适应性）和稳定的需求（标准化）之间的紧张关系。

#### 4.2.2.2 战略定位者

这一板块考察人力资源从业者评估内、外部商业环境的能力，以及将其转化为洞见的能力。

战略定位者是人力资源胜任力模型的"元老"板块。作为连接"人"与"业务"的重要胜任力，战略定位者这一板块要求人力资源从业者不光要有商业远见，更要能结合组织实际，转化远见为共识，切实帮助组织完成战略的布局和决策的制定。

#### 4.2.2.3 可信赖的行动派

这一板块延续前几期调研，考察人力资源是否能在组织内部赢得信任和尊重，从而被视为有价值并能创造价值的合作伙伴。

可信赖的行动派也是胜任力模型中的"元老"板块。它强调了人力资源从业者的信誉以及行动力。无论是日常事务的执行，还是在组织改革的推动，人力资源都需要建立自身信誉，积极、高效，以充足的正能量来影响他人。

#### 4.2.2.4 文化与变革倡导者

保证组织架构刚柔并济，以应对多变的商业需求。创造一个积极应对变化

的组织，需要从人力资源从业者做文化变革的先锋和旗帜，从组织结构上确保变革的可行性。

该胜任力的定义如下：能够定义合适的文化，学习如何分析并塑造一种文化，能够发动变革，管理变革的过程，并能够持续变革。

需要的知识技能：能认识到文化的价值，并能够用商业化语言表达，能够为文化变革规划蓝图，有规划地发起变革。

发展机会：加入变革团队、领导变革计划、指导个体应对变革、涉及文化变革进程、公开展示文化变革过程。

#### 4.2.2.5 人力资本管理者

识别并发展适合组织目前及未来业务需求的人才。这一模块有4个分项。把对人才的把握与对工作职能的了解相结合，真正为每一个员工找到最能够发挥其效能的职位，是人力资源从业者在人才资本管理上的重要能力。

#### 4.2.2.6 薪酬福利大管家

薪酬福利不仅仅是简单的薪酬和保险。薪酬福利大管家需要为员工和团体创造有形和无形的价值。

人力资源从业者在保障员工的薪酬福利有竞争力的同时，还要为员工提供无形的价值，包括创造和展示组织发展前景和工作的价值。有意义和价值的工作比薪酬更能提高员工的归属感和忠诚度，提升团队凝聚力。

#### 4.2.2.7 合规管控者

全球各地，各行业都越来越注重合规。合规经理独立发展成一项新模块。随着全球化进程，人力资源从业者们需要适应越来越多的如来自国际的、来自国家的、来自组织的法规。因此人力资源从业者们需要对合规有更深刻的理解，肩负起合规管控的职能，来保障组织运营的稳定性和可持续性。

#### 4.2.2.8 数据设计与解读者

数据分析正在成为潮流，因此"数据设计与解读者"发展成独立的模块，包含了识别人力资源有关的数据，管理、处理数据以及为决策解读和运用数据。

数据为人力资源决策提供了理论上的坚实依据。在大数据背景下，商业活动对大数据的依赖日趋明显。人力资源从业者对数据的运用和理解能力，成为利益相关者们对人力资源核心竞争力的期待之一。

#### 4.2.2.9 技术与媒体整合者

人力资源从业者必须能够运用技术和技术工具，比较社交媒体来辅助创造出高绩效组织和团队。整合各项技术，并应用各类媒体来帮助人力资源从业者加强对内对外的沟通，提高组织的效率。

#### 4.2.2.10 结语

人力资源管理功能的发挥，必须扮演好前述各种角色，当然企业对于人力资源管理功能可能有不同的期待，例如，有些企业可能将人力资源功能定位为合规管控者或战略定位者；然而，多数组织，如果要能完全发挥人力资源的功能，使其对企业经营与发展有所贡献，进而成为事业伙伴，就必须同时适当地扮演前述的9个角色。

戴维·尤里奇教授认为，在中国，最重要的胜任力却是"文化与变革倡导者"。这个发现与"矛盾疏导者"的作用相辅相成。对文化变革的要求，体现了中国经济和文化环境的巨大变化，现在在中国的人力资源专业人员，不光要保留传统的中国观念，适应中国的传统思想，也需要做出改变，与世界接轨。鱼和熊掌不可兼得，但人力资源从业者也要找到一条双赢的道路。

## 4.3 战略人力资源管理落地参考方法及工具

### 4.3.1 组织设计

● What?（是什么？）

人为了共同的方便和保护，自然而然地形成了各种组织，以便借集体的力量来达成共同生活的目的。因此，所谓组织至少应有2人以上的结合，并且应有他们的共同目的，否则的话只能称之为"人群"或"群众"，不能称为组织。

# 第4章 战略人力资源管理

而组织设计是一个决定的过程,其必须使组织存在必要性,部门的形式以及员工要做的工作能达成组织的目标或目的,换言之,组织设计必须决定组织的目标、组织的形式、每个个体在组织中的定位,以及如何使组织目标、组织形态、员工能因应大环境的变迁而有所应变之道。

而在进行组织设计时,在为了达成组织目标的过程中,不但需要有效率也要有效能,并且需让组织能够具备因应环境变迁而随时调整的能力。

综上所述,组织设计是决定组织目标、组织形式、工作职位的一系列过程,致使组织兼具效率与效能进而达成组织目标,并设计该组织具体备因应环境变迁而随时调整的能力。

● How?(怎么做?)

■ 愿景、战略为导向的组织。

组织设计在许多学术或是管理议题上一直都被提到,并且也都有相关的参考文献,因此在本节的讨论,笔者希望能着重提供如何进行一个以愿景、战略为导向的组织设计。如图4-3所示,组织设计的思考来源应包含现有工作分工、组织未来战略及产业标杆三个方面。而现有工作分工及产业标杆对于许多企业组织来说都是很容易取得及了解的,但是大部分的组织却不知道将组织的愿景、战略与组织设计做出连结。

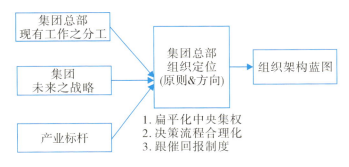

图4-3 组织架构设计方法

如之前的第一、二章的探讨,企业从核心价值到愿景、战略决定企业方向,然后第三章的流程探讨该如何做。而其中,其实在战略→流程的过程中仍有一个横跨企业流程与人力资源方面的议题需要厘清,即组织变革。通过承接了企业愿景、战略的组织结构,才能再更细化地去推展企业内的运作流程及各层级人员应该具备的质与量。

因此，在进行织组设计前，企业应有一定程度的愿景、战略及KPI的展开。而以愿景、战略为导向的KPI除了作为衡量企业战略执行结果的量化工具外，在进行组织设计时，它还包含了以下的意义：

✓ 指出各部门未来努力的方向；

✓ 反映出所需配置的人力与核心技能；

✓ KPI的权数亦可反映合理的责任负荷。

而有了这些基础的KPI，也是作为我们进行愿景、战略导向组织设计的基础。

■ **组织设计矩阵**。

在进行组织设计蓝图的思考时，我们必须先从两个方向下手，一个是结合企业以客户为导向的流程（第三章提及的MAP 1），另一个是依照企业的活动的机能（例如产、销、人、发、财等）。然后再利用组织设计矩阵二元性的排列和KPI的分布，找出相对因素，经由多元性的思考，使问题明确化，而获得解决问题的构想的手法。如图4-4，我们可依照KPI的分布状况，勾勒KPI群组并再依KPI群组特性，制定组织未来图像。

| 机能 | | 流程 | 1<br>商品设计 | 2<br>市场行销 | 3<br>服务提供 | 4<br>客户服务 | |
|---|---|---|---|---|---|---|---|
| A | 服务提供 | | | KPI12 | KPI16<br>KPI17<br>KPI18 | KPI23 | 考虑分别<br>设立部门 |
| B | 市场行销 | | | KPI9<br>KPI10<br>KPI11 | KPI19 | KPI24<br>KPI25 | |
| C | 人力资源 | | KPI1<br>KPI2 | KPI13 | KPI20 | KPI26 | 考虑合并至<br>同一部门 |
| D | 研发管理 | | KPI3<br>KPI4 | | | KPI27 | |
| E | 财务管理 | | KPI5 | KPI14 | KPI21 | KPI28 | |
| F | 采购管理 | | KPI6 | | | KPI29 | |
| G | 生产管理 | | KPI7 | | KPI22 | KPI30 | |
| H | 信息管理 | | KPI8 | KPI15 | | KPI31 | |

图4-4 组织设计矩阵

## 第4章　战略人力资源管理

有了组织设计的基本蓝图后,我们可再依照以下的几个原则进行组织的校准与修正。

(1)相近的 KPI 归属在相同的部门执掌之下。

(2)考虑各个 KPI 所需之"职能"(知识、技术、特质)。

(3)考虑各个 KPI 对应于策略地图之"权数"。

(4)考虑日常运作所需之"工作负荷量"。

(5)考虑部门运作所需之"人力"。

最后,面对现在多变的环境的挑战,在进行组织设计时,应该要更能重视与员工的联系,避免传统的官僚式组织,并且建立起具有以下特性的组织,让组织能够不断学习、适应与改变的能力。

(1)充分赋权、开明的团队结构设计。

(2)公开、及时而正确的信息可共享。

(3)领导者清楚描绘组织未来的愿景,且给予支持与鼓励。

(4)乐于共享价值、信任、开放且相互交流的组织文化。

### 4.3.2　绩效管理

● What?(是什么?)

"绩效管理"系人力资源管理中极重要的一环,也是许多企业作为员工晋升与训练的参考指标。一般而言,绩效管理指的是,在年终时进行的员工绩效表现评鉴,部分主管认为绩效评鉴只是费时的书面填写活动,并不能解决实质的管理问题;另一方面,员工视其为取决于主管的主观判断,缺乏客观依据的评鉴。

绩效管理是一套有系统的管理活动过程,主要用来评量员工的工作能力与表现,建立组织与个人间,对目标以及如何达成该目标的共识,借由提供员工适当的成长发展训练,以提升目标达成的可能性与整体组织的效能。绩效管理是一种工具,也是一个过程,管理者必需先明了所要达成的结果或境界,然后选择正确适当的方法,达成目标;值得注意的是,不当的绩效管理制度,会使忠诚、有能力且主动的员工感到气馁、不服甚而引起法律诉讼;有效的绩效管理,除了一开始目标的制定、规划、沟通、评估等,还需要持续且准确的稽核与不断的调整。

一般而言,绩效管理目标可区分为评量性目标与发展性目标两大类,如表4-1。

表4-1 绩效管理目标及特征

| 序号 | 目标 | 特征 | 说明 |
| --- | --- | --- | --- |
| 1 | 评量性目标 | 检视取向 | 绩效管理是用来评估员工过去的工作绩效,检视人力资源政策与方案的有效性 |
| 2 | | 结果取向 | 根据评量的结果,员工绩效表现之优劣可被区分出来。工作表现越佳的员工,所得到的评量分数越高,也能得到更多的报酬 |
| 3 | | 工具取向 | 绩效管理是提供企业,决定员工晋升、调薪、奖惩、转调、留才的工具 |
| 4 | | 比较取向 | 绩效管理的价值在于是否能相对比较出员工的绩效表现。换句话说,绩效管理并不仅是将员工等级区分出来,更进一步,以比较员工的表现,作为员工晋升或降职的依据 |
| 5 | | 安全取向 | 由绩效管理中取得之客观、有效度、可信任的数据,可作为员工被解雇时,避免发生争议性问题之依据。另外,有效度的评量资讯,可避免员工对组织怀抱敌对的行为与态度,同时减少无意义的冲突之发生 |
| 6 | 发展性目标 | 未来取向 | 绩效管理旨在提升人力资源和组织活动的发展,除了可提供有效的信息,以鉴别员工的长短处,同时可精确地指出训练需求 |
| 7 | | 咨询取向 | 绩效管理提供员工可以和主管讨论其长期职业生涯规划与目标的机会;同时,主管可以给予员工阶段性的建议,帮助他们达成目标 |
| 8 | | 比较取向 | 对员工而言,绩效管理旨在提升员工的能力,并决定何种训练课程为其所需。由不同的构面比较员工个人的长短处,能提供较客观的成长学习计划,促进员工发展 |
| 9 | | 成长取向 | 绩效管理可激励员工成长,同时定位出组织发展的方向。绩效评估的结果,不仅能提供员工未来绩效改善与提升的建议,同时可决定晋升所需的知识与经验、技术、能力等,协助员工有系统地提升自己与组织的生产力 |

## 第4章 战略人力资源管理

● How?（怎么做？）

绩效管理不等于单纯的表单管理，而是一连串规划、执行、沟通、评估等活动与不断地调整的过程，可区分为如图4-5的5个阶段：

图4-5 绩效管理的阶段

■ **绩效规划**（Performance Planning）

绩效规划阶段展开前，必须先了解组织的使命与全面性目标，主管与员工应一同讨论出未来要达成的目标；在此阶段，主要有两项任务需要完成：

（1）建立可达成及量化的目标与标准，即评估工作绩效的内容与标准；

（2）分析员工应如何达成目标，即所需具备的能力、行为及发展规划。

此阶段需注意的是，笔者曾经以绩效管理为题进行多年的调查追踪，调查发现，有比重将近一半的高层领导，对于绩效管理的认知多半还是集中于"个人绩效考核""绩效检讨会议"等议题，流于日常性的、事后性的检讨，这些检讨与企业真正的运营绩效表现究竟有多少关联令人质疑，然而对于比较领先性、战略性、预测性的绩效管理概念，例如平衡计分卡制度则是少之又少。

绩效规划的工作不仅是针对个人的绩效表现作评估，而是扩展至公司与部门的角度；因此，绩效管理与规划绝非仅仅是人力资源部门的事情，而是公司专业经理人及全体员工所应共同全力以赴的目标，其中的差别在于，每种职务所扮演的角色与重心有所不同罢了！简单地说，在进行绩效规划时，就是"为达成"+"贴近预期的设定目标与实际执行结果"+"所实行的一切作为"！其强调的是"自己与自己的比较"大过于"自己与他人的比较"；"相对数字"的意义亦大于"绝对数字"。举例来说，某企业的甲业务部门主打的是内销市场（市场已相当成熟），而乙业务部门主打的则是外销市场（市场方兴未艾），假设过去1年甲、乙两部门的业绩皆为10亿元，而公司高层所设定的运营目标分别为20亿元、12亿元，过了1年之后，甲、乙两部门的业绩分别16亿元、13亿元，以绝对数字来看甲业务部门绝对优于乙业务部门，然而以目标达标率的角度来看，乙业务部门（13/12=108%）比甲业务部门（16/20=80%）略胜一筹。

所以，绩效规划的重点则是以"因材施教"与"因地制宜"的方式来设立绩效目标，进而评估出绩效的优劣。

从图4-6的绩效管理金字塔架构来看，各层级的高级主管、部门经理人、员工随着其层级不同，所应负责的绩效目标自然不同，如高层主管所负责的KPI（Key Performance Indicator）应为公司经营战略与年度方针达标率的衡量；而部门经理人所负责的KPI，则为该部门方针项目与绩效目标达标率的衡量；至于基层员工所负责的KPI，则为部门日常项目与个人工作目标达标率的衡量。因此，以绩效管理的角度来看，只要组织成员针对其所负责的KPI的绩效目标，皆能顺利达成，组织整体绩效理所当然可以达成预计的绩效目标。

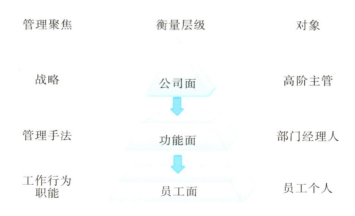

图4-6 绩效管理金字塔

■ **绩效执行**（Performance Execution）

绩效执行系实际进行绩效管理的过程。除了员工充分了解他被期望达成的结果和衡量的标准，同时，也了解组织期望他应具备的才能与技术为何。另一方面，主管应随时检讨员工的工作情况，持续给予回馈与指导，以协助员工达成目标；若目标及工作内容需要修改时，主管应与员工进行沟通、达成共识并记录修改的内容。

因此，在执行绩效执行的过程，需特别注意以下的3个关键点：

（1）管理者领导风格的选择和绩效辅导水平；

（2）管理者与下属之间绩效沟通的有效性；

（3）绩效评价信息的有效性。

■ **绩效评估**（Performance Assessment）

先行由员工进行自我评估，进而从客户、同事或部属端搜集相关资料；同时，主管评估员工绩效时，可整合其他相关部门主管的意见，再与员工进行会谈。图4-7显示绩效评估的多方来源。

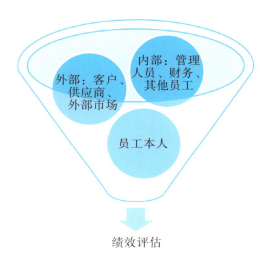

图4-7 绩效评估来源

■ **绩效面谈**（Performance Review）

面谈沟通是管理人员与员工之间进行的一对一的口头沟通形式，面谈一般是在两个人之间进行的，通过面谈可以使主管与员工进行较深入的探讨，可以讨论一些较敏感的问题及某些不宜公开的观点；而且如此方式让员工有一种被尊重和重视的感觉，容易拉近上下级之间的心理距离，有利于在上下级之间建立融洽的人际关系；最后，主管人员可以针对每个员工的具体情况提供个性化的辅导和帮助，做到因材施教。

通过面对面沟通，主管与员工一同讨论这段期间内已达成的目标、绩效、行为的有效性、整体的绩效评鉴及训练成长的进度与结果。同时让员工明白，上述各项信息，同时也是未来调薪、升迁、人才培训及资遣之参考依据。

■ **绩效改善循环**（Performance Improve Cycle）

此阶段可谓第一阶段之翻版，根据时空环境的改变，重新进行绩效规划。员工和主管可以修正原定的目标与标准，发展出更契合当时可使用的发展目标与行动计划。

### 4.3.3 激励性薪酬设计与管理

#### 4.3.3.1 什么是激励性薪酬

传统薪资制度是以重视团队和谐，谋求员工生活安定为诉求，薪资的发放以群体合理性为考虑基础，采取年资递增的政策，且为避免繁杂计算，多采用固定式的薪资。如今，运用薪资与绩效相互连结的激励性薪酬奖励制度，是激励员工、管理员工，同时也是有效控制薪资成本的管理方向。

#### 4.3.3.2 薪酬管理架构

到底企业该如何制定一个合理且完善的薪酬政策呢？一般来说，好的企业薪酬政策制定的流程，应由企业经营的愿景及战略展开，连结企业内人力资源管理战略，进一步制定并规划薪酬政策（见图4-8）。

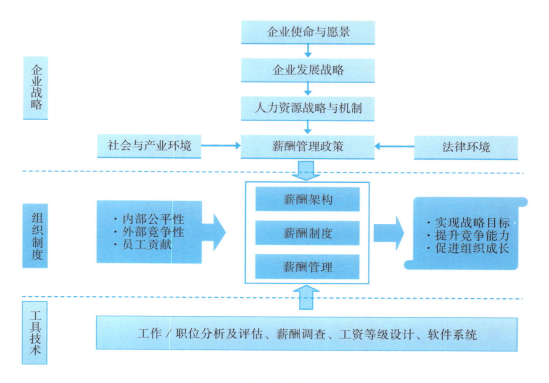

图4-8 战略性薪酬管理架构

## 第4章 战略人力资源管理

### 4.3.3.3 进行薪酬设计的基本原则

（1）除非是新设立的公司，否则进行薪酬设计时，不能完全丢弃旧体制的规范，应做"体制内改革"，才能创造和谐并建立具有共识的员工关系。

（2）了解同产业内的薪酬水平，以求维持外部竞争，利于人才的获得。

（3）薪酬设计必须配合组织、职位体系及晋升办法，三者结合，才能相辅相成。

（4）薪酬设计贵在客观与理性，必须考虑各职务的"相对价值"，发挥"属职"的特色（如表4-2）。

（5）对员工资历应给予适度尊重与参考，但并非无意义的"年功序列制"或"工作越久就一定领得越多"，以免造成人事成本递增，并防止高薪低就的后遗症，兼具"属人"的特色（如图4-9）。

（6）薪酬制度应反映员工的表现与薪酬的关系，但需杜绝酿成过度递延于薪酬差异之长期不公平，以发挥"属能"的激励效果（如图4-9）。

（7）薪酬的设计，应能实质满足员工生活及工作的基本需求，并顾及职务特殊性支付，进而对于表现优异者有应得的弹性奖酬（工作奖金或年终奖金）。

（8）薪酬设计的操作面，除应具备固定结构的恒常性外，在面临环境因素的变迁（例如工作技术改善、职位体系调整等）时，要能有效弹性调整，却不破坏整体薪酬架构。

表4-2 薪酬方案"属人""属职""属能"）比较表

| 方案<br>分析 | 属人薪酬 | 属职薪酬 | 属能薪酬 |
|---|---|---|---|
| 特色 | ● 衡量年资、学历而给付薪水 | ● 不执行该职务，则不支付薪酬（职务已标准化者较适用） | ● 能力够，不执行该职务，亦给付该职位之薪酬 |
| 优点 | ● 重视前辈<br>● 尊重经验（组织与工作相关者较有利）<br>● 具保障性 | ● 具同工同酬（不同工作不同酬）<br>● 较具客观性（可与工作配合）<br>● 具某种程度保障 | ● 激励真正有能力者<br>● 具加薪弹性（只要认定能力够）<br>● 较具开放、专业技能导向 |

（续上表）

| 方案分析 | 属人薪酬 | 属职薪酬 | 属能薪酬 |
|---|---|---|---|
| 缺点 | ● 可能高薪低就<br>● 薪酬成本不断增加<br>● 较无法激励年轻而能力强的员工 | ● 职级需先设定，较复杂<br>● 易僵化<br>● 以升等、升级为加薪依据（人事渠道升迁阻塞时，较缺乏激励性） | ● 过度竞争，较不尊重前辈（倾向个人主义）<br>● 能力评定较不易明确<br>● 薪酬管理不易 |

#### 4.3.3.4 薪酬设计方法

薪酬设计流程可见图 4-9。

- 完成工作说明书
- 完成工作规范表
- 进行薪酬调查
- 进行职位评价
- 完成薪酬结构表
- 进行人员等级归类
- 成本控制与调整修正

图 4-9 薪酬设计流程

■ **工作分析**

工作分析主要目的系在搜集数据，以了解工作内容、厘定工作内涵、改善组织效率及增进员工工作满足感，并可进一步依工作分析的数据，据以编写工作说明书、职责、细部工作规范及其任用资格条件，并可提供做为职位评价依据。

■ **确定薪酬结构与水平**

企业在建立、发展薪酬结构时，可考虑公司薪酬政策、薪酬级距表、各薪酬职等最低及最高给付范围、个别员工薪酬纳入薪酬结构等四个因素，于完成此阶段前，可利用"薪酬调查"及"职位评价"作为决策依据。

● **薪酬调查**：薪酬调查的目的，主要是为了解外界薪酬的改变情形，使公

第4章 战略人力资源管理

司的薪酬能与同业匹配，并求出薪酬曲线。薪酬调查的主要作业活动包括：

（1）定义薪酬调查的对象。

（2）确立薪酬调查的家数。

（3）选择代表性的职位。

（4）确定要搜集的数据：有些企业给员工的本（底）薪高，有些则是福利多；调查时必须兼顾。

（5）搜集薪酬数据的方法：必须事先设计薪酬调查表，包括工作职位、工作说明、学历、经历条件、职位于公司的服务年资（需列示说明是否包括以前工作的年资）、目前担任此职位的人数、最高薪酬、最低薪酬、平均薪酬的金额等。

（6）薪酬调查的过程：最常采用的方法，包括访谈法、邮寄问卷法、电话联络法等。

（7）数据回收与整理。

（8）薪酬调查的周期：通常以一年为基础。

（9）年度薪酬调查的作业准则：为确保薪酬调查结果的连续性和准确性，必须注意是否每年都在同一个时间点调查、调查群体的差异、结果的比较等。

（10）取得薪酬调查后的管理作业：在招募、留才及制定薪酬福利政策时能善加利用。

● **职位评价**：职位评价重在解决薪酬的对内公平性问题，其主要就是建立工作的相对价值，将其重要目的列示如下：

（1）它是比较企业内部各职位的相对重要性，得出职位等级序列。

（2）它是为进行薪酬调查建立统一的职位评价标准，消除在不同公司间，由于职位名称不同，或即使职位名称与角色相同，但实际工作要求和工作内容不同所导致的职位难度差异，使不同职位之间可互相进行比较。

（3）它是促进管理者对员工、对工作与薪酬获得一致共识。

在企业进行职位评价时，有以下几个主要步骤：

（1）搜集有关职位信息，其主要信息应来源于工作说明书。

（2）选择职位评价人员，组成职位评价委员会（职位评价工作的领导和执行单位）。

（3）使用职位评价软件评价职位。由专家设计并讲解职位评价的原理和方法，以及职位评价委员会的工作方法，根据专家设计职位评价方案框架，经由职位评价委员会讨论确认后执行。

（4）评价结果整理：当所有职位评价结束后，将结果综合在一起评论，以确保结果的合理性和一致性。

职位评价的对象为"工作"，系对工作"质"的衡量，而工作的价值捉摸不定，故必须有一客观标准方法为衡量工具。大多数传统的职位评价计划，都是由下列四种基本方法的组合：排列法（非量化）、工作分类法（非量化）、因素比较法（量化）和因素点数法（量化）。每个方法各有其重点及优缺点，在此不另讨论。至于要选择哪一种职位评价方法，主要取决于下列因素：

（1）企业组织的规模。

（2）工作的种类多寡和复杂程度。

（3）可用经费的多寡。

（4）要评价的工作水平。

（5）管理当局对目前职位评价方案的了解程度。

（6）员工对职位评价的接受程度。

（7）目前业界采用职位评价的方法。

（8）现行企业实施的薪酬制度与薪酬成本的现状况。

借助职位评价制度的建构完成，可作为人力资源管理体系中聘雇、绩效评估、薪酬管理及人才培育体系的建立基础。

● **建立激励性薪酬结构**：未来应依公司薪酬政策，在薪酬制度设计时，进行前述各要素间的组合应用，设计一不符合公司及员工期望的薪酬结构，提升企业整体竞争力。

一般而言，设计薪酬结构可依下列7个步骤进行：

（1）画出市场工资曲线（平均薪酬线）（需剔除薪酬调查差异过大的数据）。

（2）画出公司目前的工资曲线（平均薪酬线），如图4-10。

（3）决定公司薪酬政策线。

（4）决定职位等级数（即职等职级表，可见表4-3）。

（5）计算各职等的薪幅中等线。

（6）决定各职级的薪幅范围。

（7）完成薪酬结构设计（见表4-4）。

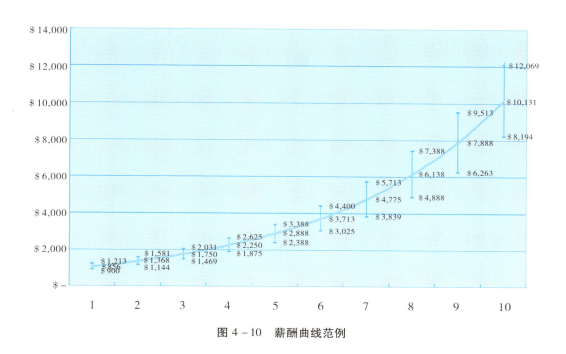

图4-10 薪酬曲线范例

表4-3 职等职级表范例

| 职系<br>职等 | 技术人员 | 事务人员 | 设计人员 | 储备干部/主管 |
|---|---|---|---|---|
| 一职等 | 技术员 | 助理专员1级 | – | – |
| 二职等 | 技术士<br>技术佐 | 助理专员2级<br>助理专员3级 | 助理工程师<br>– | –<br>– |
| 三职等 | 技术师1级<br>技术师2级<br>技术师3级<br>技术师4级<br>技术师5级 | 专员1级<br>专员2级<br>专员3级<br>专员4级<br>专员5级 | 副工程师<br>–<br>–<br>工程师1级<br>工程师2级 | –<br>–<br>–<br>组长1级<br>组长2级 |
| …… | …… | …… | …… | …… |

5D 管理地图

表 4-4 薪酬结构设计表范例

| 职等 | 薪酬（月薪） | | | | | 等幅（%） | 晋等率（%） | 等迭（%） |
| --- | --- | --- | --- | --- | --- | --- | --- | --- |
| | 最低薪酬 | 第一 1/4 分位 | 等中点 | 第三 1/4 分位 | 最高薪酬 | | | |
| 1 | 900 | 978 | 1,056 | 1,134 | 1,213 | 35 | 29 | 22 |
| 2 | 1,144 | 1,253 | 1,363 | 1,472 | 1,581 | 38 | 28 | 26 |
| 3 | 1,496 | 1,609 | 1,750 | 1,891 | 2,031 | 38 | 29 | 28 |
| … | … | … | … | … | … | … | … | … |
| 9 | 6,263 | 7,075 | 7,888 | 8,700 | 9,513 | 52 | 28 | 41 |
| 10 | 8,194 | 9,163 | 10,131 | 11,100 | 12,069 | 47 | — | — |

■ **现状人员套用**

完成薪酬结构设计后，即需依公司现状之员工薪酬进行套用，唯此时需注意对员工的实质影响为何，经试算与调整各项可行的方案。目标应尽量将对现职员工影响降至最低并能符合公司整体规划架构。并且思考配套措施，进行必要的员工沟通。

■ **薪酬制度之评估与控制**

而对于新制度推行后的新进员工，则应依制度规范，避免特殊情况的个案而破坏制度及内部公平性议题；并考虑特殊情况或政府劳动法令变动时，适时修正制度。未来须将薪酬制度之更新检讨列为公司每 3~5 年的必要工作任务。

### 4.3.4 职能管理

● What?（是什么?）

"职能管理"[1]，系针对人力资源中有关能力的"质量"进行管理的专门学科。

职能管理之所以受到全球企业高度重视，与企业发展历史有密切关系。在过去特别重视生产的时代，人力运用以工作分析与工作说明书（Job Description）为核心，企业依赖可以确保效率与速度的"职务"体系，强调工作职责与工作

---

[1] 有人译作"才能管理"（Talent Management）"能力盘点与职能盘点"（Talent Inventory & Competency Management）。

内容。近年来工作形态与组织结构的迅速变迁，传统的绩效评估方式与工作说明书都无法符合企业的需要，尤其对于主管的任用、升迁或是排定接班人计划（succession plan），更缺乏有效的评估依据。

通常组织内的员工有关"能力"的议题，会有以下两种：

（1）员工能力不足，无法胜任目前的工作。

（2）员工有能力，但是没有充分发挥的机会，不但浪费人才，同时也可能导致员工士气低落或离职的情况发生。

为了让员工适才适所，达到人尽其才的目的，首先我们必须了解一个成功的工作者在工作团队中应该扮演什么样的角色，以及为了有效扮演好这个角色必须具备什么能力，进一步通过招募及甄选的方式遴选出具备这些能力或特质的人来担任团队成员，并借助后天的学习与训练，以提升现有团队成员在这方面的能力。

因此，在特别重视创新与研发的现代，企业则必须依赖得以确保弹性与知识更新的"职能"（Competence）体系，以职能项目为核心，强调执行工作所需的知识（Knowledge）、技能（Skill）和个人素质（Attitude）。

当企业界定各单位的标准职能项目与定义描述后，通过职能盘点掌握职能差异情形，并客观的运用在招募甄选、教育训练、绩效管理、员工职涯发展、接班人计划等人力资源管理的功能活动上，可以使得企业在进行人力资源管理规划时，更能适才适所！如图4-11所示。

图4-11 职能管理概观

## How？（怎么做？）

职能管理可以参考图 4-12 分三大阶段：

图 4-12　职能管理推进阶段

### ■ 建构标准职能库

（1）职能的组成。

职能是一组"与职务相关"并可以"导致高绩效表现"的关键成功因素。不是心理学的用语，不需要推理与假说，而是一种可以被观察、衡量的行为组合。一般而言，职能可以由下列各项组成：

· 知识（Knowledge），指在特定领域中所拥有的知识或信息，而这些知识是使一个人"能做"某一件事，而非"想做"某件事，例如营销知识、财务知识、产品知识等。

· 技能（Skill），指执行特定生理或心智工作的能力，包括分析性思考与概念性思考，例如销售计划能力、组织能力、决策能力等。

· 个人素质（Attitude），指一个人与生俱来的特质，以及对信息或情境的一致性反应，例如冒险精神、正直、诚实、责任心等。

（2）职能行为的建构标准。

如前所述，职能是一种可以被观察、衡量的行为组合。很多企业常问到，职能行为该如何定义？以什么样的形态来表现才能清楚表达？如何建立盘点的标准？以全球企业的运作模式而言，职能行为的建构可分为两种表现方式，请见表 4-5 所示。

# 第4章 战略人力资源管理

表4-5 职能建构方式比较

| | | 职能→"标准分数" | | 职能→"行为量尺" |
|---|---|---|---|---|
| 说明 | 职能项目 | 制定统一规格的职能定义（在……情况下，表现……行为，以达到……目的） | 职能项目 | 一个职能项目，展开4~5个不同的行为描述 |
| | 标准分数 | 一体适用的5点量表 | 行为量尺 | 不同职能有不同量尺（数量不一） |
| 优点 | | 1. 职能项目，即清楚定义出：（1）外在条件，（2）行为表现，（3）目标/目的；<br>2. 使用同一套标准分数，盘点作业简单易懂；<br>3. 制度维护能快速因应组织异动 | | 1. 可以从盘点对象表现，较接近哪一种行为，作为盘点给分的依据，较客观具体；<br>2. 大量的文字描述，可作为职能传承的智库，亦可达到学习的效果 |
| 缺点 | | 1. 以同一套逻辑来给定标准分数，职能描述之独特性不高 | | 1. 架构过于繁复（区分职能项目/职能定义/行为描述），制度维护与更新耗时费力；<br>2. 需阅读大量文字讯息，方能进行盘点给分的判断，使用者的亲和度较低；<br>3. 行为描述的独特性较高，相对应用的层面亦较为狭隘 |
| 综合分析 | | 1. 架构简单、定义清楚，容易进行技术移转；<br>2. 维护与作业成本较低 | | 1. 周延但繁复，需长期仰赖专业顾问人员；<br>2. 需要较多的维护与作业成本 |

表4-6及表4-7分别提供"职能→标准分数"、"职能→行为量表"两种建构方式的范例，企业可依照可投入的时间、资源以及预期达到的目标，选择合适的职能建构方式（此两者之实务操作性与扩大延伸性有差别，请读者特别留意）。

表4-6 职能→"标准分数"范例

| 职能项目 | 人脉经营能力 |
|---|---|
| 职能定义 | 积极拓展对公司有价值的产、官、学界人脉，辅以良好的社交技巧与得体的社交礼仪，维持公司与各界的良好关系，以优先得到有价值的信息、获取更优渥的条件或者特别待遇 |
| 分数 | 行为定义 |

### 5D 管理地图

（续上表）

| 职能项目 | 人脉经营能力 |
| --- | --- |
| A | 具备发展教材成为专业讲师的能力／或已成为企业内部该领域的权威或顾问（或已成为企业内部的精神象征或表率） |
| B | 不仅能满足目前职务上的需要，还能有效指导他人（或能有效影响或辅导他人） |
| C | 具备该职能，且能满足目前职务上的需要（或能运用于工作与生活当中） |
| D | 略具该职能但尚不能独当一面，需要他人指导方能完成（或仍需他人激励与辅导） |
| E | 完全不具备该职能 |

表4-7 职能→"行为量表"范例

| 职能项目 | | 建立及善用人脉 |
| --- | --- | --- |
| 职能定义 | | 创造、维持及善用内外部不同的人际网络，以掌握及运用最新发展，善用不同才能，为双方长期目标的达成创造双赢 |
| 分数 | | 行为定义 |
| 1 | 基础 | ·了解同仁与客户的姓名及职掌，努力保持联系并记住细节<br>·让你的客户及同仁感受到他们的优先要务对你来说很重要<br>·向同仁、客户及/或合作厂商简要介绍你的角色，如此他们的期待才会清楚实际 |
| 2 | 进阶 | ·准备会议时，应考虑与会者的需求，而不是只有你的需求<br>·除了你的直属团队外，主动接触其他公司伙伴，和他们分享与他们有关的信息<br>·跟催客户，担任内部及外部联络窗口，以提供正确信息，并展现支持共同利益的意愿 |
| 3 | 娴熟 | ·和公司各阶层的伙伴保持联系，不仅是你的同侪团体而已<br>·和客户组织内各阶层的伙伴保持联系，不仅是你的直接窗口而已<br>·与现有客户群以外的产业、政府及教育机构等专业人士建立有目的性的关系 |
| 4 | 优秀 | ·战略性地与主要影响者及决策者建立关系，不仅是交换信息，而是一个相互承诺的关系<br>·审视及快速地解读新客户的文化，或新的工作情境，并调整自己及团队行为以适应新文化，同时维持我们的独立性及遵循风险管理政策<br>·了解专业及组织文化的差异，并试图调合两者；找出带来最大商业价值的人脉，并列出优先级 |
| 5 | 精通 | ·建立系统化的方法搜集与评估对公司及客户有影响的信息，并依此采取行动<br>·与相关产业及政府部门维持互惠关系，以取得有用信息，并促进对公司的肯定<br>·建立有效的跨区人际网络，致力于共同的战略利益；运用人脉协助在市场及专业领域中定位公司 |

## 第4章 战略人力资源管理

■ 开展多面向职能盘点

标准职能库建构完成后，必须决定由哪些人员以及哪些角色来参与职能盘点的评比作业。表4-8列示企业常用职能盘点的方式，并加以分析说明。

表4-8 职能盘点的方式

| 方式 | 主管反馈 | 360度反馈 | 外部专家反馈 |
|---|---|---|---|
| 说明 | 以直属主管及最高主管为主要盘点人，依工作指派交办及成果验收的情形给予反馈 | 由被盘点人个人及工作上密切接触的合作伙伴，从不同角度给予职能表现的反馈 | 通过外部专家的面谈或作业活动观察，给予业界基准的客观评比反馈 |
| 盘点人身分 | 直属主管及最高主管 | 直属主管、被盘点人本人、同事、部属、客户、协力厂商等 | 外部专业的咨询顾问 |
| 优点 | 主管通过日常的工作互动，可依据所有同仁的表现进行比较，结果较其他评比者客观公正 | 由不同职级、身份的多种角度，可从中比较认知落差，提升内部整体客观性 | 由经验丰富的专业顾问进行访谈、观察评比，使职能盘点兼顾外部客观性；以独立第三者的角度评比，可避免人际考虑影响 |
| 缺点 | 可能与日常考核混淆，易造成同仁较重视主管的喜好、疏于同侪间的团队合作 | 当同事互评的人数增加，盘点结果易受到"人际关系"或"人情压力"影响而失真 | 必须聘请外部咨询顾问，需投入其他成本 |

■ 制定管理运用计划

运用职能盘点结果，展开职能落差分析，从差异分析统计出职能分布情形，掌握需要加强的能力项目及需求人数，作为人力资源管理不同阶段的参考运用：

（1）招募甄选。

当企业的组织规模与功能不断地快速改变之际，需要引进许多基层人员甚至主管来壮大实力，企业可以借助职能盘点，在招募甄选时评测应征者的工作职能，淘汰能力不足之不适任人员，筛选出具优势职能的应征者，安排进一步面谈，以满足未来组织改变的需要，促进组织人才发展的良性循环与发展组织的人力资本。

（2）教育训练。

进行教育训练规划时，先了解员工的职能落差项目，掌握每一位员工的优缺点之后，公司内部的教育训练制度，即可直接针对该弱点设计适当课程，并挑选适当人员培训。借助360度职能盘点的结果，可以作为每位员工的训练需求与规划依据的重要来源，借此安排出重点的训练课程，提供了一个较过去更为务实客观的需求信息！而训练课程结束后，再检测其职能契合度的变化程度，以验收训练成效，并进行后续训练的调整参考。

注：过去许多人都认为培训的"投资报酬"无法衡量，利用职能盘点的差异分析，便能快速掌握训练的实质成果。

（3）绩效管理。

执行绩效管理时，可将标准职能库中的职能行为指针：定义作为员工考核的比较基准，但为了避免在执行绩效评估时影响真正职能的评估，组织的绩效考核项目，应该与组织的职能有所差异。分别完成职能盘点、绩效考核后，将两项结果相互对照比较。若职能表现佳，绩效成果却不好（表示拥有工作表现好的条件，却未能发挥实质的成果），必须进一步了解是否存在意愿低落、士气与向心力不足，或其他原因导致绩效表现不好；反之，职能表现不好，但在绩效表现上有良好成绩，则应探究是否还有哪些关键行为、原因影响绩效成果，以适时调整职能标准，如此才能使职能有效地予以运用！

（4）员工职涯发展与接班人计划。

现在的员工愈来愈重视自己在企业组织内的成长，职能盘点可以作为员工了解其个人优、劣势的工具，使得员工重视自己能力发展的深度及广度。在扩大工作领域、工作内容丰富化之前，必须由主管与部属每年相互讨论，及设定年度学习发展的目标。另外，在评估岗位调动升迁时，也可以用工作职能作为评断标准，找出具发展潜能的优秀人才，培训为储备干部或主管接班人等。

## 4.4 个案探讨

### 4.4.1 媒体业

#### 4.4.1.1 个案背景

X集团是一个综合性传媒企业，现有总资产50多亿元，在全省17个市和北

上广等地均设有机构,已成为一家以党报为核心,拥有 11 报 11 刊 5 网站和 1 家出版机构、8 个公司的综合性传媒集团。集团拥有 6 个百万级媒体,报刊期发量 800 多万份,日原创新闻信息汉字 100 多万字,是 X 集团所在省最大的新闻信息平台和外界了解该区域的重要信息窗口。X 集团已连续 10 次入选"中国 500 最具价值品牌",品牌价值达 48 亿元;X 集团所成立的新闻网站,日点击量 1000 多万次,为"中国最具品牌价值新闻网站"。

X 集团为传统行业出身,面对新时代的创新改变,难以脱离传统媒体的工作习惯与管理思维(记者、报社编辑、杂志刊物编辑等),缺乏现代企业的运营管理经验。虽然也顺应 Web1.0、Web2.0、Web3.0 的互联网潮流发展,大笔投入资金在新媒体渠道的建设,但未投入内部运营管理的优化建设工作,导致管理成本持续上升,但营收与利润却未得到明显提升。

其中主要是在于 X 集团对于新旧媒体行业的差异,未得到全面的认知。对企业来说,新媒体与旧媒体的差异,不在于互联网这个渠道,而在于商业模式(Business Model)与收入来源的不同,如表 4-9。

表 4-9 新旧媒体的收入来源

| | 新媒体 | 传统媒体 |
| --- | --- | --- |
| 收入来源 | 广告<br>O2O 商机<br>跨行业电子商务等 | 广告<br>刊物收入 |

且 X 集团在新媒体的三个特性(个性化、快速化、移动化)下,并未足够重视到关键角色的转移:新媒体比传统媒体多了软件(APP)这个角色,互联网时代,软件比硬件更为重要。

(1)个性化:以消费者为核心来呈现内容,例如 UGC 类型网站。

(2)快速化:以互联网为平台,随时可搜寻取得想要的信息。

(3)移动化:移动终端盛行,随处可与媒体传播渠道衔接。

因此,X 集团委请笔者为其进行组织变革设计与管理优化创新项目,为 X 集团从组织、流程两方面进行变革优化,为 X 集团奠定面对现在及未来更大挑战的基础。

4.4.1.2　导入时程与步骤

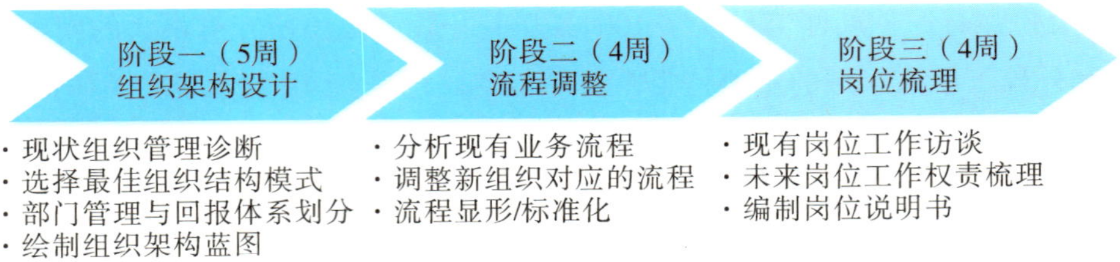
阶段一（5周）
组织架构设计
阶段二（4周）
流程调整
阶段三（4周）
岗位梳理
· 现状组织管理诊断
· 选择最佳组织结构模式
· 部门管理与回报体系划分
· 绘制组织架构蓝图
· 分析现有业务流程
· 调整新组织对应的流程
· 流程显形/标准化
· 现有岗位工作访谈
· 未来岗位工作权责梳理
· 编制岗位说明书

图 4－13　X 集团项目导入时程与步骤

4.4.1.3　项目执行状况及效益

■ **组织架构设计**

X 集团过去并未有进行较完整科学的战略执行的展开，因此，在进行组织设计的时候，则以新媒体的发展方向为主轴并从以下几个方向展开：

（1）总部与子公司之间，哪些职能应集中？哪些应分散？（见图 4－14）

（2）员工应该各司其职？还是身兼多职？（见表 4－10）

（3）传统报业行业的组织调整与转型设计案例分享。

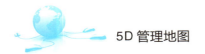

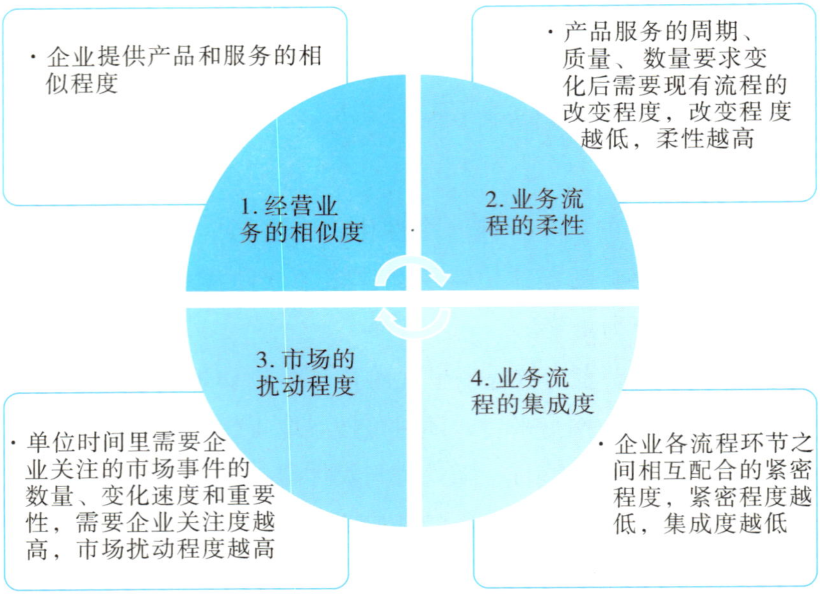
· 企业提供产品和服务的相似程度
· 产品服务的周期、质量、数量要求变化后需要现有流程的改变程度，改变程度越低，柔性越高
1. 经营业务的相似度
2. 业务流程的柔性
3. 市场的扰动程度
4. 业务流程的集成度
· 单位时间里需要企业关注的市场事件的数量、变化速度和重要性，需要企业关注度越高，市场扰动程度越高
· 企业各流程环节之间相互配合的紧密程度，紧密程度越低，集成度越低

图 4－14　四大因素决定组织职能的集中和分散

## 第4章 战略人力资源管理

表4-10 专业化分工、非专业化分工之优缺点分析

|  | 人力成本 | 运营效益 | 工作效率 | 管理要求 |
|---|---|---|---|---|
| 专业化分工（各司其职） | ☹ 对人员的数量和专业素质要求较高，人力成本高 | ☺ 人员在分工领域更加专业，利于降低各项工作风险<br>☺ 专业人员的工作质量佳 | ☺ 专业能力强，主动发掘并解决问题<br>☺ 专注自我领域，工作效率更高<br>☹ 比较难以协调，需要比较完备的制度支撑 | ☹ 对管理人员的专业能力要求较高 |
| 非专业化分工（身兼多职） | ☺ 一个人同时肩负多种任务，节省人力成本 | ☹ 无法专业深耕分工领域，专业水平差<br>☹ 工作质量相对较差 | ☺ 综合能力较强，需要更多统筹协调<br>☹ 在专业领域工作效率相对较低 | ☹ 对管理者的综合能力要求较高 |

☺ 优势　　☹ 劣势

在依照经营方向进行设计时，在经营团队间遇到两大关键问题：营销是否集中？内容采编是否集中？因此，在进行规划时，笔者咨询团队亦依此两个关键问题的交叉提供不同的组织架构设计，并分析其优劣势，供 X 集团决策团队充足的决策参考信息（如图4-15）。

# 5D 管理地图

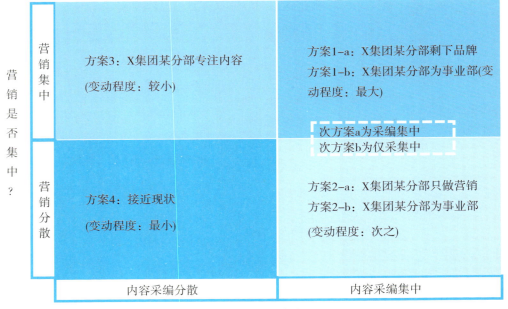

图 4 – 15　X 集团两大关键问题对应解决方案

■ **流程调整**

新的组织架构也意味着企业运作的流程需要调整改变，因此，在完成组织架构的设计后，先针对 X 集团的现状流程进行了盘点梳理。如表 4 – 11，显示了 X 集团的流程状况。而表 4 – 12 则为其中一个具体流程之优化改善建议。X 集团并依此进一步展开相关流程的改造与优化。

表 4 – 11　X 集团流程现状梳理小结

| 现状 | 现状说明 | 现在要做的事 | 未来要做的事 |
| --- | --- | --- | --- |
| 流程未标准化 | 1. 现有收集的流程图绘制未标准化；<br>2. 缺乏标准作业程序（SOP）；流程操作加以规范； | 梳理内容采编、活动策划和美工技术流程，制作标准作业程序书（SOP） | 1. 将新媒体集团的流程文件全部进行梳理，制作成标准作业程序书（SOP）；<br>2. 优化流程 |
| 流程未完整 | 1. 部分子公司/部门未收到流程文件 | | |

(续上表)

| 现状 | 现状说明 | 现在要做的事 | 未来要做的事 |
|---|---|---|---|
| 流程权责不明 | | 整理现有审核情况，制成《核决权限表》 | 明确各个审核的权责情况，并进行规划，保证流程效率 |
| 流程效率有待提升 | | 流程相似度或者相关度集中，成立中心，统筹管理提升效率 | 分析流程的瓶颈环节，并进行改善，优化流程 |
| 缺乏专人管理企业流程 | | 培养现有人员流程知识，先从基本维护开始 | 设置专门化流程岗位，并寻找专业人员，对流程进行定期分析和监控 |

表4-12 内容采编流程：问题点及优化建议收集

| 作业活动 | 问题点 | 改善建议 | 需要资源（预算、人力、软件、硬件） | 可能的风险 |
|---|---|---|---|---|
| 派出采访人员 | 有采访权限的部门太多，容易撞线或权责不清涉及部门：要闻中心、经济新闻中心、时政新闻中心、各子公司 | 成立采访中心，采访与经营分开 | —— | —— |
| 采访人员现场采访及编写稿件 | 通讯员稿件基本上不符合基本的新闻稿件规范 | 应加大审核把关力度，加强通讯员培训，并采用淘汰机制 | 综合办公室协调各部门负责人开会协商确认，并公布，技术部门在现有平台基础上研发 | 删改稿件后负责人及编辑分担风险 |
| | 新进员工岗前培训缺少行之成文的文本材料 | 制作规范的新进员工培训系统，并进行岗前测试，重要岗位考核通过之后才能操作 | 需要综合办与区域新闻中心协商解决 | 人力及组织上缺失 |

5D 管理地图

（续上表）

| 作业活动 | 问题点 | 改善建议 | 需要资源（预算、人力、软件、硬件） | 可能的风险 |
| --- | --- | --- | --- | --- |
| 主任审稿 | 落实情况不详 | 从软件解决，远程采编库增加主任审稿环节，需要增加远程采编系统的功能 | —— | |
| 编辑排版 | 部门系统多，一天编辑工作要在多个不同的平台跳转，影响工作效率 | 希望技术给力，实现统一平台，多系统高度融合，解决稿件重复抓取 | | |
| 发布稿件 | 推荐标准缺失，对于记者、各采访中心、其他部门要求上首页的稿件没有一个统一的标准，基本上是行政的模式操作，编辑的自主权或者参考标准没有 | 制定推荐标准，便于编辑直接参考 | 总编室协商各部门主任协商 | 人力成本/时间成本 |
| | 删改稿件失范 | 公布具有删改稿件权限名单；增加后删改（自动）记录功能，并附上删改凭证 | | |
| 其他 | 跨部门专题制作缺失统一的协调机制 | 在总编室增加一名专职的美工和技术人员 | 需要领导同意，并得到技术美工支持 | |
| | 缺少一套行之有效的激励性考核机制 | 从集团顶层设计着手，建立优化的激励性考核机制，有奖有罚 | 需要集团领导层协商，财务预算，人事安排上综合考量 | 增加部分人力成本，短期打破了既有的平衡 |

在项目最后的结案发表会上，X集团项目经理经内部团队及各单位的协调观察，

整理出如图4-16的项目效益,并且也获得集团经营决策团队的高度认可,为X集团面对新环境的挑战打下了应对的基础,并且内部团队在项目过程中亦接受外部咨询团队的训练,能够在项目完成后继续发扬光大,持续深耕推动。

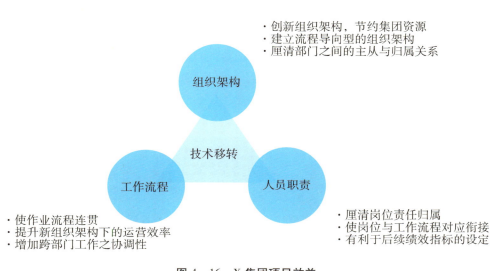

图4-16 X集团项目效益

### 4.4.2 电子零件制造业

#### 4.4.2.1 个案背景

A公司主要业务为专营IT、数字家电及手持式电子零组件之设计、制造与销售。自成立以来秉持一贯创新的研发精神及对完美质量之坚持,除专利核准件数于企业排行中名列前茅外,亦陆续通过ISO9001、ISO14001、ISO/TS 16949、HDMI协会及国际大厂Green Partner认证,系专业之计算机及通讯连接器制造之领导厂之一。A公司目前全球拥有5座专业制造厂及美、日、韩、东南亚等营销据点,提供客户全方位(One-Stop Shopping)的零组件供应与实时之产品技术服务。

我的伙伴崔胜健先生在此个案中担任项目负责人,其与A公司总经理于项目投入前期即谈到,面临知识经济及不断创新变革的时代,A公司亦不断随着时代进行变革调整以求永续经营,但在面对着快速变迁,企业内的人力资本是否能跟得上公司及环境的变化实是A公司的一大挑战,具体包括以下几个重点:

（1）在公司经营理念下，如何结合各项人力资源战略？
（2）公司现有的人才是否符合组织发展所需？是否能推行运营方针？
（3）如何从众多员工中，挑选适合的人员予以晋升或担任储备干部？
（4）员工中长期训练发展计划如何展开？

为了更快速、更精准掌握人力资源规划及发展方向，A公司导入职能盘点机制，以促进人力资源运用效益优化。

#### 4.4.2.2 导入时程与步骤

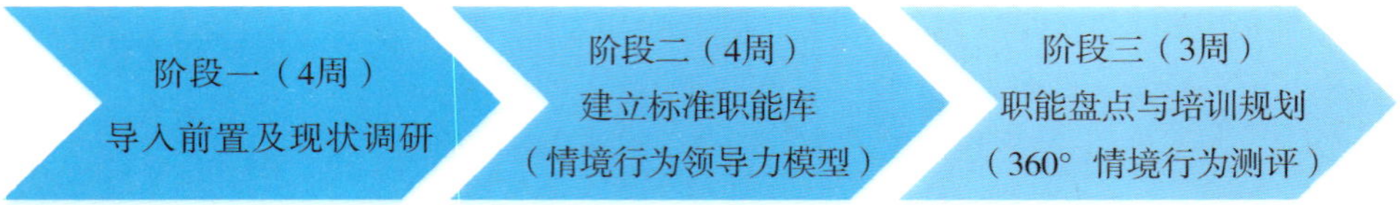

**阶段一（4周）导入前置及现状调研**
- 确定导入层级
- 确定职能架构
- 搜集现有工作项目与职掌
- 检视各部门工作说明书

**阶段二（4周）建立标准职能库（情境行为领导力模型）**
- 进行职能访谈
- 订定职能项目及重要性
- 建立职能字典
- 完成标准职能库

**阶段三（3周）职能盘点与培训规划（360°情境行为测评）**
- 设计职能问卷
- 召开盘点说明会
- 进行职能盘点
- 职能盘点差异分析
- 职能短板培训规划
- 盘点分析说明结案会议

图 4-17  A公司职能盘点项目阶段

#### 4.4.2.3 项目执行状况

在此项目中，顾问团队依据A公司愿景、企业文化及业界标杆，为A公司建立一套完整的职能管理体系。

（1）情境行为领导力模型：快速地确定某个岗位所需要具备的各种能力。
（2）以Q-competency方法进行A公司职能重要性排序：快速地确定某个岗位所需要具备的最重要的能力。
（3）360°情境行为测评：评估出现状与标准间的差距。
（4）立体式学习解决方案：评估出现状与标准间的差距。
（5）情境行为转换手册：从知识—技能—应用—行为转换—习惯—能力—效益的转换工具。

各项详细说明如下：
（1）情境行为领导力模型：

# 第4章 战略人力资源管理

我们引入了**流程模型**。我们将 BPR 流程再造理念应用到模型建构中，对企业真实任务流程进行模块划分，在工作任务流程基础上进行素质细分项的建设，并以任务模块的形式产出方案，形成了基于流程的素质模型（CBPM）。

每一个工作任务都是通过各个工作流程最终实现的，销售成交这个工作任务也是通过销售流程来实现的。通过统计分析多年的销售数据，结合基斯·伊迪斯（Krith M Eades）在《再造销售奇迹》中提出的解决方案——销售步骤流程模式，最终确立了完善的销售流程为"信息收集——电话邀约——登门拜访——创造机会（10%）——探究协商（25%）——购买意愿（50%）——口头承诺（75%）——合约协商（90%）——签约成交（100%）"。在每个任务阶段内，分析关键行为，可得出每个模块任务流程项里的主要职能。

在基于流程的素质模型中，不仅以任务流程项为单位进行素质细分，还对每个任务流程项进行进一步的任务细分，并进一步对细分的任务建设素质细项。以"登门拜访"为例。"登门拜访"是一个任务流程单位，进一步进行任务细分，如图4-18。

图4-18 任务细分与素质细分

流程模型能够真正把握销售流程中应具备的能力，然而针对每个流程中的素质进行的培训效果并不理想。销售人员在实际工作中无法恰当应用所学的方法和技巧，最终做出的行为在具体的工作情境中起不到很好的效果。如何能让培训更有效果？在销售流程的各个步骤中，都有一些关键的情境和目标，只有在这些关键情境和目标下运用正确的行为进行处理才可能得到好的结果。针对这些关键情境中的正确行为提取素质项（如图4-19），然后针对这些有具体行为依托的素质进行培训。

以登门拜访——产品介绍为例：

销售人员登门拜访客户，简单寒暄后，开始进入产品介绍环节：

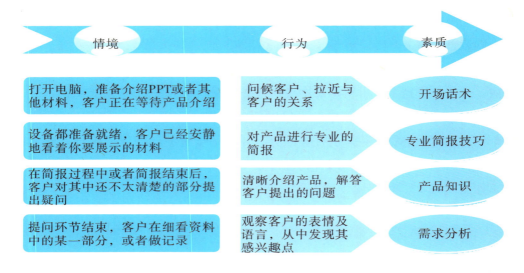

图4-19 情境行为模型：登门拜访—产品介绍示例

最后专家将情境行为模型理论应用于领导力发展领域，将领导力分别从三个维度进行分解，形成了独有的情境行为领导力模型。该模型包括：组织需求维度（战略导向、客户导向）、岗位需求维度（天赋优势、思维认知、工作管理、人员管理、知识的深度和广度）、个人需求维度（自我管理），合计八大模块。

（2）以Q-competency方法进行A公司职能重要性排序：

按照岗位—任务—流程—情境确认某个岗位基于情境行为的胜任力模型CB-SM（competency based STAR model），发现产出的模型具有过多的胜任能力，如前面所述，单单登门拜访中的产品介绍这一个关键情境就有4个胜任能力，按此类推，整个销售岗位有几十种胜任能力。这么多的胜任能力让应用者无从抓起。按照柏拉图80/20原则，真正对一个岗位起作用的胜任力应该不会超过6~10项，那么到底如何才能够快速准确地定位这最关键的20%胜任能力呢？

解决的方法就是要对这些胜任能力进行重要性排序。然而对胜任能力的重

## 第4章 战略人力资源管理

要性每个人都有各自的不同看法,这种主观性是可以传达且不受别人影响的,难以捉摸且不容易有系统去分析的。如何将这种主观的想法量化分析?

顾问团队在项目中,以 Stephenson 提出的专门研究人类主观感觉的研究法——Q方法为依据。通过多年对素质模型构建方法的深入研究,将 Q 方法理论引入到确认情境行为模型 CBSM 胜任能力重要程度中,并进行定制化调整,最终创造出确认胜任能力重要程度的方法——Q–competency 方法,简称为 Q 方法。

如我们要知道销售人员最关键的胜任能力有哪些?可将情境行为模型中销售岗位所有的胜任能力制作在扑克牌上,在每张扑克上印刷一个胜任力的概念及关键行为,让受测者进行重要性分配,这从中选择他们认为销售人员最应该具备的 10 种能力,并把这些能力按照 1～10 进行评分,然后统计每一个胜任能力的得分,评出了销售人员最应该具备的 10 种能力,如图 4-20。

图 4-20 Q 方法应用

按照这个原理，我们透过 Q – competency 职能建置 DIY 系统软件来实现这个选择的过程。应用软件使得这个选择的过程不受时间、空间的限制，而且还实现了统计的智能化、快速化和简易化。该系统内建的多组职能，可快速建立职能库，搭配自动化的计分方式，有效解决统计分析上的困扰。也为项目的时间进程省下大量的时间，为项目保留更多的弹性。

（3）360°情境行为测评。

针对某个群体或者某个个体，他们在这个岗位所需要具备的最重要的能力的现状如何呢？我们如何准确地评估出现状与标准之间的差距呢？

业界一般的做法是通过调查问卷来了解目标人员的现状，即针对某个能力设计调查问卷，然后请目标人员进行自我评价。而单纯的自评难免不够客观、准确，为了避免测评的片面性及主观性，一些企业会采用360°测评，也就是让被评价者自己、下属、同事、上司都对他的某项能力进行评价，这样就相对客观准确。可是应用一般方法所设计出来的能力测评，由于顾问公司或者测评公司对企业各岗位的工作任务不了解，对企业各任务的工作流程不了解，对企业各工作流程的关键节点（key point）及其行为不了解，导致做出来的 competency 大部分只是一个笼统的概述，没有深入到具体的行为，使得评估标准本身就不够清晰准确，因而被评价者自己、下属、同事、上司也很难对某个能力项目有非常精准的描述。可见360°测评虽然是个好工具，但是由于测评的内容不够理想，效果也大打折扣。

把基于情境行为的胜任力模型 CBSM（competency based STAR model，STAR 是指 situation – target – action – result）和360°测评结合起来，经过不断实践与修订，终于将此方法系统完善并命名为360°情境行为测评。

360°情境行为测评，简单地说就是把 competency 设计到非常细致的情境 – 行为项，让被评价者自己、下属、同事、上司对具体的情境 – 行为进行评估。以销售人员登门拜访这个工作情境为例子，如表4–13所示。

# 第4章 战略人力资源管理

表4-13 360°情境行为测评—登门拜访

| 测评内容 | 情境行为 | 测评人员 | 得分/评语 | 与标准差距(1~5分) |
|---|---|---|---|---|
| 开场话术 | 精心准备开场白,寒暄问候后,自然地提出拜访目的以及这次拜访对客户的价值,拉近双方交谈距离,并让客户清晰明了接下来所要做的事情 | 上司<br>被测者<br>同事<br>下属 | | |
| 专业简报技巧 | 清晰专业介绍产品,运用富有渲染力的语言感染客户,与客户进行现场互动 | 上司<br>被测者<br>同事<br>下属 | | |
| 产品知识 | 熟悉产品知识,对客户的提问准确、清晰、专业解答,对复杂的内容能够运用简单的语言解释说明 | 上司<br>被测者<br>同事<br>下属 | | |
| 需求分析 | 仔细聆听客户的想法,鼓励客户打开谈话空间,畅所欲言,从客户的话语中发现客户真正的需求点,并进行专业分析 | 上司<br>被测者<br>同事<br>下属 | | |

(4) 立体式学习解决方案。

当确定需要优先解决的胜任能力后,该如何有效地培养这些胜任能力呢?一般的企业会通过培训或者咨询的方法来解决,可是经常会发现"培训的时候很激动,想起来感动,回去之后一动不动",或者咨询项目结束之后,一大堆文件束之高阁,而公司运营仍然照旧。为什么会出现这样的情况呢?在参考了国内外大量文献后,爱德发现能力的提升不是一蹴而就的。由于成人学习风格的不同,单纯应用某一种方法很难真正帮助客户实现从知识—技能—应用—行为转换—习惯—能力—效益的转换,只有实施全方位立体式学习,才能够真正达到这个目标。

随着现代科学技术的发展,可以应用于学习发展的工具也越来越丰富。爱德通过整理分析各种学习途径的方式及效益,并借鉴相关企业的实际经验,逐渐形成了包括自主学习(相关书籍阅读、书评、读书会、电子课件)、训练发展(SP 短信测评、线上测评、课前视频电子作业、实体课程 case study & role play、课后视频电子作业、互动培训游戏)、实践评估(情境行为转换手册、岗位轮调、软件管理评估、咨询)完整的三维立体式学习解决方案。最终将此结合了自主学习、训练发展、实践评估三个维度的综合性解决方案命名为立体式学习解决方案(3D learning)。

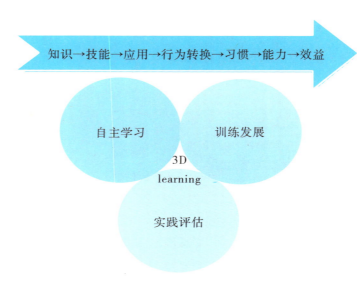

图4-21 立体式学习解决方案(3D learning)

  立体式学习解决方案,在实际应用中有其明显的效果及价值。一是通过读书会、视频电子作业、互动游戏等丰富的学习形式提高了学员的主动学习意愿,二是在实际的训练发展中能够从视觉、听觉、思考、互动、娱乐、乐趣等各种角度刺激学员去训练和发展自己的各种胜任能力competency(包括性格、态度、知识、技能),三是通过立体式学习解决方案培养的胜任能力,能够有效运用到实际工作中。

  对整个电影的制作发行过程进行分析,发现课程开发推广和整个电影的制作发行非常类似,都包括"选、编、导、演、映"这样的5个步骤(见表4-14)。

## 第4章 战略人力资源管理

表4-14 课程开放与电影制作的联系

| 模块 | 电影 | 课程 |
|---|---|---|
| 选 | 选择好的故事 | 应用情境行为模型，选择最需要提升的能力项目 |
| 编 | 根据故事原型进行剧本创作，包括整个电影安排的进程计划 | 根据选择的能力项目，进行完成的课程开发的设计，需要包括360度情境行为测评、case study & role play、电子课件等 |
| 导 | 导演按照剧本及拍摄计划给演员说戏 | 课程开发完成之后，开发人员要将课程如何讲授通过"选说教练跟"的流程教会给培训讲师 |
| 演 | 演员按照导演的要求进行实际的拍摄，过程中演员和导演有互动及修订 | 培训讲师按照课程开发人员的设计进行实际授课，授课过程中结合学员反馈与课程开发人员讨论修订 |
| 映 | 电影拍摄好之后宣传上映 | 学员实际应用培训中所学到的技巧并获得回报，对课程及标杆人员的推广 |

根据以上的思路，参考电影行业的"选、编、导、演、映"流程，结合顾问的基于情境行为模型，创造了一套完善的课程开发流程，把这个基于情境行为的胜任力模型 CBSM（competency based STAR model）的课程开发流程产品命名为课程要像一部好电影。通过这样的方法流程设计出来的课程，能够像一部好电影一样让人永久难忘，达到更好的学习效果。

那么对于具体课程实施中，对于课程又有什么样的要求呢？顾问顾问团队对于具体的课程的要求是课程内容的设计要与测评的情境–行为–结果相对应，要能够真正促进员工能力的提升，同时课程要寓教于乐，形式活泼，吸引学员能够学以致用。

按照这样的思路，顾问经过研究发现，在国际职场上，我们经常听到一些比喻，最多的是战争与运动主题方面的比喻，比如高尔夫运动中的一杆进洞以及棒球运动中的 home run。为了探讨高尔夫以及棒球与管理之间的关系，顾问专家团在深入研究后发现，打出一个好球原理与情境行为模型（STAR）有着惊人的相似：

情景（Situation）：球手击球之前需判断场上状况、来球是直线球、曲线球、速度、角度……管理者在处理一个问题之前需先了解现状。

目标（Target）：根据场上情况及来球，选择本垒打、安打或者短打……管理者首先要明确透过管理活动，确定我们期望达到一个什么样的目标。

行动（Action）：快速反应，球被投手掷出后约 0.44 秒飞过击球手，人的反应速度是 0.25 秒，击球手要在剩下的 0.19 秒内准确击球，才能打出本垒打。

管理者要在第一时间有效执行，大事化小，小事化了。

结果（Result）：场上状况的精准判断，战术的正确选择，雷霆万钧的一击，we got a home run！面对复杂的状况，在第一时间采取最合理的方法快速执行，将问题消弭于无形！

（5）情境行为转换手册。

在培训实施之后，如何能够让学员学以致用，能够达到帮助企业实现从知识—技能—应用—行为转换—习惯—能力—效益的转换呢？这其中"行为转换到习惯"的步骤是最核心、最重要的，这也是柯氏四级评估中的第三级—行为层评估的重点。

我们研究发现，很多行为层评估都只停留在形式上，简单地对培训进行 360 度评估，然后通过评分上的差异，对行为层进行评估。然而这种评估有时甚至会发现培训后的测评反而变得更差了，为什么会这样呢？

深究其原因，主要是忽略了行为转换的过程控制管理，培训过后没有对行为转换进行分阶段分节点的监控，采取放任自流的态度，使得培训对行为的调整效果逐渐流失，最终测评时培训的效果已经微乎其微了！所以对于学员行为转换最重要的是在过程中进行管理，让学员按照要求去实施学习到的情境行为处理方法，等到行为转化成习惯的时候，这种能力自然也就具备了。

为了帮助企业更好地实现和管理学员行为向习惯转换，提升培训效果，顾问结合行为转换的理论研究以及在实际咨询培训过程中的经验，研发设计了针对每一种 competency 的情境行为转换手册，从而确保帮助企业实现从知识—技能—应用—行为转换—习惯—能力—效益的转换。

以 A 公司的部分案例来说明。A 公司的整个运营管理等很多事情都是依赖高层人员，而该企业的高层管理人员不善于授权，下面的人员也只是单纯地执行领导的指派任务。当企业成长到一定规模的时候，不会授权的弊端就逐渐显现出来。为解决这个问题，这个企业也请过一些公司做过关于授权的培训，结果发现培训的时候很激动，想起来很感动，但是回去工作的时候一动不动！后来顾问有机会与这个企业合作，经过前期调研发现，授权对他们来说还是一个非常严重的问题，企业管理人对此也表示很无奈。授权本身也跟这个企业的文

第4章 战略人力资源管理

化、制度相关，咨询公司对企业的文化及制度进行调整的权力是有限的，那么如何能够在现有情况之下，改善这些管理人员授权的能力呢？

我们运用情境行为转换手册很好地帮助企业解决授权问题。首先对这家企业进行360°情境行为测评，根据测评结果为企业量身定制了一份可执行的《授权能力情境行为转换手册》，如表4-15。在这个手册中规定了所有的学员、培训管理者以及管理者的行为指南：

表4-15 授权能力情境行为转换手册

| 序号 | 行为目标 | 学员 | 培训管理者 | 董事长助理 |
| --- | --- | --- | --- | --- |
| 1 | 确认哪些工作是可以授权/不可以授权的 | 制作个人工作清单，标明哪些是可以授权的并说明理由 | 监控学员作业提交<br>需要时与外部顾问讨论学员作业内容 | 组织会议讨论确认每个人可以授权的工作内容（需要时外部顾问参与） |
| 2 | 了解自己部属的性格态度及能力成熟度 | 把自己直接管辖部属的性格态度及能力成熟度进行说明，并评估此人的可授权范围 | 监控学员作业提交<br>请相关部属自评性格能力成熟度并与管理者评价进行比对 | 组织会议讨论确认每个人可以授权部属及可授权范围 |
| 3 | 明确现在可以授权的任务——人员匹配 | 将目前手中所有可以授权的工作列表，并根据任务复杂程度及人员成熟度安排授权人选 | 监控学员提交相关报告<br>需要时与外部顾问讨论学员作业内容 | 组织会议讨论确认可授权项目及人员匹配（需要时外部顾问参与） |
| 4 | 具体授权任务——人选需要的管理力度 | 根据任务复杂程度及人员成熟度，确定具体授权项目的管理计划 | 监控学员提交相关报告<br>需要时与外部顾问讨论学员作业内容 | 组织会议讨论确认可授权项目计划（需要时外部顾问参与） |
| 5 | 授权任务的实施管控 | 在关键节点的管理、辅导、激励、批评、总结 | 监控学员提交相关报告<br>授权项目实绩总结 | 授权项目实绩评估（需要时外部顾问参与） |
| 6 | 授权能力提升总结 | 每个授权项目实施过程的心得分享 | 发表会<br>企业案例整理 | 表扬激励<br>宣传推广 |

通过经过这样一系列的培训后情境行为转换的动作,结合半年的咨询辅导,这个企业的管理人员(不单是作为培训学员的高层管理人员,还包括中基层管理者)全部具有了非常强的授权意识,并能熟练地应用授权技巧,企业的管理经营有了明显的改善,后期在对公司实施的员工满意度调查中,发现公司的整体满意度有9.5%的提升。

#### 4.4.2.4 人力资源管理运用

● 选才:每年例行提供新人招募、接班人选及储备干部筛选、职等晋升依循指针。通过求职者的履历表、工作申请表或其他相关数据以及面谈、测验等筛选方式,来检测确认各个求职者的个人条件是否符合工作说明书以及标准职能所定义的资格需求。

● 用才:提供绩效考核评核依据,除了让员工充分发挥其能力之外,并激发员工的潜能,进而帮助其做更完善的前程规划。为了员工的发展,让员工及其主管了解其现在的能力是否足以胜任现在的工作,以及未来将被派任的工作是否也能胜任。

● 育才:依据职能盘点分析结果,进行员工发展计划,并因材施教,重点放在员工能力的提升上,而不是升职加薪上;逐渐发展完善的教育训练体系,提供教育训练设计执行的方向,并安排合适人选参与受训。

● 留才:当员工薪酬、福利与环境安全等基本工作需求已达到充足水平,必须提供激励因素、营造舒适的学习环境,以期满足员工自尊与自我实现的需求。因此,通过职能盘点的结果回馈,帮助员工了解自己;依职能落差情形安排适宜的训练规划,使员工明确知悉未来发展路径。如此,企业便能有效掌握并留住关键人才!

#### 4.4.2.5 导入效益

A公司导入职能管理制度第二年开始,通过此项目将爱德情境行为模型运用于人力资源管理中选用育留各个模块,发现效果明显,销售人员的成交时间缩短了15%,成交率提升了19%,全司员工的工作效率提升了近17%,并且在人力资源管理及人员潜能开发、成长上获得突破性的发展。

(1)提升管理效能。

·通过内部讲师制度，进行知识传承。

特别针对资历 10 年以上的资深员工，分析其职能盘点分布情形，挑选内部讲师，使知识、经验有效传承，缩短新进员工的摸索期。

·提升人员派任决策速度与准度。

过去在人员安置、转岗规划上，耗费超过 1 个月的时间讨论、评选，且缺乏客观依据。经由职能盘点成果、其他辅助文件的交叉对比，通常在 1 个星期左右即可完成规划，大幅度提升决策速度与准度。

·落实储备计划，管理人才快速到位。

随着海外据点的扩张，管理职位的需求大幅增加，因此依现有管理职位数，遴选 1.5 倍的人员担任储备干部，任何管理职位出缺，立即展开补位的动作。

·建立组织"人才库"，以因应组织全球化快速扩张下的人力资源需求。近期内将以此基础更进一步建立"企业大学"，以建立扎实、永续成长的人力资源体系。

（2）塑造学习型组织文化。

·定期办理接班人遴选计划，并让储备管理职人员共同受益。

每年定期遴选一批主管候选人参与盘点培育，从中晋升 20%～30% 不等的主管职，另外，70%～80% 的储备人员亦同时接受培训，形同拿到晋升之路的门票，对现有管理职、储备干部及基层人员皆有激励作用！

·持续职能提升计划。

定期表扬职能优异人员，提升其荣耀感、激励其自我肯定，并鼓励经验分享，有效提携他人，促进组织整体运营绩效！

·员工成长与企业发展相结合。

企业员工熟知转调、晋升的基准与依据，刺激全员随时反省自我，使员工的个人成长目标与企业发展愿景相互结合。

最后 A 公司在导入职能盘点制度初期，主要先针对经理级以上之核心干部，而在导入应用了 1 年上手后即扩大办理，并与现行 e 化软件结合，增加盘点的作业效率及与相关配套措施的整合运用。

—扩大至课长级，并将职能盘点成绩结果提供给个人及主管参考。

—将职能盘点结果纳入公司人才库 e 化软件。

—针对职能项目表现较弱的部分，一年内分梯次训练强化，强化职能培育成效。

—通过在线查询的功能，使员工能清楚得知相应的训练内容及计划时程。

# 第 5 章　新时代的市场营销模式

## 5.1　新时代的市场营销模式全貌

**大师介绍**

**唐·舒尔茨**（Don E. Schultz）
- 美国西北大学整合营销传播教授；
- 世界著名的营销大师；
- 战略性整合营销传播理论的创始人；
- *Sales and Marketing Management*，杂志推举为"20世纪全球80位对销售和营销最有影响力的人物"之一；
- 经典著作《整合营销传播》是第一本整合营销传播方面的著述，也是该领域最具权威性的经典著作。战略性整合营销传播理论，已成为营销界最主要的营销理论之一；
- 最新力作《SIVA范式：搜索引擎触发的营销革命》主要探讨搜索引擎的发展给营销方式带来的革命性改变，并提出了SIVA分析范式的新理论。

**核心论点**

"整合营销"最重要的主题是关于目标市场是否更有针对性。营销不是针对普通消费的大多数人，而是针对定制消费的较少部分的人。"量体裁衣"才能最大化满足消费者需求。

我们应该设定的目标是：对消费者的需求反应最优化，把精力浪费降至最低。在这个意义上才能得到理想的营销哲学：营销需要综合考虑更多的目标消费者的点滴需求。

另外一个有价值的主题是——整合营销应该和消费者本身有关，也就是需要全面地观察消费者，以消费者为中心。消费者的概念更为复杂，因此，多角度地观察消费者将创造更多的机会，使得消费者不是"一次性购买"，而是重复购买同一商品。

整合营销观念认为，企业的所有部门而不仅仅是营销部门，都要为"满足客户需要"而工作，同时，企业的所有部门不仅仅要考虑客户利益，还要考虑企业利益。通过整合营销，可以实现两者的统一，形成持久的竞争优势。整合营销观念把企业的营销由策略提升到战略的层次，从而提出了业务整合和系统规划的必要性。

# 第 5 章 新时代的市场营销模式

> **核心论点**
> 营销战略整合理论把营销的视角分为四个层次：企业及市场层次、营销层次、执行层次、客户层次，相应地有市场研究、营销战略、营销战术、客户管理。

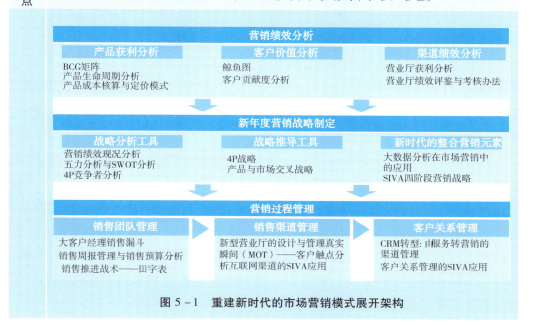

图 5-1 重建新时代的市场营销模式展开架构

## 5.2 营销的挑战与转变

### 5.2.1 传统营销面临的挑战

唐·舒尔茨在《整合营销传播》一书中，一开篇便写道："4P 已成明日黄花，新的营销世界已转向 4C。"4P 理论在 20 世纪 60 年代由美国营销学家麦卡锡（Jerome Mccarthy）教授在其出版的《基础营销学》一书中提出，他认为营销组合包括产品（product）、价格（price）、渠道（place）和促销（promotion）四个因素，而一次成功和完整的市场营销活动，意味着以适当的产品、适当的价格、适当的渠道和适当的传播促销推广手段，将适当的产品和服务投放到特定市场的行为。

4P 理论的提出是现代市场营销理论最具划时代意义的变革，从此，营销管理成为了公司管理的一个部分，涉及了远远比销售更广的领域。

20 世纪 90 年代以前，4P 理论是西方企业所奉行的营销模式：左边是公司，右边是消费者,他们由左向右顺序排列。营销人员运用报纸、杂志、收音机、电视等,通过说服的方式来进行营销。整个营销活动自营销人员始至消费者止。这会让市场营销人员产生一种错觉,认为他们控制着一切,他们所做的事情就是把产品往外推,只要把产品和服务卖出去,便万事大吉。

然而到了现在,消费者的选择增多,个性化需求越来越强,他们逐渐对传统的强迫式的营销方式产生反感,他们不希望再看到电视广告、户外广告等,甚至有可能主动屏蔽它们。消费者掌控着一切,企业就需要围绕消费者而变。于是,西方的传播模式遇到了挑战。

4P营销理论为企业的营销策划提供了一个有用的框架。但它是以满足市场需求为目标的,重视产品导向而非消费者导向,代表的是企业立场而非客户的立场。4P理论告诉营销人员,销售工作的重点是,把一个能卖多少钱的产品,到什么地方,用什么样的手段卖给顾客。当企业不断通过促销手段吸引新顾客购买产品的同时,许多老顾客却从身边悄悄溜走。营销工作就像漏水的木桶,需要不断用新顾客来补充失去的顾客。随着消费者需求越来越个性化,这一理论已明显不能满足企业所需。

### 5.2.2 新时代市场营销

1990年美国学者劳特朋(Lauteborn)教授提出4C理论,这一理论不同于以往,以卖方/产品为主,而是以消费者需求为导向,重新设定了市场营销组合的四个基本要素:消费者(Consumer)、成本(Cost)、便利(Convenience)和沟通(Communication)。它强调企业首先应该把追求顾客满意放在第一位,产品必须满足顾客需求,同时降低顾客的购买成本,产品和服务在研发时就要充分考虑客户的购买力,然后要充分注意到顾客购买过程中的便利性,最后还应以消费者为中心实施有效的营销沟通。

在舒尔茨看来,世界正在步入一个消费者主导的时代,任何企业都要接受消费者的选择,而不再是"只此一家,别无分店"。这需要企业在营销传播上改变以往"消费者请注意"的旧思路,而改为"请注意消费者"的新思路,即企业的生产和营销活动都必须围绕着消费者进行。

舒尔茨认为,只有公司从整个架构上,而不仅仅是市场营销部门,都转为

## 第5章 新时代的市场营销模式

消费者导向,整合营销传播才会有基础。但是在中国企业里,很多经理人是从底层做起。他们长期处在远离消费者的那一端,对消费者需求的变化并不敏感。

而很多企业的失败还在于,公司的市场部门和营销部门之间内斗不止,相互都想占据主导地位。在整合营销传播理论中,需要整合的并不仅仅是传播方式,还包括组织的整合。舒尔茨说:"很多企业里营销部门众多,有些是专门做电视广告的,有些是做数字媒体广告的,各个部门之间相互不通话。而事实上,各种媒体平台是并存的,消费者有可能看电视时会瞄几眼电脑,打游戏时又会发几条信息。所以各部门之间也需要整合。"

从2006年开始,舒尔茨就与一家美国公司合作,进行一项名为"中国消费者季度研究"的调查。该调查一年4次,每次调查25,000名中国消费者。通过这项调查,舒尔茨发现,在媒体的使用习惯上,中国消费者已经远远走在了美国消费者的前面。在美国,很多人习惯于通过电子邮件相互联络,中国人却倾向于更直接的即时信息,比如QQ、微信、微博、手机短信等;美国人喜欢在电视机前打发时间,但是中国人的空闲时光则更多用于网上冲浪。

整合营销传播强调与顾客进行多方面的接触,并通过接触点向消费者传播一致的、清晰的企业形象。中国新媒体的异常发达,也使得企业与消费者的接触点增多(诸如微营销、社交营销、营销3.0、移动营销等诸多名词也都是由于新媒体的发达而不断发展出的不同接触点)。这些都为在中国实行整合营销传播带来前所未有的机遇。难怪舒尔茨在不同场合一再重复一句话:"中国需要整合传播,而且现在是非常重要的时刻。"

据舒尔茨预测,到2016年,中国家庭年收入4.5~18万元的中产阶级将会增至3.4亿人。"中国过去一直在出口,但是金融危机来了,欧债危机来了,美国市场不可能很快复原,欧洲市场更糟糕。"在这种情况下,他建议中国企业,"与其固守出口市场,不如从'拉动内需'的转型过程中寻找新的增长点"。

如舒尔茨所言,中国公司有很强的制造能力,可以生产出很好的产品,然而,对于很多企业来说,这些产品的生产并非源于市场的特别需求或者消费者的偏好,而是来自制造商的实力背景、资源和营销能力。在物资匮乏的时代,制造商作为最强大的供应链成员存在,他们决定着生产什么,并最终使消费者买到什么。这种模式被舒尔茨称为"供应链模式"。

而现在,由于游戏规则的改变,企业需要转为"需求链模式"。在需求链中，产品不一定发源于制造商，而是来自于消费者。"要占领消费者的心智。不是你要卖什么东西，而是顾客想买什么东西。这是一种从外到里的思维。"

舒尔茨所倡导的并不仅仅是一种思维方式的改变，他还为这种改变提出了确实可行的操作方法——一个5步骤的模型（如图5-2：IMC整合营销传播）。这个IMC模型是一个循环的圆圈，不断强化、不断改善，永远没有终点。

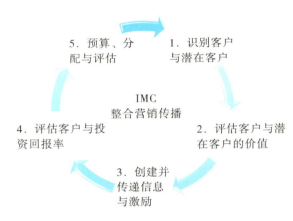

图5-2　IMC整合营销传播

- 第一步是要了解我们的消费者和真正了解消费者的行为，他们是新的消费者，还是老的消费者，他们住在哪里；有什么样具体的需求。
- 第二步是对每一个顾客或者潜在的顾客在财务效果上进行评估，简单地说，就是把客户进行区分，对每一种类型的客户需求进行更加详细的量化。
- 第三步是用各种促销手段，把信息传播到消费者的脑海当中去。
- 第四步是评估你对每一个顾客或者每一种顾客所作的投资是否值得。
- 第五步是针对这个客户制订资源分配计划。

对于那些习惯了出口路线的中国企业来说，要了解国内消费者的需求，并说服他们购买自己的产品，是一大挑战。而且中国企业是习惯于价格战的，总有企业在以比你更低的价格把产品卖出去，很多企业只能在这场没有硝烟的战争中越陷越深，分不出精力去关注它的"需求链"。

如果你去苹果专卖店逛逛，"在苹果的专卖店里，工作人员不是试图向你推销东西，而是向你解释各种产品是怎么使用的，有什么新的好玩的功能。"通过这种方式，苹果把营销转化成了一种体验。

## 第5章 新时代的市场营销模式

我们要做的是和他们分享价值,而不是怎么去赚他们的钱。把一部分利润分给顾客,这样你才能得到顾客,从而得到更多的利润。"尽管整合营销传播强调营销活动中多种传播方式的运用,但它也并非一个无所不包的大箩筐。企业只有打出漂亮的组合拳,才能占领消费者的心智。

## 5.3 新时代营销模式落地参考方法及工具

### 5.3.1 SIVA 四阶段营销战略

**营销工具之一:SIVA 战略**

● What?(是什么?)

SIVA 模型,这4个字母分别代表解决方案(Solution)、信息(Information)、价值(Value)和入口(Access);如图5-3。它是一个从消费者行为出发的研究方法。

这样就改变了营销活动中信息传播的方向,正如舒尔茨所言,营销人员不再主导一切,权力已经转移到消费者手上。客户或潜在客户成了发送信息的人,而不是索取信息的人,组织则变成了接收者与呼应者。

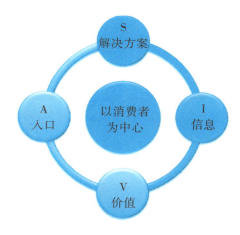

图5-3 SIVA 模型

过去，是以传播者为中心，信息单向传播，消费者被动接受信息，这时候的商业过程，有无法逾越的信息壁垒横亘在买卖双方中间，导致消费过程随意性居多，消费者更多的是在购物现场做出决策；而现在是以使用者为中心，互动信息广泛传播，消费者有能力主动地搜寻信息，信息的空前对称和透明，让消费者更倾向于理性消费，消费决策的关键时刻前移。品牌扮演的角色是为消费者找到答案。

● How？（怎么做？）

中国现在有 5 亿网民，3 亿手机用户，每天在百度上的搜索请求为 50 亿次。消费者在表达需求，不断寻找、修正并最终确定自己的解决方案的过程，实际上就是在 S-I-V-A 构成的网络路径中不断地调整方向、选择新路径并最终找到入口（A）的过程。

SIVA 模型来自搜索平台的驱动力。

对搜索引擎的认知、接受和广泛使用是这一切改变得以实现的驱动力。因为 SIVA 和搜索平台具有天然内在的一致性：以消费者为中心；实时提供消费者需要的信息；高效及时；以大数据（于第一章中已有说明）为依托；支撑主动决策；交互而非线性的。

搜索引擎：SIVA 的完整体现：

在任何时间点上，都有消费者驱动的数以亿计的 Moments 呈现在搜索平台上。每一个消费者在搜索平台上的Moments 都是独特的，如图 5-4。

图 5-4　百度搜索完整呈现 SIVA

在这些浩如烟海的大数据中，可以发现：消费者通过搜索问题表达潜在需求的时刻，通过站内外浏览被精准广告信息触达的时刻，通过聚焦搜索品类及品牌价值的时刻，通过深度沟通做出购买决策的时刻，都悄然发生在搜索平台上。

搜索引擎是消费者最真实、客观地表达自己需求的平台。在消费者的主动搜寻中，营销者最重要的是借助搜索引擎，在这当中，我们可将 SIVA 的四个字母做如下的定义：

S：倾听消费者的问题所在；

I：帮助消费者收集解决他们问题的信息；

V：关注促使消费者比较的竞品信息；

A：引导消费者选择目标营销途径。

例如，一个向网络搜索引擎求助的消费者通过在搜索框提交"怎么祛斑美白"表达了她的需求。在之后的几天里，通过和搜索引擎的互动，这个消费者广泛地搜集信息，在不断地权衡比较各种解决方案的同时，逐渐明确了自己的需求，并最终找到了一款专业美白产品，并在线购买，如图 5-5。

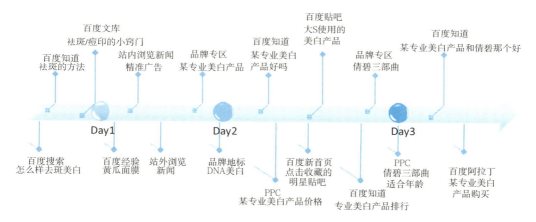

图 5-5　一个消费者借助搜索平台寻找美白方法的路径（以百度为例）

这些消费者与媒体接触的时刻，都是品牌通过媒体传播的一次机会，都是对消费者产生消费促进作用的一个时刻点。这些链接品牌与消费者的传播时刻称之为"媒体时刻"，媒体时刻无处不在。而透过 SIVA 的研究方法，了解消费者与企业之间的媒体时刻，并进一步规划这媒体时刻，才能足够有效地吸引消费者的目光并引导其决策。

## 5.3.2 客户触点（MOT = Moment of Truth）分析与管理

### 营销工具之二：MOT 分析

● What？（是什么？）

■ 何谓"客户触点"？

"客户触点"指的是品牌或产品每一次和客户互动的时刻。客户会在这个过程中感受并累积（正面或负面）印象。例如，客户在营业厅经由视觉、听觉、触觉（包含嗅觉）形成整体服务感知的各类接触与体验。

■ 何谓"触点管理"？

"触点管理"指由我们引发，促成客户在各类触点中形成最佳感知的一切管理动作。"触点管理"技术可帮助我们走出"客户期望的循环怪圈"，使基础服务差异化，并不断创新。

● How？（怎么做？）

可按实行情况进行弹性及更适当的调整。

图 5-6 客户触点分析与管理实施阶段

■ 客户触点盘点与分类。

在全球范围内，一天可发送 2900 亿封邮件，相当于美国两年纸质邮件的总和；全球的 BBS 一天内会产生 200 万条帖子的内容，如果把它积累下来，相当于《时代杂志》770 年的内容；一天之内在互联网上被传输、使用、观看的图片是 2.5 亿，如果把这些图片打印在纸上叠起来，相当于 80 座埃菲尔铁塔的高度。

消费者越来越聪明，他们不会傻乎乎接受那些你硬塞给他们的信息。他们知道回避、忽略那些他们讨厌的信息，他们有多元化的媒体消费行为，他们会通过多元化的途径获取自己想要的信息，会主动地寻找问题的解决方案……

# 第5章 新时代的市场营销模式

这样的情况带来的直接影响是，消费者获取信息的途径越来越多元化、注意力越来越碎片化，传统"灌输式"的营销方式似乎已经很难打动他们，或者品牌想传达的信息压根就到达不了受众。对于营销人而言，一切似乎变得不可控了。

一般可以将客户与企业产品或服务接触点的时刻分为三个阶段：

➢ 第一阶段：消费者产生需求并开始寻求解决方案的时候，这是品牌进行布点的"关键时刻"；

➢ 第二阶段：消费者开始进行信息比对的时候，品牌需要和消费者有深入的接触；

➢ 第三阶段：最后是产品出现，并最终形成购买的阶段，品牌在这个时候需要为消费者呈上"对的内容"。

因此，企业需针对所有可能的地方进一步了解盘点，客户触点盘点与分类见图 5-7。

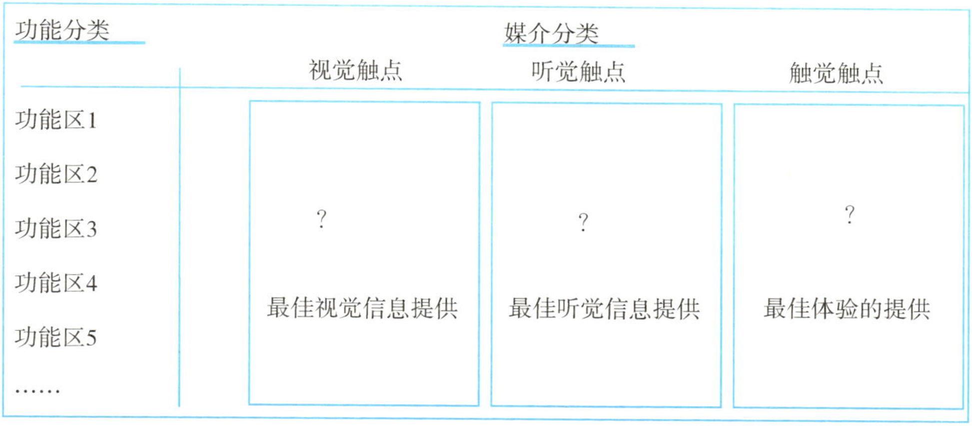

| 功能分类 | 媒介分类 | | |
|---|---|---|---|
| | 视觉触点 | 听觉触点 | 触觉触点 |
| 功能区1 | | | |
| 功能区2 | | | |
| 功能区3 | ? | ? | ? |
| 功能区4 | 最佳视觉信息提供 | 最佳听觉信息提供 | 最佳体验的提供 |
| 功能区5 | | | |
| …… | | | |

图 5-7 客户触点盘点与分类

■ 触点分析与管理。

在消费者主动搜寻信息过程中，最为重要的是倾听他们的需求。通过对消费者需求进行了解，营销者能够了解，消费者是在寻求解决方案还是寻求信息，是在衡量价值还是在找到这些获得解决方案的渠道和入口，从而能够让营销者提供满足消费者需求的方案，并通过实时更新，不断提供各种各样新的备选方案，帮助企业加强和扩展消费者的市场体验，如图 5-8 所示。透过每一个客户接触点需求的分析，企业能从中发掘各个触点的作为与管理。

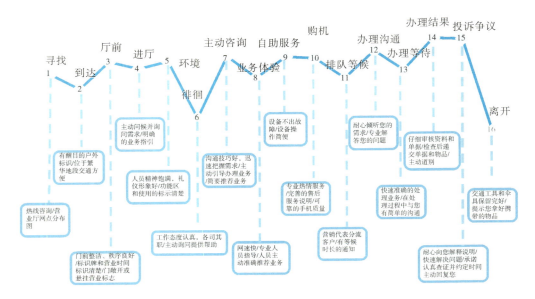

图 5-8　营业厅服务过程的触点及客户核心需求（范例）

### 5.3.3　销售漏斗管理

**营销工具之三：销售漏斗**

● What?（是什么?）

销售漏斗（也叫销售管线）是科学反映机会状态以及销售效率的一个重要的销售管理模型。通过对销售管线要素的定义（如：阶段划分、阶段升迁标志、阶段升迁率、平均阶段耗时、阶段任务等），形成销售管线管理模型；当日常销售信息进入系统后，系统可自动生成对应的销售管线图，通过对销售管线的分析，可以达到以下几个作用：

（1）可以很方便地计算销售人员的业绩责任额

（2）可以有效地管理和督促销售人员

（3）在给销售人员分配责任区域时有指导作用

## 第5章 新时代的市场营销模式

（4）可以避免人员跳槽时带走重要的客户

（5）可以让预算的达成变得可信能做立即更新

● How?（怎么做?）

**销售漏斗管理四大原则：**

■ 原则一：做销售控制过程比控制结果更重要。

对营销人员的过程管理，最基本的要求是控制到"每个营销人员每天的每件事"。例如海尔，他们对营销人员控制称为"三E管理"，即管理到每个营销人员（Everyone）每一天（Everyday）的每一件事（Everything）。

■ 原则二：该说的要说到，说到的要做到，做到的要见到。

从事项目性销售，要销售人员确保每一个阶段都能达成是非常重要的，每一个阶段其实就是一个里程碑，只有许多个里程碑都能实现才能确保项目成功。这是ISO的精髓，也是营销管理的精髓。

■ 原则三：预防性的事前管理重于问题性的事后管理。

销售人员最重要的是做目标规划、分析阶段、掌控过程、预测结果、掌握主动。营销管理人员通常习惯于问题管理或预防管理。企业的营销管理，不可能没有事后的问题管理，但问题管理太多，只能说明管理的失败。

■ 原则四：营销管理的最高境界是标准化。

销售其实是一个管理过程，中国人最缺乏的就是靠艺术、靠想象，然而，管理永远就需要科学，科学的管理就是可以模仿、可以复制，复制最关键的就是标准化。

把营销当作艺术、经验、悟性、灵感和个人的随机应变，使销售成为英雄主义。遗憾的是营销精英们的跳槽频率极高（竞争对手挖角的对象），管理起来难度也极大。他们既能为企业开发市场，也最容易毁掉企业的市场。这是代价和风险极高的营销体制。

**销售漏斗的实施。**

一本黄页就是一大把的机会，大把的机会可以被区分及确认成潜在顾客，再一步的接触，就可以将潜在客户转换成实际的客户，而这样的过程就是销售漏斗（如图5-9、表5-1）。

5D 管理地图

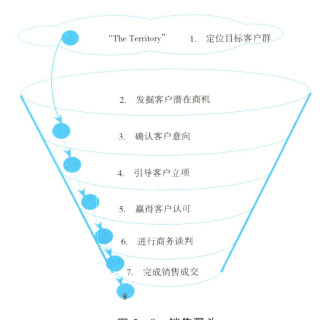

图 5-9 销售漏斗

表 5-1 销售漏斗各阶段说明

| 序号 | 阶段名称 | 阶段说明 |
|---|---|---|
| 1 | 定位目标客户群 | 1. 目标客户群：目标客户群是指我们的产品和服务能够适应或满足的特定客户群体或市场；<br>2. 例如，ERP 企业的目标客户群必须符合以下特征：<br>✓属于大中型制造业/金融/电信/证券/保险/电力/烟草/医药等多组织/多地点的集团企业或行业（知道市场的特性）<br>✓需要通过信息化来提升管理的企业<br>✓符合我们的产品应用特征 |
| 2 | 发掘客户潜在商机 | 1. 潜在的商机：指销售人员在目标客户群中通过初步评估后发现的一个可能存在的销售机会；<br>2. 销售人员必须应取得的信息标准如下：<br>✓客户的基本资料（如行业/背景/企业规模/人员等）<br>✓客户 IT 基本信息（已有硬件/软件/网络等基本资料）<br>✓参与竞争的软件厂商<br>✓客户的需求/预算<br>✓客户的项目组人员情况 |

（续上表）

| 序号 | 阶段名称 | 阶段说明 |
|---|---|---|
| 2 | 发掘客户潜在商机 | 3. 潜在的商机评估标准如下：<br>✓符合我们的目标客户要求<br>✓该企业需要应用信息化<br>✓该企业经济效益良好<br>✓目前无应用系统或系统不完善、应用效果不好<br>4. 阶段负责人员：客户经理（销售人员） |
| 3 | 确认客户意向 | 1. 意向客户：指经销售人员评估后，符合我们的产品并具备一定需求的客户项目；<br>2. 符合意向客户的特征如下：<br>✓客户对我们的产品和服务有兴趣<br>✓客户认同外购软件的方式<br>✓客户已经有初步的项目需求<br>✓客户开始在接触厂商或第三方咨询商<br>3. 阶段的负责人：客户经理（销售人员） |
| 4 | 引导客户立项 | 1. 引导客户立项：是指按照我们特定的项目标准评估后符合要求，并成立项目小组负责项目跟进；<br>2. 可开展评估的标准：<br>✓当销售人员获得意向客户的商机并按其标准取得相应的资料<br>✓销售人员根据确认客户意向的标准初步判断后，认为基本符合项目的要求，并上报公司并要求项目立项<br>✓销售人员必须取得以下立项标准的要求信息<br>3. 符合立项的项目资格的特征：<br>✓客户对我们的产品有一定的认同度<br>✓客户已有项目需求<br>✓客户已有初步的项目预算<br>✓客户已成立项目选型小组，企业领导层对此高度重视和支持<br>✓客户已有时间进度计划<br>✓已有第三方咨询商或竞争厂商介入<br>✓根据产品特征，有目的地对客户进行引导（可提供有关产品方面、白皮书等资料的PPT讲解）<br>4. 阶段的负责人员：项目小组 |

5D 管理地图

（续上表）

| 序号 | 阶段名称 | 阶段说明 |
|---|---|---|
| 5 | 赢得客户认可 | 1. 赢得客户认可：是指通过项目小组全面跟进之后，客户对我们基本认可，并达到以下标准；<br>2. 阶段特征：<br>✓客户对我们的产品认可，认为产品能够满足其要求；通过沟通已对产品做大体介绍<br>✓进入客户备选阶段，可进入下一步发展<br>✓已提交项目初步费用报价（包括项目软件/实施/服务费用报价）<br>✓项目在未来三个月内实现签单率的可能性在50%以上<br>3. 项目负责人：项目小组<br>（销售主管或项目经理、产品专家、行业专家、售前咨询顾问、实施顾问、分公司总经理、客户经理） |
| 6 | 进行商务谈判 | 1. 商务阶段：是指客户对我们的产品和服务初步认可之后，客户已确认我们是唯一厂商或备选的厂商之一；<br>2. 阶段的特征：<br>✓客户对我们已认可<br>✓客户已确认我们为唯一厂商或备选的厂商之一<br>✓已确定一个基本时间进度表，比如投标、合同谈判、签约等时间<br>3. 项目的主要工作：<br>✓异议的排队和沟通、必要的产品细节演示<br>✓商务正式报价<br>✓商务合同的谈判<br>4. 项目负责人：<br>项目经理、销售主管、公司高层 |
| 7 | 完成销售成交 | 1. 完成销售成交：是指客户与我们完成合同的签约并按照合同规定支付了相应款项，产品已经发货；<br>2. 阶段的特征<br>✓已按一定金额和付款方式完成合同的签订工作。<br>✓客户已按合同规定支付了相应的账款，并由财务已确认收入已到账<br>✓已向总部订货并在当地已发货<br>3. 项目负责人<br>✓项目经理、销售主管、财务主管 |

第5章 新时代的市场营销模式

了解上述定义后,仍应具体落实至企业内之销售管理,销售阶段评估表则可见表5-2。将企业内所有销售项目汇总于此表内,可使所有项目之状态一目了然,并针对每一项目提供不同的管理手段与资源。

表5-2 销售阶段评估

| 项目名称 | 项目经理（销售负责人） | 所处阶段（用●标注） | | | | | | 提供的产品 | 其他（请文字描述） |
|---|---|---|---|---|---|---|---|---|---|
| | | 发掘潜在客户 | 确认客户意向 | 引导客户立项 | 赢得客户认可 | 进行商务谈判 | 完成销售成交 | | |
| | | | | | | | | | |
| | | | | | | | | | |
| | | | | | | | | | |
| | | | | | | | | | |
| | | | | | | | | | |
| | | | | | | | | | |
| | | | | | | | | | |

5.3.4 安索夫矩阵（Ansoff Matrix）

### 营销工具之四：安索夫矩阵

● What?（是什么?）

"策略管理之父"安索夫博士于1975年提出安索夫矩阵。安索夫矩阵是以产品和市场作为两大基本面向,区别出四种产品/市场组合和相对应的营销策略,是应用最广泛的营销分析工具之一。

● How？（怎么做？）

安索夫矩阵是以 2×2 的矩阵代表企业企图使收入或获利成长的四种选择，其主要的逻辑是企业可以选择四种不同的成长性策略来达成增加收入的目标。如下图 5-10 所示。

（1）市场渗透（Market Penetration）——以现有的产品面对现有的顾客，以其目前的产品市场组合为发展焦点，力求增大产品的市场占有率。采取市场渗透的策略，借由促销或是提升服务品质等方式来说服消费者改用不同品牌的产品，或是说服消费者改变使用习惯、增加购买量。其特点如下：

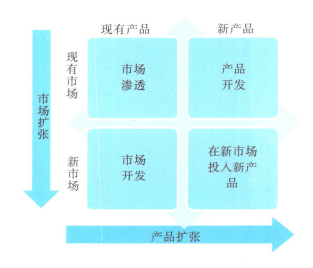

图 5-10　安索夫矩阵（Ansoff Matrix）

● 市场渗透战略没有超出企业现存的产品和服务范围，而是通过对原来市场的渗透直接进行产品竞争，以吸引消费者。市场渗透战略应该从现存的客户开始，维持现存客户的成本通常比较低，尤其是在消费品市场。

● 四个策略中风险最低的一项。

● 在进行市场渗透时，需要直接同竞争者进行竞争，在短期内的成本很高，但在长期内市场份额增加所带来的收益更大。

● 如果市场处于成长期，市场渗透战略相对容易一些。这是因为现存客户的忠诚度很低，进入该市场的新的消费者正在寻找更好的产品。

（2）市场开发（Market Development）——提供现有产品开拓新市场，企业

## 第5章 新时代的市场营销模式

必须在不同的市场上找到具有相同产品需求的使用者顾客,其中,往往产品定位和销售方法会有所调整,但产品本身的核心技术则不必改变。

● 采用这种战略,在现存产品的范围内,企业将重点放在吸引新的消费者上。在方式选择上,可以挖掘新的细分市场、新的销售区域、产品或服务的新用途。也就是说,让现有产品的销售量尽可能扩大。现存产品的市场开发常常会引起市场份额的重新分配,加速市场分割。

(3)产品开发(Product Development)——推出新产品给现有顾客,采取产品延伸的策略,利用现有的顾客关系来借力使力。通常是以扩大现有产品的深度和广度,推出新一代或是相关的产品给现有的顾客,提高该厂商在消费者荷包中的占有率。

● 这一战略恰好与现存产品的市场开发相反,它是在现有市场中,投放新产品,将现有市场的回报潜力尽可能地挖掘出来。

● 选择这一战略的动机通常包括:
✓ 利用富余的生产能力。
✓ 抵制竞争者的进入。
✓ 开发新技术。
✓ 树立产品革新者的形象。
✓ 维护市场份额。

(4)多角化经营(Diversification)——提供新产品给新市场,此处由于企业的既有专业知识能力可能派不上用场,因此是最冒险的多角化策略。其中成功的企业多半能在销售、通路或产品技术等 know-how 上取得某种综效(Synergy),否则多角化经营的失败机率很高。

● 该策略旨在全新的市场中,投放全新的商品或服务,根据市场与商品的相关程度,区分为相关多角化与不相关多角化。
● 是四个策略中风险最高的一项。
● 相关多角化。
✓ 前向一体化:一家工厂同产品的销售、运输、后勤服务建立合作关系。欧洲两家玻璃生产商,法国的 Gobain 和英国 Pilkington 与其销售商建立合作关系就属于这种例子。
✓ 后向一体化:企业同其原料供应商、厂房和设备供应商建立合作体系。

✓ 横向一体化：企业因为竞争需要或是为补充生产价值链，常常会进入与其现存经营相关的领域。

● 不相关多角化。

非相关多元化战略下，企业即将进入的市场与原来经营的市场没有联系。如果下列两个条件成立，这一战略则是可以选择的：

✓ 多元化市场之间在财务上存在其他的联系。

✓ 虽然各多元化市场没有联系，但如果控股公司在财务控制上具备严格、清晰的管理，也可以成功经营。

笔者运用安索夫矩阵为核心，进一步发展与营销战略结合之工具，如图5-11。核心为安索夫矩阵，向外扩展一层为在该象限之检核思考点，作为发展战略思维的参考；最外一层则为外部环境之问题表征。透过此三层关系的连结与分类，可帮助企业营销人员能够更有架构的以操作性的方式厘清。

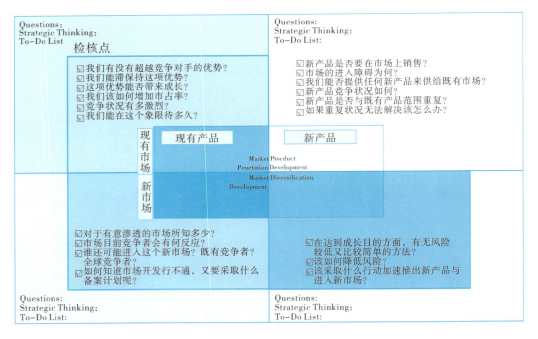

图5-11　安索夫矩阵-应用于营销战略

## 5.4 个案探讨

### 5.4.1 机械制造业

#### 5.4.1.1 个案背景

Q公司成立于1989年,为专业精密自动化设备制造厂,产品系列有焊锡机、自动插针机、包胶带机、绕线机和铜包钢线等等。Q公司已累积28年的机械设计、开发、生产经验,对自动化技术不断地努力改进,研发的机械皆以客户需求为导向,目前更全力朝工业4.0方向发展,业务拓展于世界各地。

Q公司的创办人本身亦为技术背景,因此在其产品上也都靠着好口碑,一直在业内占有一席之地,但随时公司业务发展扩张,在业务上的管理经常觉得花费了许多力气,但仍是抓不到重点,也不清楚公司目前有多少潜在的机会。因此很难进行产线的预先安排与整合。其次,业务人员经常需要出差跑客户,但并不清楚该如何进行管控,只感觉业务人员经常不在,但对于客户的进展,则只有业务人员自己知道。

因此,Q公司创办人委请笔者为其公司进行快速的企业内部研讨会,利用在活动中的体验,帮助Q公司落实销售漏斗的管理概念与机制,帮助Q公司创办人在业务扩展的路上达到能省力又有效的管理方法。

#### 5.4.1.2 导入时程与步骤

图 5-12 Q公司项目导入流程

#### 5.4.1.3 项目执行状况及效益

销售漏斗定义。

为了能够正确区分 Q 公司的新扩展客户状态,首先需定义销售过程中的每一阶段定义,以作为后续定位每一客户状态的依据。并可依此进行重点的管理与检讨(如表 5-3)。

表 5-3 Q 公司销售阶段定义

| 阶段 | 状态描述 | 量化比率 |
| --- | --- | --- |
| 1 | 只是在销售名册上的一个销售目标 | N/A -1 |
| 2 | 合格有据的销售目标(列举有用的需求讯息而不是基本数据) | N/A -2 |
| 3 | 安排一个 30 分钟以上的拜访会议 | 0.1 |
| 4 | 客户来厂看产品 | 0.2 |
| 5 | 背景相符:销售目标有符合的需要与预算来支付你 | 0.4 |
| 6 | 销售目标已完成至少一次的审查及显示确认的合作意向;在决选名单上 | 0.5 |
| 7 | 获得口头/文字的允诺讯息 | 0.6 |
| 8 | 书面合约签署 | 0.8 |
| 9 | 向客户收取订金 | 0.9 |
| 10 | 货款/服务款进账 | 1 |
| 注:除非订单需求相当明确,客户意向也十分肯定,否则在阶段三之前不给予量化比率 | | |

而后 Q 公司创办人为了能够落实销售漏斗管理,更将销售阶段的区分与其销售周会进行整合,如表 5-4。

## 第5章 新时代的市场营销模式

### 表5-4 Q公司业务工作周报

××厂业务部
工作周报

部门：××厂业务部业三课
日期：20015.6.1~2015.6.5

**一、本周行程与计划**

| 日期 | 6/30 | 7/1 | 7/2 | 7/3 | 7/4 | 7/5 | 备注 |
|---|---|---|---|---|---|---|---|
| 计划 | XXX | XXX | XXX | XXX | ××× | | |
| 实际执行状况 | XXX | XXX | XXX | XXX | ××× | | |

**二、营业状况报告（请务必填写）**

年度目标额：15,750,000.00
年度累计实出额：94,217.00
年度累计退货&折让额：0.00
年度累计待交额：16,260,629.00
年度累计达标率：103.84%

**三、客户及市场信息**

| 客户 | 产品规格 | 最终用户 | 数量/月 | 单价 | 销售阶段 | 成交机率 | 项目细节说明 | 负责窗口 |
|---|---|---|---|---|---|---|---|---|
| BBB | DHW10-15 K4200 | XXX | 20 K/M | 0.85 HKD/PCS | 0.刚接触/即将遗失 | 0% | 现已用端子闪烁代替打样 | 李XX |
| AAA | UAR2Q/UAR24 | XXX | | 未报价 | 1.观望中 | 0% | 现因无卤还不能达标，规格和时间还在确认中 | mabel |
| ABB | UAW38-4 K2200 | | 100K | 0.3 HKD/SET | 7.提案/报价阶段 | 75% | 产品送样中及报价 | 周小姐 |
| XYZ | HMWC5-CK3200 | 新产品打样 | 30 K/N | 16 NTD/PCS | 6.可行性分析 | 75% | 送样中 | 张先生 |
| 123 | 展示poit | 新产品打样 | | 0.85 USD/PCS | 6.可行性分析 | 75% | 已送样中 | 周小姐 |
| ABC | 展示poit | 新产品打样 | | 0.85 USD/PCS | 2.资格审核/客户验证中 | 0% | 客户反应没有带PCB板不好作业 | 阮经理 |
| ACV | 展示poit | 新产品打样 | | 0.85 USD/PCS | 3.仍待分析 | 0% | 客户再需求12台设备装配样品 | 李工 |
| XX | 展示poit | 新产品打样 | | 0.85 USD/PCS | 6.可行性分析 | 75% | 送样中 | 袁X |
| XXX | MUC12-5 K5000 | XXX | 暂无 | 0.12 | 2.资格审核/客户验证中 | 0% | 现XXX指定要用HSR产品，现还在确认中 | 周X |

**四、市场信息**

**五、待协调事项**

1>XXX：MNC13 再次这样确认及交货
2>XXX：MUC35-5 K5000交货处理及货款跟催
3>XXX、XX、HDMI 市场调查拜访
4>XXX：MJE12 订单与出货处理

| 下周工作行程 | | | | | | |
|---|---|---|---|---|---|---|
| 日期 | 7/7 | 7/8 | 7/9 | 7/10 | 7/11 | |
| 计划 | XXX、XX | XXX | XXX | X | XXX、XX | |

核准： 审核： 制表人：

这样的表单能够让公司业务会议的讨论聚焦在如何解决客户问题满足需求的议题上，并且能够让管理者能够一目了然了解各个客户的发展情况，为Q公司的业务管理人员省下心力，将精力投注在解决客户问题上。

### 5.4.2 航空运输业

#### 5.4.2.1 个案背景

C 公司自 1959 年创始，为客货运并行发展之航空公司，并且也是全球航空货运领导品牌之一，被评选为全球最佳航空公司第 10 名。目前 C 公司航点分布于 29 个国家共 115 个航点；有波音、空中巴士等各型航机共 86 架，客机 65 架/货机 21 架；员工人数约 12,000 人。

航空运输的竞争越发激烈，廉价航空也相继发展成长，在这样的情况下，C 公司发现其新客户的成长已大不如前，甚至对于许多老客户的业务也有减缓的趋势。因此，C 公司决定利用公司引进新机队的契机，一并进行公司品牌的重新定义改造。

但是面对一个如此庞大的企业体，该如何能够有规划地循序渐进达到品牌重新定义，变成 C 公司管理阶层的重要课题。而在一个机会下，C 公司与笔者的咨询团队有所接触。C 公司发现，由客户触点的概念展开进行公司的品牌改造，正符合 C 公司的发展。因此，最后便由笔者顾问团队为其提供咨询服务。

#### 5.4.2.2 导入步骤

图 5-13　C 公司项目导入步骤

#### 5.4.2.3 项目执行状况及效益

市场研究。

面对 C 公司多方面的客户触点，在进行市场研究时，则必须要能够充分地尽可能收集到足够多的信息作为后续阶段的依据。因此，在这一阶段，市场信

# 第5章 新时代的市场营销模式

息收集的主要类型如下表5-5。

表5-5 C公司市场研究架构

| 内/外部 | 信息来源项目 | 信息内容 | 信息目的 |
|---|---|---|---|
| 外部信息 | 外部访谈 | Governor/Biz leader/旅行社 | 撷取外部高层期许，客观看待自我优势 |
| | 质化研究 | 目标群体 | ·重要客源群组 *1<br>·C公司常客群组 *2<br>·非C公司常客群组 *2 |
| | 量化研究 | 1062份有效问卷 | "商务舱"使用者量化研究 |
| | 市场分析 | 竞争者 | 外部第三单位（3$^{rd}$ party data）的市场情报判读，能作为下阶段竞争策略的基础 |
| 内部信息 | 内部访谈 | 各部门关键人员 | 统合内部管理高层的指导方向与期待，建立蓝图与架构 |
| | 市场分析 | Royal pax/CSS | 通过数据库判读，"既有客群"回馈，能适度反映出C公司目前的优势 |

客户触点的展开。

最后，C公司定义了15个重要的客户触点及每一个触点的重要影响客户的因子共84个，如表5-6。

表5-6 C公司客户触点及影响因子

| 序号 | 客户触点 | 触点说明 | 重要影响因子 |
|---|---|---|---|
| 1 | 行前规划 | 从决定哪一家航空公司，到去哪里行程安排 | 1. 航空联盟会员<br>2. 正面飞安报导<br>3. 公信单位评比与飞安奖项<br>4. 票价竞争力<br>5. 航点及航班数<br>6. 易于查询航班及购买机票的网页<br>7. 航空公司媒体曝光率<br>8. 航空公司的媒体创意与广宣手法 |

5D 管理地图

（续上表）

| 序号 | 客户触点 | 触点说明 | 重要影响因子 |
|---|---|---|---|
| 2 | 购买机票 | 购买机票的整个过程 | 9. 能一次购足的旅游服务<br>10. 可加购的其他服务<br>11. 对于高卡别旅客的要求反映速度快<br>12. 单程票多航段有优惠票价<br>13. 行程变更及改票处理速度快<br>14. 最高卡别旅客永远有座位<br>15. 高卡别旅客全程 24/7 订位信息服务 |
| 3 | On-line Check in | 网上或行动装置上预办登机 | 16. 简单的网上预选服务<br>17. 使用网络或 Apps 的预办登机享有优惠<br>18. 提前至航班起飞前 48～72 小时开放网络报到、可以取得登机证 |
| 4 | 报到手续 | 进入机场等待办理报到一直到领取登机证 | 19. 航空联盟高卡别会员礼遇<br>20. 贵宾指引安排与专属报到柜台<br>21. 柜台人员迎宾态度<br>22. 办理登机文件处理速度<br>23. 班机有空位时主动提供升等礼遇<br>24. 高卡别旅客被航空公司识别，全程享受专属与尊荣服务<br>25. 提供高卡别旅客专属的海关通关服务 |
| 5 | 机场专属 VIP 室 | 贵宾室空间设计服务项目及专属服务 | 26. 贵宾室具独特风格与时尚品味<br>27. 贵宾室有宽敞的空间规划<br>28. 贵宾室多样化的饮料与食物种类<br>29. 高卡别旅客有宽敞的专属贵宾室空间 |
| 6 | 候机时刻 | 在候机楼等待登机到进入机舱前及遇见机组人员的时刻 | 30. 登机次序的管理，以确保商务舱与高卡别旅客能优先登机<br>31. 登机口人员迎宾态度<br>32. 班机误点时，优先满足商务舱与高卡别旅客之需求 |

# 第5章 新时代的市场营销模式

（续上表）

| 序号 | 客户触点 | 触点说明 | 重要影响因子 |
|---|---|---|---|
| 7 | 登机就座到起飞前及降落前 | 登机进入机舱后，寻找位子，放置行李到坐定 | 33. 起飞与降落前的客舱安全检查<br>34. 落地的舒适度<br>35. 座位周边置物空间的安排与设计<br>36. 座位空间宽敞，方便进出<br>37. 阅读刊物齐备<br>38. 空服人员能够记住并提供高卡别旅客的乘坐偏好 |
| 8 | 空服人员服务 | 整段飞行过程，空服人员与客户的整体接触 | 39. 空服人员服装与仪态<br>40. 空服人员的迎宾流程与应对礼节<br>41. 空服人员针对要求响应迅速<br>42. 空服人员能让旅客体验到航空公司的品牌特质 |
| 9 | 餐饮供应 | 机上的餐点供应 | 43. 机上餐点供应时间与方式的弹性<br>44. 机上餐点上菜的流程与礼节<br>45. 所选的机上餐点主菜准备足量<br>46. 机上餐点提供在地化的选择<br>47. 机上餐点提供蔬果/低卡/有机的选择<br>48. 机上餐点的质量/等级/精致度<br>49. 机上餐点的季节性及创新度 |
| 10 | 飞行途中使用的设备 | 飞行途中会使用到各种设备 | 50. 机上提供付费Wi-Fi<br>51. 配备视听屏幕大、触控操作容易<br>52. 机上影音节目选择多<br>53. 机舱/洗手间清洁程度<br>54. 商务舱座椅可全平躺<br>55. 机上报纸、杂志、耳机、毛巾等供应充足且质量佳<br>56. 商务舱座椅符合人体工学<br>57. 提供耳机的等级与质量<br>58. 商务机舱内安静无噪音<br>59. 商务舱内有自然的芬香<br>60. 商务舱内音乐播放的类型<br>61. 商务舱座椅的设计具隐私性 |

（续上表）

| 序号 | 客户触点 | 触点说明 | 重要影响因子 |
| --- | --- | --- | --- |
| 11 | 突发状况处理 | 过程中可能会出现各种的突发状况 | 62. 班机延迟时餐饮住宿安排<br>63. 突发状况时，空服与地勤人员的应变能力<br>64. 班机延迟时，针对商务舱与高卡别旅客的优先转机安排<br>65. 突发状况影响旅客权益，针对商务舱与高卡别旅客的补偿机制<br>66. 航班有变化时，事先以手机、Apps、简讯等多渠道通知旅客 |
| 12 | 免税商品 | 机上免税品的销售 | 67. 机上免税商品的优惠促销<br>68. 机上免税商品的多样性与定期新品替换<br>69. 航空公司独家特卖文创商品<br>70. 机上免税商品缺货时，提供旅客配套机制 |
| 13 | 下机到领行李或到转机时 | 落地离开机舱门到搭上转机航班，或出境提领行李 | 71. 抵达/转机时于机舱门口有专人引导及协助<br>72. 下飞机时，优先提领行李<br>73. 高卡别旅客下机后，由航空公司安排专车至目的地<br>74. 航程间转机时刻紧迫，能确保行李顺利转送至下个航段 |
| 14 | 里程酬宾计划 | Frequent Flyer Program（里程酬宾计划之里程累积与兑换） | 75. 里程酬宾计划：里程累积方式多元<br>76. 里程酬宾计划：兑换门槛与限制条件宽松<br>77. 里程酬宾计划：里程时效长短<br>78. 里程酬宾计划：达某一门槛时，终身享有最高卡别的权益<br>79. 里程酬宾计划：会员卡接近降级门槛时，提供补救的措施<br>80. 航空联盟高卡别会员享有相同待遇 |

# 第 5 章 新时代的市场营销模式

(续上表)

| 序号 | 客户触点 | 触点说明 | 重要影响因子 |
|---|---|---|---|
| 15 | 平日联络 | 平日针对客户的讯息通知与节日的祝福 | 81. 航空公司在生日/节庆的祝福<br>82. 航程出发前的提醒：如航点天气、签证及新规定的提醒<br>83. 航程返回后的问候：如：了解旅客对服务的满意度、对于旅客问题的回复与处理与其他旅客回馈<br>84. 优先主动通知里程累计状况、有效期限与优惠方案 |

分析展开的众多影响因子，可以帮助 C 公司能够聚焦在真正影响客户触点的实际着眼点，并且能够帮助管理者再进一步从因子中拟定 C 公司的具体行动方案，从细节中去建立 C 公司在客户中的品牌形象，为 C 公司发展更多的潜在客户。

C 公司客户触点行动方案如表 5-7 所示。

表 5-7 C 公司客户触点潜在方案

| 客户群 | 客户触点 | 行动方案 |
|---|---|---|
| 现有客户 | 行前规划 | ·正面飞安报导<br>·公信单位评比与飞安奖项<br>·航空公司的媒体创意与广宣手法<br>·易于查询航班及购买机票的网页 |
| | 购买机票 | ·高卡别旅客全程 24/7 订位信息服务 |
| | 登机就座到飞前降落前 | ·座位周边置物空间的安排与设计<br>·座位空间宽敞，方便进出<br>·落地的舒适度 |
| | 空服人员服务 | ·空服人员能让旅客体验到航空公司的品牌特质<br>·空服人员服装与仪态<br>·空服人员的迎宾流程与应对礼节<br>·空服人员针对要求响应迅速 |
| | 飞行途中使用的设备 | ·商务舱座椅的设计具隐私性<br>·商务舱内音乐播放的类型<br>·商务舱座椅可全平躺<br>·商务舱座椅符合人体工学 |

（续上表）

| 客户群 | 客户触点 | 行动方案 |
| --- | --- | --- |
| 潜在新客群 | 行前规划 | · 正面飞安报导<br>· 易于查询航班及购买机票的网页 |
| | 购买机票 | · 行程变更及改票处理速度快 |
| | 报到手续 | · 班机有空位时主动提供升等礼遇 |
| | 机场专属贵宾室 | · 贵宾室具独特风格与时尚品味<br>· 贵宾室有宽敞的空间规划<br>· 贵宾室多样化的饮料与食物种类<br>· 高卡别旅客有宽敞的专属贵宾室空间 |
| | 候机时刻 | · 登机口人员迎宾态度<br>· 班机误点时，优先满足商务舱与高卡别旅客之需求 |
| | 登机就座到起飞前、降落前 | · 座位周边置物空间的安排与设计<br>· 座位空间宽敞，方便进出<br>· 阅读刊物齐备<br>· 下飞机时，优先提领行李 |
| | 空服人员服务 | · 空服人员服装与仪态<br>· 空服人员的迎宾流程与应对礼节 |
| | 餐饮供应 | · 机上餐点上菜的流程与礼节 |
| | 飞行途中使用的设备 | · 商务舱座椅可全平躺<br>· 商务舱座椅符合人体工学<br>· 商务舱座椅的设计具隐私性<br>· 机舱/洗手间清洁程度 |
| | 突发状况处理 | · 突发状况时，空服与地勤人员的应变能力<br>· 班机延迟时，针对商务舱与高卡别旅客的优先转机安排 |
| | 下机到领行李或到转机时里程酬宾计划 | · 里程酬宾计划：达某一门槛时，终身享有最高卡别的权益<br>· 航程出发前的提醒：如航点天气、签证及新规定的提醒 |

最后在整个咨询项目的过程，C公司从一开始的客户触点进行聚焦，了解在每一个触点的客户因子与需求，并从中思考C公司和其余竞争对手的差异化，并落实到具体可执行的行动方案。整体强化C公司的品牌形象，并且让公司将资源投入在真正能有效影响客户行为与认知的行动上，为C公司创造新的运营高峰。

# 结束语

狄更斯在《双城记》的第一段是这样写的:"这是最好的时代,这是最坏的时代;这是智慧的时代,这是愚蠢的时代;这是信仰的时期,这是怀疑的时期;这是光明的季节,这是黑暗的季节;这是希望之春,这是失望之冬;人们面前有着各样事物,人们面前一无所有;人们正在直登天堂,人们正在直下地狱;经济发生通货膨胀;经济也发生通货紧缩;天价限量的产品卖得火红,便宜货大家抢破头。"

此时此刻,在我们企业经营的前方,由挑战、机会与威胁三者交织而成的巨浪,如排山倒海般地来到(互联网+、工业4.0、物联网、云端、大数据、O2O、智能生活、众筹平台、创客空间/经济等),尤其创客空间/经济,几乎是所有技术创新发展的一种商业模式,在创客空间中的创客,通过动手做,把想法实践出来,通过开放硬件、开源软件、蓬勃的创客社群与小量生产制造商,创客们将推动制造业民主化。创新不再只是亿万企业的专利,连Google、英特尔、微软、通用电器公司这些商业巨头,都弯下腰来积极参与拥抱,因为未来整个世界都将由这群人制造!

如果18世纪发明蒸汽机、间接导致工业革命发生的瓦特(James Watt)活在现代,他不会耗时13年才成功制造第一批新型蒸汽机,更不会因为资金短缺而推迟蒸汽机的研究。他会先上网查纽科门式蒸汽机有什么问题,然后在开源社群发问要怎么解决燃料耗费和活塞转动时间的问题。接着他会找一家离他家最近的创客空间,借用那边的3D打印机和激光切割机做出概念原型,顺便看看其他人在做什么东西,搞不好有人可以顺便给他一些建议。然后他会得意地把原型机照片贴到网络社群炫耀一番,其他人会再根据他的设计做出修改,回馈意见给他。最后当他需要更多资金制造蒸汽机时,他会拍一个宣传影片,放上众筹平台,请大家捐钱支持他的项目。也许3个月,最多半年,他就可以交出第一批蒸汽机了。

2012年，趋势大师安德森（Chris Anderson）在《创客时代》（*Makers*）一书中说："创客将掀起第三次工业革命，改变世界。"现在来看，这个时代已经到来了。创客运动在全球各地开枝散叶，颠覆既有的经济生产方式与教育体系，改变人类消费与获取知识的途径。但创客其实不是人类历史上前所未见的族群，发明家瓦特就是一名创客，只是他没有现代的创客们那么幸运，有随手可得的开放硬件与开源软件、蓬勃的创客社群、近在咫尺的小批量生产制造商或是融资渠道。

美商国家仪器（National Instruments）在2015年初发布的"2015趋势观测报告"中，将创客运动（Maker Movement）、物联网和5G并列为不可忽视的重大科技趋势。报告中提及，创客运动将制造业民主化，创新不再只是亿万企业的专利，相反的，创新可能随时发生在车库或创客空间中。报告最后说："整个世界都任由我们制造（The world is ours to make）。"

而在中国，李克强总理在2015年两会政府工作报告提出"创客"一词后，"大众创业，万众创新"的口号全国各地都家喻户晓，加上马云、雷军等成功很快在国内带动一股创新创业热潮；在北京中关村创业大街，不到200米长的步行街，挂牌才一年，新创企业已超过600家，创业咖啡火爆，吸引大陆风投基金、天使基金争相在此觅寻创意，2015年在此获得融资总额约达20亿，媒体戏称"天空飘的都是钱"。

在深圳巷弄里的"车库咖啡"，三五人不到的空间里，"90后"小子埋头创新创业，从3D打印到机器手臂等各式创新，深圳已成全球创新基地、亚洲硅谷。（在国内创客最集中的北京、上海、深圳三个城市中，深圳是产业链最完善的城市）

根据德勤与Maker Media去年发布的《创客运动的影响》报告指出，创客运动从10年前发展至今，已带来五大影响：

一、协同生产重新定义未来的工作方式，大公司将更倾向于机器人自动化生产，相反的，以科技作为生产驱动力的小型商家将会越来越发达，以往人们用职衔代表一个人的工作内容，以后将不再管用；

二、创客生态系将会颠覆大企业，大企业若想要保持优势，必须想办法提供基础建设或平台给创客使用；

三、需求驱动供给，消费者越来越注重价值参与，而非被动消费；

四、在教育方面，实做胜于理论；

五、创客运动让小众族群成为核心，帮助人们重新连结。

从上面的两个报告中，我们可以发现同一件事：大企业若必须正视创客的存在与价值，两条选择就是等着被创客颠覆，或是积极拥抱创客运动，与他们一同迎接这场产业革命。

有些企业跑得快，已开始积极与创客社群连结，为下一个10年的竞争力布局。英特尔是全球最大创客活动——旧金山 Maker Faire 的最大赞助商，年前还宣布在中国投资2,400万美元成立全球首个英特尔"众创空间加速器计划"，并与政府、大学和创客社群合作，预计今年要在中国成立8个联合众创空间。硅谷巨头 Google 与 Facebook 也在 Maker Faire 现场摆摊。

软件业者也没有置身事外，微软上月才宣布加入创客爱用的开发版 Arduino 认证计划，Windows 10 成为首个获得 Arduino 认证的操作系统，还提供创客两套与 Arduino 相互搭配的开源套件。两个星期后，三星随即宣布跟进。家电大厂通用电器公司和 Autodesk 分别重金打造创客空间供艺术家、学生与创客使用，积极拉拢创客社群。

为什么科技大厂要开始拥抱创客社群？台湾的晶圆设计大厂联发科，2015年9月宣布成立联发科技创意实验室，积极推广自家开源开发版 LinkIt，让开发者可以轻松开发功能，为的就是要抢占物联网市场先机。联发科技创意实验室副总裁那马可（Marc Naddell）说："在物联网时代你不知道下一波的市场需求是什么，联发科必须改变以往跟客户合作的方式，你不知道这群人（Maker）将来会不会做出什么有潜力的产品，我们跟创客合作就是在培养未来的客户，他们都有潜力成为我们的客户。"

市场上陆续出现创客打造的爆红商品，就是让大厂对创客另眼相看的重要原因。例如已成为智慧手表代名词的 Pebble，3年前在 Kickstarter 上一举募得1,030万美元，创下史上最高募资纪录。Pebble 创办人便是个不折不扣的创客，很早就开始玩 Arduino，3年前当他要找人帮他生产 Pebble 时，无人闻问，如今 Pebble 出货量冲破100万，局势已全然不同。

创客的发展像是在告诉企业，必须像对其他创新一样认真看待管理创新了。目前的管理世界即将走向末日，哪家企业如果能够打造管理的未来，它就是明

日的赢家。

为了打造不懈的管理创新能力,你必须愿意问一个问题:"什么样的管理新挑战一经克服,就能赋予我们独特的绩效优势?"例如:如何让管理原则科学化?如何培养杰出的领导者?企业总部如何成为各分支事业部门的助力?如何打造无疆界或无界限的灵活组织?庞大的组织要如何继续成长?

一直以来,全球几乎每家企业都煞费苦心地改造营运流程,例如内部后勤、仓储物流、存货管理、顾客满意度、客服或技术支持服务等。然而,却鲜有企业以同等的精力和想象力,迎接改造管理流程这项挑战。遗憾的是,世上没有一本万用手册可帮助企业成为不断创新的管理创新者。

如同药物研发人员在开发治疗残疾药物时,必须先找出导致恶疾的基因缺陷或发病机制。要治疗组织"疾病"也是如此,而这些组织残疾就源于我们所承袭的管理信念,其中偏执与官僚主义是最大的致命伤,而老板或领导人更掌握了成败关键;所以每当我看到努力学习或尝试创新的高管或中层干部时,我都会期望他们的老板与领导人也身在其中。

我们大部分人都成长于后工业革命时代的社会。现在正要跨入"后管理"社会,甚至是"后组织"社会。这并不表示一个没有职业经理人或是只有合伙人的未来。就像重工业没有因为知识经济的来临而销声匿迹,主管和管理者也不会因为后管理经济的崛起而从世界上消失。不过它确实揭示了一个管理工作愈来愈少由"管理者"担任的未来。当然,活动仍然需要有人协调,有人激励鼓舞,我们还是需要有人来整合个人贡献、决定目标,知识需要传播,资源也需要有人做配置与取舍,但是这类工作愈来愈常分散进行。

尽管管理 2.0 不会完全取代传统的管理 1.0,这两个版本也不会完全兼容,其间必然有所冲突。没错,未来最残酷的竞争不是竞争者与竞争者、企业生态体系与企业生态体系之间的对抗,而是希望捍卫官僚体系或是既得利益者的权益,与希望打造结构弹性开放、管理授权宽松的组织管理者,这两派人马之间的对抗。

踏入后管理时代需要的不只是科技进展。管理和组织创新的步调,通常远远落后于技术创新。现在,你的公司拥有 21 世纪由互联网推动的运营流程、21 世纪中叶的管理流程,不过这些全都建构在 19 世纪的管理原则上,甚至于 18 世纪。

在中国的职业经理人中,一般而言,对于管理求知若渴的态度是非常值得

### 结束语

称许的,然而,更深入地说,有时候"收集"与"拷贝"新知识、新信息的时间占比,是比实际"研究"与"运用"新知识、新信息来得多一些。这是我走遍全国的另一个发现,值得我们大家一同来努力!

根据笔者多年全球与大中华地区的咨询辅导经验,企业在导入各种新管理手段的过程中,总会碰到许多共通的问题,因此我整理出了企业在未来运用5D管理地图的概念与工具/方法,导入这些或其他新的管理制度时,"经常会面临到的议题"与"关键成功因素",总结如下:

| 经常会面临到的议题 | 关键成功因素 |
| --- | --- |
| 一、员工抗拒改变 | 一、老板或高层主管的支持与参与 |
| 二、信息系统的整合或选择 | 二、所有相关员工的支持及不断改善的意愿 |
| 三、导入项目进度的管控 | 三、了解企业主要的问题及需求,并彻底了解如何利用该管理手段加以解决 |
| 四、制度的转换 | 四、稳扎稳打的启动计划及厘定项目的范畴 |
| 五、与奖酬制度的连结 | 五、扎实的教育训练与彻底的心态与行为的改变 |
|  | 六、针对内外部利害关系人进行有效的沟通 |

本书内容暂告一段落,相信各位读者在阅读完毕之后,会发现企业管理这条路上永远有许多新的思想、新的技术与学问值得我们去学习,而这本《5D管理地图》不仅是囊括多层面、多阶段的管理手段大全,也是笔者结合全球管理大师的管理理论,与多年实务咨询经验的精华积累。

衷心地希望我们的企业家与职业经理人,能够谨记"做强而不仅是做大"(To be Great, not only Big)的指导原则,追求成为世界级的伟大企业,而绝不仅仅是个规模很大的企业;多多磨炼去赚管理财,不要只是热衷于赚一些投机的机会财,或是趁着法律政策不明朗时抢一些政策财,这些都不是基业长青之道。这个不景气又不确定的时代,正是努力学习管理、谋求企业升级转型的黄金时刻。

管理是一生的修炼,期望各位杰出的企业家、职业经理人与管理伙伴,能充分思考领悟本书所提及的概念,活学活用这些管理工具,并从中受益。

祝您成功!